Herbert Reinoß (Hrsg.)

Jugendjahre in Ostpreußen

Jugendjahre in Ostpreußen

Herausgegeben von
Herbert Reinoß

Mit 20 Abbildungen

Langen Müller

Bildnachweis
Herbert Reinoß, Gütersloh: 1, 2, 9,10; Bilderdienst Süddeut-
scher Verlag, München: 3, 4, 5, 6, 7, 8, 11, 12, 13, 15, 16, 18,
Ullstein Bilderdienst, Berlin: 7, 14, 17, 19, 20

Besuchen Sie uns im Internet
unter http://www.herbig.net

2. Auflage 2002

© 1989 by Langen Müller
in der F.A. Herbig Verlagsbuchhandlung, GmbH, München
Umschlagfoto: Jürgens, Köln
Umschlaggestaltung: Wolfgang Heinzel
Satz: EW Print & Medien Servic GmbH, Würzburg
Druck: Wiener Verlag, Himberg
Printed in Austria
ISBN 3-7784-2260-8

Inhalt

HERBERT REINOSS

Wieder im Dorf meiner Kindheit in Ostpreußen

> *»Nichts ist vergangen. Nichts kann jemals vergehen. Der Holunder nicht, der Sand unter den Hufen, die Mittagsglut auf den Wegen, die roten Backsteinmauern in der Stille des Lichtes von Popiollen. Nichts. Am Horizont bleibt, wenn ich heute auf die B 42 und die Hauptstrecke der Bundesbahn Dortmund–München–Athen blicke, die weiche blaue Zeichnung der Pillacker Berge, Konturen, die sich nie mehr verwischen, die keine Macht der Erde auszulöschen vermag.«*

Peter Jokostra, Heimweh nach
Masuren

1

Ich bin wieder zu Hause in Masuren gewesen.
Bald ein halbes Jahrhundert ist es her, eine so lange Zeit, seit wir im Oktober 1944 mit dem Wagen, ein Pferd davor, und ein paar Habseligkeiten den Hof in Rydzewen

verließen – wie wir bald wußten: Für immer. Und damals war ich zehn Jahre alt, und heute bin ich über fünfzig. Und doch sagt man noch selbstverständlich (weil man so *denkt*): *Zu Hause* . . .

Zum erstenmal nach der Flucht habe ich das Heimatdorf Rydzewen (Schwarzberge) im Kreis Lyck 1980 wiedergesehen, fünfunddreißig Jahre später. Und nun, fast ein Jahrzehnt danach, zog es mich wieder dorthin.

Ja: Nur so ist es richtig gesagt. Es war ein Sog, der immer stärker wurde, dem ich mich schließlich kaum noch entziehen konnte.

Ich *mußte* wieder auf die Straßen mit den mächtigen alten Bäumen, die sich über einem wölben wie ein nicht endendes Kirchenschiff. Die heute wie früher keine Eile haben: hügelauf, hügelab und gewunden durch das Land und zu den Dörfern und kleinen Städten gehen.

Zu den schier zahllosen im Sonnenlicht glitzernden und blinkenden Seen, von denen keiner dem andern gleicht. Zu den dunklen, manchmal endlos scheinenden Wäldern, so daß einen eine plötzliche Siedlung erstaunt, ja geradezu aufschreckt. Zu dem masurischen Himmel darüber mit seinen Haufenwolken (wer annimmt, der Himmel über allen Landschaften sei gleich, hat niemals genau hingesehen). Zu den üppigen Wiesen und den vielen Störchen. Zu der Stille über allem (womit nicht gemeint ist: Lautlosigkeit), die so wohltut, wenn man aus dem Westen kommt mit seinem ständigen schrillen Lärmen. Zu der leisen, unaufhebbaren Melancholie des Ostens und ganz besonders Masurens, die bei einem im Innern vielfach ramponierten Menschen aus den Regionen westlich von Oder und Elbe soviel Zustimmung findet, ja ihm so wohltut.

Wie freute ich mich auf all das! Denn jene Reise 1980: sie ist trotz der Enttäuschung in Rydzewen/Schwarzberge die schönste, weil bewegendste meines bisherigen Lebens gewesen. Bekam ich doch bestätigt: Mein Kindheits-Land ist ein Märchenland. Das hatte mir nicht bloß eine vielleicht immer mehr schönende Erinnerung vorgemacht. Als Anneliese, meine Frau, die mit mir fuhr, und ich an der Stelle unseres Hofes standen, den es nicht mehr gab, über den kleinen See sahen auf die Hügel gegenüber und den so idyllischen Weg den Berg hinauf zum hinter ihm liegenden Nachbardorf, und die Andeutungen der Wälder, die gleich dunklen Hahnenkämmen über die Hügel lugten, da hat Anneliese gesagt: Es ist hier märchenhaft schön!

Fünfunddreißig Jahre hatten mich von meiner Kindheit in Masuren entfernt, dreieinhalb Jahrzehnte, in denen auch ich die viel zu sehr von Amerika her bestimmte Entwicklung in Westdeutschland mitgemacht hatte: hin zu

1   Das Ortsschild »Rydzewo« – es steht heute mitten im untergegangenen Zentrum des masurischen Dorfes. (Foto 1989)

immer mehr materiellem Wohlstand und – legte ich Maßstäbe meiner masurischen Kindheit an – immer mehr Seelenlosigkeit. Während das Dorf meiner frühesten Jahre mir immer mehr entrückt wurde und schließlich geradezu unerreichbar erschien.

Die schwerste aller Fragen ist vor zehn Jahren gewesen: Sollte ich überhaupt nach Rydzewen fahren? Noch hinterher schrieb ich: Soll man es bei den schönen Erinnerungen belassen, vor sie lieber nicht die veränderte Wirklichkeit schieben, die einem dann immer im Weg sein wird, wenn man an früher denkt?

Ich hatte mich also nicht leichten Herzens für das Wiedersehen entschieden. Und ich hatte vorher dies getan: die wesentlichen Erinnerungen an die Kindheit niedergeschrieben, die alten ungestörten Bilder wenigstens in Worten festzuhalten versucht.

Wie richtig das war: Das wußte ich erst recht hinterher. Denn ich fand ein Dorf vor, das es kaum noch gab. »Es ist nichts mehr da!« stieß ich in jähem Erschrecken hervor, als ich angekommen war, wo sein Zentrum gewesen ist. Sagte es zu Anneliese, und vielleicht mehr noch zu mir selbst – es waren Augenblicke eines Schocks.

Vor mir kräuselte sich das Wasser des Sees wie einst – aber wo waren die Gehöfte geblieben, die Häuser um seine Ostseite?

Schließlich war ich wie verurteilt, dieses Fazit zu ziehen: Das Dorf meiner Kindheit existiert nicht mehr. Sein Zentrum ist verschwunden, vier oder fünf Gehöfte gibt es noch an den Enden des Ortes, vom Mittelpunkt aus nicht zu sehen. Dazu die Schule: sie immerhin noch vollständig bis auf die Fensterscheiben.

Nun, ein knappes Jahrzehnt später: Das war von vornherein etwas anderes. Ich wußte ja, was mich erwartete, konnte gelassener sein, würde genauer hinsehen, wo-

möglich tiefer greifend. Ich wollte jetzt, sooft das möglich war, jemanden befragen, um herauszubekommen:
Was ist mit dem Dorf meiner Herkunft, Ort so vieler selt-
samer Menschen und merkwürdiger Erinnerungen, vor
sich gegangen?
Wie ist es gekommen, daß es fast ganz unterging?

2

War 1980 herrlicher Juni, als Anneliese und ich durch die
heute polnische Südhälfte Ostpreußens fuhren, so hatten
wir nun, neun Jahre danach, einen ähnlichen Mai: strah-
lende Frühjahrssonne an allen Tagen.
Und diesmal war nicht nur Anneliese dabei, aus Unter-
franken gebürtig, sondern auch Gudrun, meine jüngste
Schwester, von denselben masurischen Eltern und Vorfahren herkommend wie ich, aber 1952 schon in Süddeutschland geboren. Und wieviel hat Mutter gerade ihr
davon erzählt, wie das bei uns daheim in Masuren gewesen ist, in Satticken im Kreis Treuburg, wo sie aufwuchs,
dann im zehn Kilometer entfernten Rydzewen, wohin sie
heiratete: Mutter, in der diese masurische Welt mit all
ihren Seltsamkeiten und oftmals belächelten Abergläu-
bigkeiten (aber eine ernsthafte Forschung nimmt diese
Phänomene heute ernst) so intensiv und überzeugend
weiterlebt wie inzwischen in nur noch wenigen. Und
Gudruns Mann war mit, Alfred, und beider Kinder: Björn
und Kai, muntere Buben von vierzehn und elf, die mit
ihrer Unbefangenheit auch uns nicht zu nachdenklich
werden ließen. Es war gut, daß wir so viele waren von so
unterschiedlicher Art.
Und so kamen wir wieder an in Rydzewen, meiner Kind-
heits-Welt: so abseits gelegen gleichsam hinter den Sie-

ben Bergen. Rydzewen, das für ganze sieben Jahre Schwarzberge hieß, als der Krieg von Hitler schon beschlossen und damit der Verlust des deutschen Ostens eingeleitet war, und heute Rydzewo heißt, was immerhin an masurische Tradition anknüpft.

Aber was ist das für ein Ort, der diesen Namen trägt?

Seit einem Gespräch mit einem alten Herrn in Stradaunen wußte ich: Wir würden nochmals weniger vorfinden als vor neun Jahren. Steht die Schule noch? hatte ich zum Beispiel gefragt, und da hatte er die Geste des Zusammenfalls gemacht – auch sie, die solide Schule aus Backsteinen, ging kaputt. Der Untergang auch der Reste schritt weiter fort.

Was sich in knapp zehn Jahren nicht alles verändern kann! 1980 hatte Krahns Wald über dem Hügel hinter der Westhälfte des Sees als ein dunkelgrüner Kamm dagelegen wie in meiner Kindheit. Nun, ich sah es sofort, war das alte, gewohnte Bild zerstört: nach rechts hin zu mindestens zwei Dritteln fortgenommen, man hatte dort offenbar Kahlschlag gemacht. Ich fand das so erschütternd und fast gespenstisch wie den Untergang von Höfen.

Um so bewegender, wenn die weitermordende Zeit noch nicht alles zu verschlingen vermocht hatte: ein paar Bilder noch die gleichen geblieben waren!

Vor zehn Jahren hatte mich so heimatlich berührt, daß an derselben Stelle am See Kinder gespielt und gebadet haben wie wir in meiner Kindheit. Dieser eine Anblick hatte versöhnt mit vielem. Und auch jetzt dort wieder Kinder! (Später, als zu den zwei Jungs noch einige Mädchen stießen, stellte ich mir die Frage, woher die wohl kamen, denn in den armseligen Resten des Dorfes lebten doch · offenbar nur noch wenige Menschen. Ich konnte sie leider nicht befragen).

Die Straße an der Südseite des Sees in Richtung Piasken (Klein-Rauschen) fahren bis vor unsern Hof: das erwies sich wegen ihres schlechten Zustands rasch als bedenklich; wir setzten die Autos zurück zum Mittelpunkt des einstigen Dorfes.

Gingen dann den Weg an den längst völlig verschwundenen, ganz überwucherten Hofstellen vorbei, wo einst, vor bald einem halben Jahrhundert, die Kurbjuhns und die Wysotzkis gelebt haben. Kommen zur Stätte des folgenden Hofs: unserem.

Stehen vor jenem Gelände, wo früher unser Haus, wo Stall und Scheune am See gestanden haben. Bewegen uns storchenartig durch das kniehohe Unkraut zwischen den

2 *Unser altes Masurenhaus aus Holz, mein Geburtshaus. Meine Urgroßmutter Lotte Bandilla brachte es 1857 in die Ehe mit Ludwig Ciernio. Nach 1945 wurde es vernichtet.*
Das Foto aus der Zeit um 1925/30 zeigt: Meine Großmutter Marie Reinoß (Tochter der Lotte Bandilla) mit ihren Kindern Marie, August und Adolf (Geschwister meines Vaters)

seit bald fünf Jahrzehnten ungebändigt wuchernden Bäumen und Sträuchern, wo einst die kleine Hoffläche lag, die Gärten waren. Wo das altersgraue Masurenhaus aus Holz gestanden hat: Mitgift jener Lotte Bandilla von einem großen Bauernhof, meiner Urgroßmutter väterlicherseits, als sie 1857 den Ludwig Ciernio heiratete – es war mein Geburtshaus.

Ich komme zur Linde oben. Die schöne, große Linde: sie schloß den Hof in seiner Südostecke ab. Wenn sie blühte: Wie duftete sie dann, summten in ihr die Bienen! Wir pflückten Blüten für Tee. Vor neun Jahren fand ich sie zu meinem Bedauern nicht mehr vor; offenbar war sie gefällt worden, doch aus dem Stubben trieb es schon wieder kräftig hervor.

Und nun sah ich das Ganze als einen längst übermannshohen Strauch! Ein mächtiges Gebilde, das die Südostecke des Hofgeländes wieder beherrscht.

Was wir sonst noch finden: Reste jener Feldstein-Mauer an der Straße, die Vater errichtet und kunstgerecht verfugt hat, um den Gemüsegarten darüber eben zu bekommen in dem vom See her ansteigenden Gelände. Ein kleines Stück dieser Mauer: einen Feldstein samt Zementverfugung löse ich, um es mitzunehmen. Gebilde von Vaters Hand.

Auf der anderen Seite der Straße (die immer ein Sandweg war und den Hof durchschnitt) am See unten Reste des Feldstein-Fundaments von Stall und Scheune; auch dort löse ich einen Stein zur Erinnerung . . .

An der Ecke dieser hinteren Mauer des Stalls, vor der ich stehe, lehnte immer meine selbstgefertigte Angel, mit der ich manchen guten Fang machte. Und nun liegt wieder meine Hand auf dem, was von der Mauer übrigblieb, nach fünfundvierzig Jahren, und was ist seither alles geschehen!

14

Vorstellung, was jene meiner Vorfahren empfänden, die vor Kriegsende starben, wenn es die Möglichkeit gäbe, aus dem Grab zu steigen. Sie kämen überhaupt nicht zurecht, verständen die Welt nicht. Doch geht es jemandem, der hier Kind war, sehr viel anders, auch wenn er die Ursachen für die radikale Veränderung kennt: so wie man sie ihm hinterher beibrachte?

Es hat sich eine Katastrophe der schlimmsten Art ereignet: Menschen wurde für immer die Heimat genommen, sie wurden über viele Hunderte Kilometer in andere Welten vertrieben. Auch wenn man dabei bedenkt, was zuvor Deutsche vielen ihrer östlichen Nachbarn zufügten, wird daraus niemals eine gute Tat.

Und es bedeutet auch: Verlust von Kultur, wie sie in einer bestimmten Region gewachsen ist in langer Zeit durch die dort lebenden Menschen. Die Austreibung der Deutschen ist zwangsläufig auch die Vernichtung von Kultur. (Was jemand wie Herr Churchill, der sich für diese »Totalaustreibung« nach seinen eigenen Worten *eingesetzt* hat, anscheinend banausenhaft nicht begriff . . .)

Mit Rydzewen geht ein Dorf unter, ist weitgehend schon untergegangen, wie zuletzt Dörfer im Dreißigjährigen Krieg untergingen. Was an ärmlichen Resten übrigblieb: auch das wird sich, wie ich auf Schritt und Tritt feststellte, nicht mehr lange halten. Es ist zu ungepflegt, kommt vollends herunter, wird verschwinden. Die noch ziemlich neue, sehr solide Schule, der vor neun Jahren nur die Scheiben fehlten, was leicht reparabel war, ist nun wie gesagt auch ein ruinöses Gebilde, sie geht ab.

Oder: Da gibt es das einst schöne Haus des letzten Schwarzberger Bürgermeisters. Nun leben in dessen Erdgeschoß noch Menschen, im Hof streunte ein Hund, aber die Fenster im Giebel haben keine Scheiben mehr.

Soll man da deprimiert sagen: Wer gepflegte masurische Gebäude und Höfe sehen will, der fahre in das Freilicht-Museum nach Olsztynek (Hohenstein), wo wir sie sahen?

Nein. Wir haben auch sonst noch schöne, wohl vollständige Dörfer gesehen: Wojnowo zum Beispiel oder Zgon. Oder Nawiady und seine Kirche samt seinem rundbäckigen Pfarrer! Selten habe ich etwas Schöneres erlebt als ihn und seine Herzlichkeit, obwohl ich nicht Polnisch konnte und er nicht Deutsch. Und wie er dann die Kinder unterrichtete, die im Freien auf der Mauer um die Kirche saßen! Und am Opferstock war auch in Deutsch vermerkt, wofür man das Geld brauchte . . . Ja: *der* bekam einiges von mir . . . Mit ihm brauchte ich nicht zu reden, um ihn zu verstehen; und so ist Verständigung über Völker-Grenzen hinweg ein Klacks . . .

Das Ortsende-Schild von Rydzewo in Richtung Krzywe: Es steht heute – mitten im einstigen Dorf. Wann wird es, denke ich in meiner Niedergedrücktheit, überhaupt nicht mehr vertretbar sein, weil es den Ort Rydzewo nicht mehr gibt? Wann wird auch das Hinweisschild an der Hauptstraße Elk-Olecko (Lyck-Treuburg) »3 Rydzewo« nicht mehr angebracht sein?

Und besagte Straße nach Krzywe (Krzywen/Bergenau) hinauf, unvergeßbares Bild aus der Kindheit: als ich dort stehe, wo sie das untergegangene Dorf verläßt in die Felder und Hügel hinaus zum Nachbardorf: da sehe ich, daß sie schon so verwachsen ist, daß man sie mit einem Auto wohl kaum noch befahren kann . . .

Wieder an der Badestelle mitten im Dorf.
Da taucht plötzlich ein Motorrad mit einem jungen Mann in unsrer Nähe auf, und fährt dann, immer wieder laut hupend, über die Straßen des Dorfes.

16

Ein Signal unsretwegen: der »Eindringlinge« aus Deutschland? Wer würde sich daraufhin einfinden, vielleicht mit unsrem Hiersein nicht einverstanden sein?

Drohte sogar etwas Ähnliches wie jene üble Episode an diesem Tag auf der Fahrt hierher?

In der Nähe von Mikolaiki (Nikolaiken) hatte ich angehalten, um ein Storchennest auf dem Dach eines Stalls an der Straße zu fotografieren. Da raste ein Motorrad heran, und der hinten Sitzende schrie barbarisch und drohte mit der Faust! Gut, daß der Fahrer nicht anhielt – ich wäre sonst vielleicht besser ins Auto gesprungen. Ein Besoffener oder Verblödeter? Ein notorischer Deutschenhasser – oder was sonst? Eine gewisse Aversion gegen Deutsche haben wir häufiger beobachtet – allerdings auch das Gegenstück dazu: gewisse Landsleute, die wohl niemals begreifen werden, wie man sich im Ausland benimmt, und besonders Polen gegenüber.

Doch keine Spur von jemandem in Rydzewo, der uns nicht dahaben wollte! Das Gegenteil geschah: wir begegneten auf »unserem« Weg einem jungen Mann mit einem kleinen Mädchen an der Hand, er kam von Wrobels Hof, dem letzten – und noch vorhandenen – Gehöft an der Straße nach Piasken, einst unser Nachbarhof.

Und blieb bei uns stehen und war ein ausgesprochen freundlicher Mann; nur: wir konnten kein Polnisch, er kein Deutsch. Immerhin bekommen wir soviel mit, daß er erst seit vier Jahren hier ist; auf diesem Hof sahen wir vor neun Jahren also andere Menschen.

Und ich renne zum Auto und hole das Wörterbuch und zeige auf das polnische Wort »geboren« und auf mich, und deute auf unser Hof-Dickicht. Und ich male in den Sand eine Jahreszahl: 1935. Das scheint er zu verstehen, und aus seiner Geste lese ich so etwas wie Bedauern.

Und das kleine Mädchen bekommt natürlich etwas von

uns, und der Vater hält es an, »Danke« zu sagen, was es denn auch etwas zaghaft tut.

Und am See unten, genauer: bei besagter Badestelle, da kocht meine Schwester Gudrun an diesem Tag eine Suppe, und wir alle essen und trinken dort vom Mitgebrachten. Und nach bald einem halben Jahrhundert gehe ich wieder bis zu den Knien durchs flache Wasser des Rydzewer Sees! Und wie ich mich umdrehe: da hat Schwager Alfred sich mit den polnischen Jungs irgendwie arrangiert und ihr Floß bekommen und ist mit Kai schon ein Stück hinausgestakt, und ich lächle einem polnischen Jungen zu und er grinst zurück, und zu Alfred rufe ich rüber: Nicht zu weit raus, der ist tief, ich kenne ihn!

Und später draußen bei der Wiese und den Feldern, die uns gehörten! Wieder denke ich dran, wie Vater mich wenige Monate vor seinem Tod fragte: Unser Feld, würdest du es wiederfinden? Ahnte, wußte er schon, daß *er* es niemals wiedersehen sollte? Na: all das finde ich heute noch so gut wieder wie in der Kindheit, trotz der Veränderungen!

Die Wiese, wo die Kühe und Pferde weideten: sie ist versumpft und hoch verkrautet. Aber jenes Stück Acker, wo ich eine Kartoffelernte noch vor mir sehe, bei der ich half und Schulfreunde dazu, es ist mit Raps bedeckt, der gerade gelb blüht.

Und zuletzt auch dort draußen noch ein Anblick, der mich bewegt. Wo von der Straße nach Piasken ein Feldweg nach links am Rand einer moorigen Senke abzweigt, den man auch zu unseren Äckern befahren konnte, da stehen nun bei einem blühenden Rapsfeld ein gutes Dutzend Bienenkästen.

O alte Beutner-, Biener-Erinnerungen! Wer weiß, von welchen prußischen oder masowischen Vorfahren das herkommt und in einem steckt, in Vater wie in mir. In den Berichten über die alten Zeiten hier ist auch immer von Beutnern die Rede: sie waren in prußischer Zeit die Honigsucher von Bienen in hohlen Baumstämmen, in der Ordenszeit wurden mit diesem Begriff dann auch die Bienenzüchter bezeichnet.

Hatte nicht Vater öfter davon gesprochen, er wolle sich Bienen anschaffen? Auch dies einer seiner Träume, die sich niemals erfüllten. Aber ich stellte mir vor, daß diese Kästen bei anderen Zeitläuften die seinen hätten sein können.

3

In diesen Stunden in Rydzewen und Tagen in Masuren wieder, und immer wieder, die Frage, was hier eigentlich geschehen ist.

Was mit diesem Dorf geschah, in dem ich vor über fünf-zig Jahren als Deutscher unter lauter Deutschen geboren wurde. Und die Rydzewer lebten seit vielen Generationen so selbstverständlich und sicher in ihrer Heimat wie, sagen wir, die Schwaben in der Ihren oder die Masowier in ihrer polnischen.

Doch vieles war schon anders geworden, als ich 1941 zur Schule kam. Das Dorf war vor drei Jahren in Schwarzber-ge umbenannt worden: Es hat nicht weiter nach zwei Brüdern »aus der Masau« (so die herzoglichen wie die Ordens-Akte, d. h. Masowien) heißen sollen wie vierhun-dert Jahre lang, sondern es mußte ein deutsch klingender Name her, von dem Burggrafen zu Stradaunen Peter Schwarz abgeleitet. Und was viel schlimmer war: Es herrschte Krieg, Polen war besiegt und wurde gequält, und in jenen Wochen meines Schulanfangs begann der Feldzug gegen Rußland.

Der Anfang des Untergangs.

Ich stehe vor der ruinösen Schule. Hier bin ich damals als Kind doch zur Schule gegangen! Ist das überhaupt noch nachvollziehbar, nicht bloß phantasiert? Liegt das Dorf nicht im Osten Polens? Und ich kann mich mit den nur noch wenigen Menschen Rydzewens nicht verständigen, weil sie polnisch sprechen?

Ja: Hier ereignete sich eine Katastrophe. Und diese Katastrophe: sie ist mit nur einem Namen zu bezeichnen: Hitler. In unser aller Leben, und in das so vieler Europäer in Nord und Süd, Ost und West, fiel die Politik dieses unseligen Mannes, die (so Walther Hofer) so vollständig gescheitert ist wie nur selten die Politik eines Menschen. Am Ende seines Krieges war Deutschland ein Trümmerhaufen, das Reich total besiegt und zerstückelt, und die großen Gebiete dieses Reiches östlich der Oder konnten uns weggenommen werden, und die deutschen Menschen dort hatten fliehen müssen oder wurden in den Westen vertrieben, und viele kamen dabei um. Und das Verhältnis zu Polen und Russen schien durch barbarische »Untermenschen«-Parolen und das Praktizieren dieser Ansichten und die folgenden polnischen und russischen Racheakte lange Zeit hindurch für immer zerstört.

Als ich knapp zehn Jahre alt war, begann im Oktober 1944 unsere Flucht: Man schaffte uns, eine sogenannte »kinderreiche« Familie, noch einigermaßen organisiert nach Allenstein und kurz danach in ein Dorf westlich der Stadt. Im folgenden Januar aber plötzlich jenes Inferno ohnegleichen in einem schrecklichen Winter: ein völlig chaotisches Weiterfliehen kreuz und quer durch Ostpreußen, und bei Braunsberg über das Frische Haff und nach Danzig, und buchstäblich im letzten Augenblick per Schiff in den Westen.

Im Herbst hatten wir unser Dorf aufgeben müssen, im

Frühjahr des folgenden Jahres (Gründonnerstag) war unsere Odyssee in Stade an der Elbe zu Ende.

Ostpreußen wurde uns danach mit den Jahren immer unwirklicher, ja schließlich fast zu einer sagenhaften und für immer versunkenen Region: einem Land eines früheren Lebens.

Über unser Dorf erreichten uns nur spärliche, ungenaue Nachrichten. Schon nach einigen Jahren wurde behauptet, unser altes Masurenhaus stehe nicht mehr. Die Darstellungen, wie es vernichtet wurde, gingen allerdings auseinander. Sein trockenes Holz sei nach und nach verheizt worden, war die eine; die ganze Straße sei abgebrannt, die andere.

Haus und Hof, Stätte der ersten zehn Jahre meines Lebens, also untergegangen – ich würde sie niemals mehr wiedersehen, wie sie gewesen sind in meiner behüteten Kindheit und wie ich sie immer noch vor mir sehe. Aber in das Dorf wollte ich unbedingt noch einmal fahren!

Und 1980 war es, nach mehreren gescheiterten Anläufen (so daß man schon meinen konnte, es beherrsche mich eine innere Sperre) endlich soweit: Anneliese und ich erreichten Posen und Thorn an der Weichsel, die schöne alte Stadt – und Ostpreußen kam immer näher! Und ich sah alles wieder, es war schier unglaublich und manchmal fast wie ein Rausch.

Aber dann Rydzewo/Rydzewen: Nicht nur unser Hof war fast spurlos verschwunden, auch das Dorf gab es ja eigentlich nicht mehr. Wo Gehöfte gestanden hatten, wucherten Bäume und Sträucher und hohes Unkraut.

Es war in meiner Erinnerung immer eins der schönstgelegenen Dörfer geblieben, mit wie vielen anderen ich es später auch verglich – und nun war es verschwunden für immer.

Wie ist es dazu gekommen?

1980 bekam ich so gut wie nichts darüber heraus. 1989 wollte ich vor allem Antwort auf diese Frage.

Und ich hatte großes Glück: In unserem Kirchdorf Stradaunen fand ich wie gesagt einen alten Herrn, der nicht nur viel darüber wußte, sondern auch deutsch sprach.

Er bestritt aufs ganze gesehen irgendwelche Gewaltsamkeiten: Nichts sei mit einemmal vernichtet worden. Vor etwa zwei Jahrzehnten habe er selbst das Dorf noch ziemlich heil kennengelernt: »Es war ein schönes Dorf.« Aber die Höfe, die Häuser seien nach und nach verlassen worden, und seien kaputtgegangen und verfallen, und allmählich verschwunden.

Weshalb denn die Menschen ein so schönes Dorf verlassen haben?

Da macht er eine fast hilflose Geste und sagt: Was haben wir hier?

Wohin sind sie gegangen?

In die Stadt. Wer konnte: In den Westen –.

Grob gesehen mochte das zutreffen. Aber es stimmte nicht ganz. Zum einen: Wenn er das Dorf erst seit etwa zwei Jahrzehnten kannte, dann konnte er über die erste Hälfte der Zeit seit Ende des Krieges nichts aussagen, und bereits in dieser Zeit gab es erhebliche Zerstörungen. Ich fand unlängst einen schriftlich niedergelegten Bericht schon aus dem Jahre 1952, in dem ein Bewohner des Dorfes festhält, sechs der achtzehn Wohnhäuser (darunter auch das unsere) seien bereits vernichtet, dazu zwei Scheunen, »diese abgebrochen und verbrannt«.

Der alte Herr hat das Dorf in seiner vollständigen Schönheit also auch nicht mehr kennengelernt. Immerhin: Er mochte, wenn er von Süden auf der Hauptstraße in den Ort kam, vom Mittelpunkt Rydzewens noch in etwa das

alte schöne Bild gesehen haben, denn die frühen Zerstörungen waren vor allem an unserer Straße geschehen,
und die lag links abseits und fiel einem dann noch leicht in
den Blick.

Zum anderen: Mochte die Mehrzahl der Gebäude auch
Jahre nach Kriegsende noch gestanden haben, mochten
die meisten von ihnen erst in den letzten fünfundzwanzig
Jahren untergegangen sein, also erst nach 1960: in seinem
herkömmlichen Wesen, in seiner alten Substanz von den
Bewohnern her gesehen ist es, da bin ich sicher, schon um
1945 zerstört worden.

Das ist keine Feststellung, die polemisch gemeint ist und
irgendwen herabsetzen soll. Doch ist es kaum bestreit-
bar, daß keiner der neuen Besitzer eine feste und tiefe Beziehung zu seinem Besitz in Rydzewo fand: sonst wären
nicht so viele bald wieder fortgezogen. Der Mangel an
Komfort und Zerstreuung allein kann es jedenfalls nicht
sein – das war bei uns nicht anders; wir lebten sehr bescheiden und waren nicht kreuzunglücklich darüber. Für
die Höfe anderer Dörfer hörte ich, daß mitunter schon
der vierte, der fünfte Eigentümer seit Kriegsende auf
ihnen wohnt. Wie gesagt: Es erwächst offensichtlich keine Beziehung mehr, die wenigstens über eine Generation
hin andauert. Vielleicht ist das auch nicht ohne weiteres
möglich, wenn man plötzlich auf einen einem so fremden
Hof kommt; ich kann, ich mag das nicht beantworten.
Und deshalb sehe ich für Rydzewo keine Chance mehr.

Auch wenn nichts ohne Widerspruch ist: Auf Karraschs
großem Hof, dessen Wohnhaus vor neun Jahren eine
Ruine war, die nun verschwunden ist, sahen Anneliese
und ich mit nicht geringer Freude gewisse Bauarbeiten:
an dem sehr großen massiven Stall (den Vater zumindest
mitgebaut hat) erblickten wir Bausand und Geräte; es
sind dort zweifellos irgendwelche Bauarbeiten im Gange.

23

Zuletzt der Friedhof.

Die verlorene Heimat ist heute für uns neben der Freude über das Wiedersehen der Landschaft ja das Land unserer Toten. Wir kommen vor allem zu der Landschaft und zu den Gräbern. Aber auf dem Rydzewer Friedhof, wie auf den meisten in Ostpreußen, sind diese Gräber nicht mehr auszumachen. Ich finde nur noch, gleich alten Bekannten meines Hierseins vor neun Jahren, jenes eine Kreuz aus rostendem Metall und jenes andere aus Holz: nun liegt es da, als wolle es im nächsten Augenblick zu Staub ausein-anderfallen, und wenn ich wiederkomme, werde ich es nicht mehr vorfinden.
Ansonsten nur Gestrüpp und kniehohes Unkraut unter den alten Bäumen.
In der Erde vor mir also diejenigen, die das Dorf bevölkert haben in vielen Generationen. Die hierbleiben konnten, als Tabula-rasa-Zeit war, und immer hierbleiben werden. Meine Oma väterlicherseits zum Beispiel, die in den ersten Jahren meiner Kindheit bei uns lebte, und eines Morgens im Wohnzimmer aufgebahrt lag, und an de-ren Beerdigung hier draußen ich mich erinnere. Es blieb ihr erspart, aus dem Land ihres langen Lebens und ihrer Vorfahren gejagt zu werden; sie, die lieber masurisch als deutsch sprach, hätte sich im Westen kaum noch zu-rechtgefunden. Und ihr Mann liegt hier, mein Opa, der schon viele Jahre vor meiner Geburt gestorben ist, genau-so an Magenkrebs wie ein Menschenalter später mein Vater. Oder die Lotte Bandilla von dem großen Hof, die den Losman Ludwig Ciernio aus prußischem Geschlecht nahm, einen armen Mann (so daß man wohl einen schneidigen Burschen annehmen darf) – sie waren Omas

Eltern. Kleine Krauter sie alle, Plackerei ein Leben lang, fernab von jedem Komfort und aller »großen Welt« samt ihrer Politik. Lauter Menschen, die immer das meiste mit sich geschehen lassen mußten – was Wunder, daß so oft von einem fatalistischen Zug der Masuren berichtet wird; Marion Gräfin Dönhoff erzählt von der Verwunderung westlicher Menschen darüber, daß diese Leute »so ganz ohne Bedürfnis und ohne Ehrgeiz« waren.
Was Wunder . . .

Und ich erinnere mich an Kindergräber dort hinten, wo das Gelände schon abzufallen beginnt zum Dumbel hinunter, einem kleinen birkenbestandenen Moor. Auch Oma gebar mehr als zehn Kinder, von denen nur fünf Erwachsenenalter erreichten, die andern fanden hier ihr frühes Grab. Schicksale auf dem Land um die letzte Jahrhundertwende.
Ja: Hier auf dem Friedhof bin ich auch heute noch mittendrin in der Geschichte meiner Familie: einer typischen masurischen Familie mit prußischen und masowischen und deutschen Wurzeln.

Stand ich hier vor neun Jahren und dachte über die Frage nach, was all diese Existenzen der früheren Generationen denn wert gewesen seien, da nun niemand, der heute hier lebt, von ihnen etwas weiß?
War das eine etwas törichte Vorstellung? Bin ich inzwischen weitergekommen?
Nun geht mir eine Betrachtung Hamsuns durch den Sinn, Gedanken über das Auf und Ab in der Menschengeschichte, gleichsam Fazit der Weltsicht eines großen Dichters in seinem letzten Buch: »Wenn das eine zusammenbricht, erhebt sich ein andres, spielt sich eine Weile gewaltig auf in der Welt und stirbt.« Aber er will unbe-

dingt gleich hinzugefügt wissen: »Es sollte nichts von Pessimismus in solchem Denken und Besinnen sein, nur ein Erkennen, wie wenig stillstehend, wie dynamisch das Leben ist.«

Ich habe mir einmal für eine kleine historische Erzählung vorzustellen versucht, wie das wohl gewesen sein mag, als jene Brüder Pawel und Stenzel Rischöffski eines Tages im Jahre 1526 von Stradaunen aus am Ort des späteren Rydzewen ankamen, um zu siedeln. Ritten sie oder gingen sie zu Fuß, wohl durch lauter weglosen Wald? Was brachten sie hierher mit? Jedenfalls hatten sie es auf sich genommen, »Wälder auszuräumen«, um an dem kleinen See Ackerland zu gewinnen.

Feststeht, daß sie aus dem benachbarten Masowien kamen, einem polnischen Lehnsfürstentum, das im selben Jahr 1526 unmittelbar an Polen fiel. Und der Burggraf des Deutschen Ordens zu Stradaunen, nein man muß schon sagen: des Herzogs Albrecht von Brandenburg (denn der hatte 1525 das preußische Ordensland in ein weltliches Herzogtum umgewandelt) ließ sie sich ansiedeln.

Aus dem Namen der beiden Masowier ging der Name des Dorfes hervor: in deutscher Zeit Rydzewen, in polnischer Rydzewo (aber so dürften es auch die masurisch Sprechenden in deutscher Zeit genannt haben). Und die Familie ist nicht ausgestorben, vor einigen Jahren schrieb mir ein direkter Nachkomme Karl Rydzewski.

Und nach und nach ließen sich bei ihrer Siedlung, einem »Freidorf«, immer mehr Prußisch- und Masowisch- und Deutschstämmige nieder, sie hießen Wengoborski und Szceczinowski und Wysotzki, Ciernio und Reynoß, Kurbjuhn, Krahn, Karrasch, Wrobel, Malinka, Bandilla usw.

Und Generation um Generation bäuerlicher Menschen

wurde in Rydzewen geboren, sie liebten sich und heirateten in der Stradauner Kirche, schufteten, und einige richteten sich auf diese oder jene Weise zugrunde, es gab Liebesdramen sogar mit Pistolenschüssen, uneheliche Kinder, heftige Streitigkeiten vor dem Amtsvorsteher in Stradaunen auch zwischen blutsverwandten Nachbarn, Auswanderungen nach Berlin und vor allem ins Ruhrgebiet und sogar nach Amerika.

Von diesen herkömmlichen Menschen gibt es hier nun keinen einzigen Nachkommen mehr. Auch die eine Tochter Wengoborski, die ich aus der Schulzeit kenne und die einen Polen geheiratet haben soll und dann auf dem größten Hof des Dorfes saß, ist anscheinend fortgezogen.

Doch Rydzewo bietet ja auch sonst kaum noch jemandem Heimat.

Nach vierhundertfünfzig Jahren geht hier alles zu Ende.

Dies ist nicht der Augenblick, mehr zu bedauern als den Untergang eines kleinen masurischen Dorfes, das von unserer Zeit gefressen wird.

Es ist nicht der Ort, das Verschwinden des ganzen masurischen Volkes zu beklagen, das sich in Jahrhunderten aus prußischen Ureinwohnern und Einwanderern aus den polnischen und den deutschen Nachbarländern gebildet hat und eins der seltsamsten und liebenswürdigsten kleinen Völker Europas vor Ende des 2. Weltkrieges war. Es ist nicht 1945 und mit einem Schlag untergegangen, steht nun aber vor dem völligen Erlöschen.

Dies ist erst recht nicht der Rahmen für einen Appell an verantwortungsvolle Polen und Deutsche, in (endlich!) einträchtiger Aktion die letzten Reste dieses Volkes zu fördern und am Leben in der angestammten Heimat zu bewahren.

Doch mag beides in diesem Bericht, dem eines Sohnes Masurens, immerhin mit anklingen.

Gehe ich heute auf den kaum noch befahrenen Straßen des Dorfes Rydzewen, das schon keins mehr ist, dann sind es nur noch die Erinnerungen aus der eignen Kindheit, die mich bedrängen. Und sie kommen in solch einer Fülle herauf, daß ich sie manchmal kaum zu bewältigen vermag.

Oft sind es Kleinigkeiten, durch die sie hervorgerufen werden. Dort unten am See, wo unser »Brett« – der Steg ins Wasser hinaus – war, sehe ich Vater sich waschen, er hat Urlaub bekommen zur Beerdigung seiner Mutter. Mein gutherziger, wortkarger Vater, der sich niemals etwas schenkte und nichts geschenkt bekam im Leben bis zuletzt. Die Eschen am Rand des Hofes haben Onkel Adolf im Kopf gespukt: eine von ihnen sollte für ein paar Skier für ihn herhalten; und dort drüben am See bei den Erlen stand er oft an auf Hechte . . . Adolf, der Tausendsassa, der es leichthin zu absolut nichts gebracht hat im Leben, völliges Gegenstück zu allem oft so komischen westlichen Erfolgsstreben.

Unten bei der kleinen Mauer nahe an der Straße haben Schwester Ingrid und ich mit Sand gespielt, den Vater angefahren hatte. Dort hat eines Tages, ich mochte da drei sein, ein feiner Herr vor mir gestanden und mich nach Vater gefragt, und ich habe ganz ernsthaft wiedergegeben, was der mir gesagt hatte, als er aufs Feld ging: Er wolle horchen, ob das Gras schon wächst! (Der Herr ist der Gutsbesitzer Lenz gewesen. Im Krieg war dann irgend etwas mit ihm in Polen; und zuletzt, als auch er 1945 flüchten wollte, fand man ihn und seine Frau erschossen in einem Auto).

Und Lehrer Hein geht auf der Straße an unserem Hof vor-

bei und redet mit sich selbst: Gehe ich zu Wrobel? Nein, ich gehe nicht. (Pause. Er ist stehengeblieben). Doch, ich gehe! Und er geht . . . Wieviel skurrile Szenen ranken sich allein um meinen ersten Lehrer Walter Hein!
Oder jener junge Bursche, der eiserne Eggenzinken in die Giebelseite des Holzhauses schlug, von unten bis zu seinem Fenster unterm Dach: als Leiter für seine Geliebte . . . Ferne Erinnerungen an Rapunzel, doch in Rydzewen durchaus nicht Märchen, sondern Wirklichkeit!

Und von daher das Bedürfnis, ein Buch darüber zu schreiben, was das eigentlich war: Masuren. Denn es war ganz anders als die deutschen Regionen westlich von Weichsel und Oder; die Menschen waren von sehr anderer Art. Dieses Volk lebte »auf der Grenze deutschen und slawischen Volkslebens«, in seiner ganzen Geschichte wies es »den Gegensatz und die Versöhnung beider Nationalitäten« auf (Toeppen, 1870).

Ein Buch mit Geschichten von Menschen. Geschichten, die ja viel unmittelbarer wirken können und dauerhafter sind als sachliche oder polemische Behauptungen.
Einen Roman zu schreiben.

Unsere geschriebenen Erinnerungen: sie versuchen standzuhalten gegen die Untergänge.
Wir erzählen an gegen die Untergänge. Bald werden es nur noch unsere Erinnerungen, unsere Geschichten sein.

Ich zum Beispiel
Kennzeichen eines Jahrgangs

Man kann nicht gleichzeitig mit der Welt groß werden, sie ist immer schon da wie die Erwachsenen, sie ist eine anmaßende, aber vollendete Tatsache, hält nur einen Inhalt für uns bereit, eine Rolle, einen Charakter womöglich. Das war auch am 17. März 1926 der Fall, als ich geboren wurde, als ich unter ordentlichen Seufzern und Hoffnungen auf eine Welt kam, die ich weder übersehen noch zurückweisen konnte, denn sie war schon da. Die kleine Stadt Lyck war schon da. Man nannte sie bereits die »Perle Masurens«. Der Lyck-See war schon da, die sandigen Exerzierplätze, die Fischverkäuferinnen mit den Kapitänsnacken, die gedrungenen Kriegerdenkmäler, das gekalkte Gefängnis, die Vorurteile und die trübseligen Kasernen, in denen das feldgraue Unglück wohnte: alles war schon da. Die trockenen, pulsenden Sommer Masurens waren schon von den Redakteuren des Hundertjährigen Kalenders gemacht, Hindenburg blickte schon unter geschwollenem Lid auf die Schulklassen herab, der Bosniaken-Kommandeur von Gunther besaß schon sein Denkmal und die Lycker ihre pruzzisch-sudauische Vergangenheit: offenbar hatte man mir nichts mehr zu tun übriggelassen, denn die Masuren hatten auch schon ihr Masurenlied (Wild flutet der See), ihr Stück über Pogorzelski und ihre Ansichten über unsere sudauischen Vorläufer, die ich immer für unterwürfig hielt, für tückisch, krummbeinig und bescheiden.
Alles war schon da, als ich geboren wurde, ich hatte

strenggenommen keine Daseinsberechtigung, ich war überflüssig, entbehrlich, ein fahrlässiger Luxus; die Gesellschaft hatte sich ohne mich bereits in Rollen und Privilegien geteilt; die Besetzungsliste meiner Stadt war komplett: die Arbeiter stellten Arbeiter dar, die Handwerker Handwerker, die Fischer Fischer; die kleinen Lycker Geschäftsleute kannten ihren Text, die Polizisten spielten Polizisten, und die Beamten, zu denen auch mein Vater gehörte, waren gedankenlos in ihren Rollen ergraut. Vielleicht kam ich in Versuchung, früh zu sterben: mit erträglichem Gewissen kann man doch nur in einer Welt leben, die einem erlaubt, seine Möglichkeiten herauszubekommen. In Lyck, der Hauptstadt Masurens, stand am Tag meiner Geburt alles schon fest, war alles eingerichtet, verteilt und beschlossen: ich war ihr Überfluß, und das vereitelte wohl den Selbstgenuß.

Bevor ich mir aus Entrüstung eine unvollendete Stadt gleichen Namens erfand, ging ich daran, die fertige so weit zu entdecken, wie es mir möglich war. Ich wohnte in einem kleinen Haus am Seeufer, und der Lyck-See war für mich die Welt im Spiegel. Ich erkundete seine Ufer. Ich lernte fischen und schwimmen, bevor ich lesen lernte. Der ruhige See weihte mich in seine Geheimnisse ein und gewährte sanfte Abenteuer. Als ich an einem Märzmorgen durch das mürbe Eis brach und nur mit Mühe gerettet wurde, glaubte ich mich künftig gegen alle Mißgeschicke auf dem See gefeit: welch ein Glück, sagte ich, nun kann mir nichts mehr passieren. Ich sah in dem Unglück eine Vertraulichkeit. Ich nahm dem See nichts übel. Im Boot, auf träge driftendem Binsenfloß, im Segelschlitten und im schwülen Schilfgürtel bot ich ihm eine zarte Freundschaft an. Wer mich suchte, brauchte nur ans Wasser zu gehen, wo ich auf den schwarzen Fischkönig wartete, den meine Großmutter nicht müde wurde zu denunzieren, weil sie sich Sorgen um mich machte. Ihre Warnungen hatten das Gegenteil bei mir erreicht: ich sehnte mich nach dem Anblick des schwarzen Fischkönigs, um ihm meinen Dienst anzubieten, ich wollte sein Admiral ohne Bezahlung werden, seine Gegner vernichten und hinterher seine fischlippige Tochter heiraten, die ich mir als entzückend gefährdete Karausche vorstellte. Nachdem ich lesen gelernt hatte, erfand ich mir eine Stadt Lyck, über die ich herrschen konnte, erfand mir vor allem die Wonnen und Konflikte eines Herrschers von eigenen Gnaden. Ich nahm die Stadt als Kosaken-Hetman in Besitz, getreu dem begeisternden Bild, das meine Großmutter vom Einzug der Kosaken 1915 entworfen hatte: auf kleinem, zottigem Renner sprengte ich durch die versteinerte Promenade, ließ mich vor Übermut aus dem Sattel rutschen, ritt eine Weile kopfunten und ließ die Erde über dem Himmel schweben, richtete mich

3   *Am Lycker See. Blick auf die alte masurische Stadt*

dann mit beherrschtem Schenkelschlag wieder auf und ließ mir auf dem Lycker Marktplatz die Gefangenen vorführen: ein Senken meiner zierlich geflochtenen Knute brachte den Tod, ein Lächeln die Verurteilung zum Leben. Die Tochter des Bürgermeisters hatte allerdings nie etwas zu befürchten. Als Klage über meine unwiederbringliche Kosakenexistenz schrieb ich später, als Student, mehrere Kosakenspiele, wovon eines ausdrücklich Taras Bulba gewidmet war, in der Absicht demütiger Huldigung.

Nach meiner Kosakenzeit ernannte ich mich zum Ersten Offizier von Jörn Farrows U-Boot, dessen Abenteuer in bebend erwarteten Fortsetzungen geschildert wurden. Ich las mehr als hundert Hefte. Ich gab Befehl, im Lyck-See zu tauchen, ließ das Gefängnis beschießen, den Wasserturm und das Lehrerzimmer in meiner Schule; indem ich anderen ein Schicksal bereitete, erwarb ich mir selbst ein Schicksal: ich wußte endlich, wozu ich da war. Ich setzte Jörn Farrow ab, degradierte ihn zum Bademeister in Ohles Badeanstalt und lud meine Klassenkameraden zu Lampionfahrten ein, ich ließ Eistüten verteilen und torpedierte zum Spaß die Fischerboote von Sybba. Mit der Tochter des Bootsverleihers und meiner Katze entwich ich zuletzt in die Südsee, wo ich mir ein neues Ansehen als Meisterspion erwarb.

Nachdem ich Rache an der Stadt Lyck genommen hatte, wurde ich ein anderer. Ich söhnte mich mit meiner Heimatstadt aus, die von mehreren Exerzierplätzen eingeschlossen war, auf denen sommers wie winters Maschinengewehre hämmerten, Kanonen das Schweigen zerstörten. Manchmal, wenn von den Detonationen die Scheiben klirrten, begann meine Großmutter erbittert zu singen; sie sang in heftiger Gläubigkeit »Aus seines Irrtums Finsternissen« oder »Auch Sünder können selig sein«, und ich wunderte mich, daß das Schießen nicht augenblicklich aufhörte und eine erschrockene Stille das Land überzog. Ich lief hinaus zu den Lycker Exerzierplätzen, manchmal gleich nach der Schule, versteckte meinen Ranzen in einem Gebüsch und bot mich den Soldaten als Mitspieler an, als Toten vor allem, ich spielte ihnen Toter und gelegentlich auch Verwundeter vor, und sie nickten in bewunderndem Einverständnis und überließen mir die leeren Patronenhülsen als Honorar. Auch wenn ich mit meinen Freunden »Räuber und . . .« spielte, übernahm ich die Rolle des Toten mit der gleichen wortlosen Selbstverständlichkeit wie Gründgens die des Mephisto. Als Toter muß ich stark überzeugt haben. Als Toter gefiel ich. Meine Mitwirkung bei einem Freilichtspiel, das die rüde, aber gläubige Kolonisierung durch den Ritterorden schilderte, wurde ein zwangsläufiger Mißerfolg: als ich in der Rolle eines Ritterpagen auf die Bühne trat und etwa die Worte äußerte: »Herrche, auch mir leckert nach Schwert und holder Frau«, da ging meine Glaubwürdigkeit im Gelächter unter. Seit dieser Zeit bin ich auf den Ritterorden nicht gut zu sprechen: er hat mich entlarvt, er hat mir die Grenzen meiner Fähigkeit gezeigt, er hat mich in der schmalen Rolle des Toten bestätigt.

Mit zerstreuter Feindseligkeit nahm ich daher zur Kenntnis, was mein Geschichtslehrer vom Ritterorden erzählte: mir kam ein Sieg Jagellos nicht ungelegen. Mein Verhältnis zur masurischen Geschichte war gestört. Selbst ein späterer Besuch in der Marienburg änderte nichts daran; statt mit tadelloser Ergriffenheit dazustehen, suchte ich unwillkürlich nach den schwachen Punkten der Festung – als müßte ich den Herren mit Verzögerung heimzahlen, was man mir angetan hatte. Außerdem hatte die masurische Geschichte einen erheblichen Nachteil für mich: sie wiederholte sich zu sehr. Immer nur leichte,

sommerliche Scharmützel und schwerfällige Umfas-
sungsschlachten im Schnee, immer nur beherzte Vor-
märsche und traurige Rückzüge – die konnte man zu
leicht miteinander verwechseln, sie erschwerten jede Prüfung. Dabei hatte ich mit meinem Geschichtslehrer
Glück: er, der so oft berauscht von Hindenburg sprach,
bis er ihm physiognomisch zu ähneln begann und wir ihn
selbst Hindenburg nannten, gab außer seinem Lieblings-
fach noch Sport und Singen, und er verschaffte uns die
Möglichkeit, miserable Geschichtszensuren oder hoff-
nungslose Noten im Singen an der Kletterstange, am
Reck aufzubessern. Der Bizeps wurde in meiner Schule
als Bildungsfaktor anerkannt: gelungene Kniefelgen und
Riesengrätschen wogen den mangelnden Sinn für die
Wissenschaften auf. Nicht Könige, nicht Vandalen, Pruz-
zen, Sarazenen weckten meine Leidenschaft für die Geschichte, weder Drachenbezwinger noch Lindwurmtö-
ter waren meine Wunschfiguren; das einzige Ideal, das
die Geschichte mir anbot, war die Gestalt des Kosaken-
Hetmans.
Ihn hatte ich auch vor Augen, nachdem ich Pimpf geworden war. Ich zog zu Pimpfen-Spielen aus, sang Pimpfen-
Lieder, las die Zeitschrift »Der Pimpf«, ging mit Pimpfen
auf Fahrt durch Masuren und schlief im Pimpfen-Mief
unter spitzem Zelt: die ganze Welt stand offenbar im Zeichen des Pimpfs, der erfunden war, um seine Indianer-
spiele einem Mann namens Hitler zu weihen.
Als ich zehn Jahre alt wurde, begann ich mitzuspielen:
arglos, heißwangig, insgeheim ein kosakisches Leben
hartnäckig mit der Seele suchend. Für mich brannten die
Lagerfeuer am Don, im Gesang hörte ich das Hufgetrap-
pel der zottigen Renner, und über Geländespielen wölbte
sich selbstverständlich ein aufmerksamer Kosakenhim-
mel, der den Listigen gewogen war. Ich wurde Pimpf wie

jeder, und wie jeder erwarb ich die Rechte eines Pimpfs.
In Uniform durfte ich von keinem Lehrer mehr geschlagen werden. Ich durfte ein Fahrtenmesser tragen. Ich
durfte Altmetall sammeln und mit einer Winterhilfs-
büchse fordernd an Erwachsene herantreten. Und ich
durfte mit Tausenden von Pimpfen Spalier stehen, als es
Leute namens Hitler oder Koch oder Goebbels in die
Hauptstadt und Perle Masurens verschlug: wir jubelten
auf Handzeichen und winkten auf Pfiff mit Kornblumen.
Wir stellten jede erwünschte Form von Begeisterung her.
Die Männer in den schweren, schnell fahrenden Autos
grinsten nur zufrieden: in uns schmeichelten sie sich
selbst.
Aber ich war kein absoluter, kein Dauer-Pimpf. Die Verheißungen des Lyck-Sees waren immer noch groß, und
ich nahm seine Aufforderung an und erkundete ihn allein
an all seinen Ufern, fischte von all seinen Fischgattungen
und lernte von geduldigen, polnisch sprechenden Holz-
flößern, wie man Angelschnüre dreht, Bleifische gießt,
wie man Barsche brät und alle Genugtuungen in der
Erwartung auf den Biß findet. Und außerdem mußte ich
zur Schule – trotz aller Vorrechte, die mir als Pimpf auto-
matisch zugefallen waren; denn hatte mich die Uniform
auch dem Rohrstock entzogen, Reife ersetzte sie anscheinend noch nicht. So willigte ich darin ein, mich unterrich-
ten zu lassen. Einige meiner Lehrer waren Offiziere gewesen oder waren immer noch Reserveoffiziere, und der
Unterricht bei ihnen hatte durchaus Ähnlichkeit mit einer
Instruktionsstunde am Bildungsgeschütz: nach knapper
Vorbereitung besetzten wir die strategischen Punkte des
Wissens im Handstreich. Wir erbeuteten Jahreszahlen,
mathematische Gleichungen, chemische Formeln. Wir
glaubten an das, was wir besaßen. Wir leisteten uns nicht
den ergiebigen Luxus des Zweifels, obwohl wir auch

Lehrer hatten, die uns vorsichtig dahin zu bringen suchten – besorgte Pädagogen, die uns nicht aufgaben, sondern unsere Infektionen mit sanften Überzeugungsver-
suchen mildern wollten. Sie ließen uns Aufsätze über den
Luftschutz schreiben und empfahlen uns Lessing zur
Lektüre; pflichtschuldig diktierten sie uns ›Das Leben
von Hermann Göring‹ und machten uns mit Büchern
von Erich Kästner bekannt. Auch an meiner Schule gab es
Pädagogen, die sich nicht abfanden, die sich mit den
andern auseinandersetzten – wobei der Schnittpunkt der
Auseinandersetzung in uns lag, in den Schülern. Längst
war neben dem Bild von Hindenburg, der trübe und
gedankenlos auf uns herabblickte, das Bild von Hitler aufgehängt worden. Es war eine Fotografie, die ihn unter
Pimpfen zeigte: Hitler scherzte mit seiner zartwüchsigen
Gefolgschaft. Der höchste gewalttätige Pimpf fühlte sich
offensichtlich wohl unter »seinen« Mitpimpfen, die darüber aufgeklärt waren, daß sie seine persönliche Freude
vermehrten, wenn sie weiter werfen, schneller rechnen,
länger laufen und besser singen konnten. So blieben
unsere verbesserten Leistungen zumindest nicht unbemerkt und nicht ohne Folgen. Bei Schulfesten, bei Sport-
kämpfen, bei der Erntehilfe, galt demnach jede besondere
Anstrengung offiziell der Mehrung seiner Freude.
Das zu tun hatten sich augenscheinlich auch etliche unserer Lehrer entschlossen, sie erfreuten ihn, indem sie zu
Reserveübungen einrückten, die natürliche Erhabenheit
des Katheders gegen die zugige Kühle der Kaserne
tauschten, und zwar gleichzeitig, plötzlich, wie auf Ver-
abredung. Das schien mir um so weniger verständlich, als
die ganze Stadt schon voll von Soldaten war. Sie biwa-
kierten auf dem Rennplatz. Sie hielten jedes freie Bett in
den Privatwohnungen besetzt. Am Bootshaus, auf den
Straßen, auf unserm Schulhof: überall dampften ihre

Feldküchen und überzogen die Perle Masurens mit einem deckenden Geruch von Erbsensuppe. An den Brücken waren Kanonen in Stellung gegangen, und unsere Greise und Invaliden sprachen mit den Soldaten, entsannen sich ihrer Taten, nicht ihres Unglücks. Pioniere flitzten in flachen Booten über den Lyck-See, betäubten die Tochter des schwarzen Fischkönigs mit Handgranaten, brieten und aßen sie. Es war ein glühender, elektrisch geladener August; immer mehr Soldaten strömten in die Stadt, kampierten und wachten, und die Bänke in der Schule waren in diesen Tagen heiß und voller Splitter; wir konnten das Ende des Unterrichts kaum erwarten, stürzten nicht nach Hause, um mit Robinson Crusoe eine Palisadenwehr zu errichten, mit Lederstrumpf zu streifen oder Winnetous feucht gewordenes Pulver zu trocknen; wir stürzten vielmehr zu den Kanonen, Sturmbooten und mobilen Funkstationen, in denen die Chiffren des Unheils aufgefangen und knisternd weitergegeben wurden.

Ich war dreizehn Jahre, als der Krieg begann: ein Schüler, ein Pimpf, ein geduldiger Spaliersteher, der keine Zwischenfragen stellte, der auf Handzeichen jubelte, als sei Jubeln so etwas Sachgemäßes wie Essen. Mit fünf, mit sieben, mit neun Jahren hatte ich mir hinter der spanischen Wand meiner Phantasie eine Rolle zugelegt; ich hatte Vorstellungen von Dingen, die getan werden mußten; es schwindelte mir angesichts der Möglichkeiten, die es für mich als Kosaken-Hetman gab. Mit dreizehn hatte ich die träumerische Tollheit unerhörter Einzelaktionen hinter mir, mit denen ich die Welt zu korrigieren hoffte. Man hatte mich zu äußerlichem Gehorsam bekehrt. Ich begann einzusehen, daß man lernen muß, zu verstehen, bevor man handelt. So wurde ich zum minderjährigen Spaliersteher verurteilt.

Während von der nahen Grenze der Geschützdonner zu uns herüberdrang, dem meine Großmutter mit erbitterten Chorälen antwortete, stand ich im erregten Spalier der Lycker und beobachtete die Soldaten, die heiter das Nachbarland überfielen, die fröhlich und selbstgewiß, aber auch hochmütig vorbeizogen, beschenkt und mit Blumen dekoriert, siegessicher wie alle Soldaten zu Beginn, wohlgenährt, rasiert natürlich. Panzerwagen zogen drohend vorbei – zum phantastischen Rendezvous mit der besseren polnischen Kavallerie. Pioniere mit Sturmbooten und Pontons zogen vorbei. Flugzeuggeschwader flogen südwärts über die Stadt. Ich dachte an die Holzflößer, von denen ich soviel gelernt hatte: galt dieser entsetzliche Aufwand ihnen? Richtete sich die hochmütige Heiterkeit der Soldaten gegen die polnischen Landarbeiter? Wollten sie die listigen polnischen Bauern bestrafen, die uns zu Weihnachten Gänse schickten? Jede Frage richtete sich gegen mich selbst. Winken war leichter, erträglicher, vorteilhafter, und so stand ich am Tag, an dem der Krieg begann, am Rand der Straße und winkte dem feldgrauen Unglück zu. Ich beklagte nicht, wie alles ausgehen wird, ich hatte weder den Wunsch, mich zu verleugnen, noch die Phantasie, mich zu fürchten: ich fühlte mich einfach nur unentbehrlich als Zuschauer. Damit hatte ich mein Leben dem Zufall entrissen. Ich hatte eine Tätigkeit, wenn auch ohne Ziel, und diese Tätigkeit übte ich auch aus, nachdem meine Familie nach Braunsberg gezogen und ich in eine Internatsschule gekommen war. Es genügte mir in dieser Zeit, die Welt von außen zu empfangen, mir lag nichts an eigenen Wirkungen, ich kannte mich in den Ereignissen wieder, die der Krieg mit sich brachte. Der Krieg nahm alles für sich in Anspruch, er bewohnte uns. Meinen Schulkameraden ging es nicht anders. Jeder hatte einen Vater, einen Bruder, einen

Schwager im Krieg – aus Paris kamen Pakete mit betörender Seife, aus Polen trafen Schmalzkonserven ein, aus Norwegen dunkelroter Rentierschinken und aus Griechenland Korinthen: der Krieg war fern und ging gut und verlief allem Anschein nach rentabel.

Wir schmeckten den Krieg zunächst aus Paketen. Wir hörten ihn im Radio, sahen ihn mit seinem jungen Triumph in der Zeitung. Wir nahmen den Krieg zu uns bei der Lektüre geschwind verbreiteter, wohlfeiler Heldenliteratur: da empfahlen sich die Bezwinger der Maginotlinie und die unbedenklichen Dreinschläger von Narvik; Kapitänleutnant Prien lockte uns nach Scapa Flow, und ein Stoßtruppführer Geiger suchte uns für die Möglichkeiten des Flammenwerfers zu begeistern. Es war nicht selbstgenügsames Heldentum, was sich da aussprach, präsentierte und spreizte; das Heldentum sollte als Reklame wirken, es war eine Annonce für den Krieg, und wir sollten der überredenden Wirkung erliegen. Es gab aber nicht nur diese Annoncen, es gab auch Reklamereisende für den Krieg, junge, enthusiastische Invaliden, hochdekoriert und erträglich verstümmelt; sie kamen in Offiziersuniform in unsere Schule, schoben die Lehrer zur Seite und machten uns, die wir längst erwachsen waren, geschwind wieder zu Kindern, indem sie uns ein unerhörtes Spielzeug anboten: Panzer, geballte Ladungen, Stukas, U-Boote und den bräutlichen Karabiner. Aus frischer, aus heiterer, aus verzückter Erfahrung erzählten sie von den Genugtuungen, die dieses Spielzeug ihnen gewährt hatte. Sie ließen uns teilhaben: wir saßen auf und fuhren auf Panzern in ein polnisches Abendrot; erregt beobachteten wir im ausgefahrenen Sehrohr den ahnungslosen Konvoi; wir stürzten uns auf niederländische Brücken, ließen französische Bunker erzittern, trieben Gefangene zusammen und waren mit der Furcht einverstanden, die fremde Zivilisten vor uns empfanden.

So wurden wir vorbereitet. So wurde unsere Ungeduld entfacht, und wir übersahen die kosmetisch verdeckte Invalidität des Lobredners und sorgten uns auf einmal, daß der Krieg aus und vorbei sein könnte, bevor wir Städte erobert, Schiffe versenkt und bedeutende Brücken zerstört hatten. Es gab viele unter meinen Schulkameraden, die diese Sorge hegten, die bedauerten, noch nicht sechzehn oder siebzehn zu sein, um sich freiwillig melden zu können. Da half nichts. Das resignierte, ironische Lächeln meines Deutschlehrers blieb ohne Wirkung und die riskanten Kommentare des Lateinlehrers. Auch die Tatsache änderte nichts, daß die Gedenktafel für gefallene Schüler eines Tages nach unten zu wuchs und es sich als notwendig herausstellte, eine zweite Gedenktafel zu enthüllen. Wir konnten sie betrachten, ohne das Notwendige zu denken, wir wandten uns ab und starrten auf die Europakarte, auf der mit Wollfäden und Stecknadeln die Front des Triumphes und des Unheils markiert war. Manchmal war ich an der Reihe, den Frontverlauf nach neuestem Stand zu bezeichnen, und ich ärgerte mich, daß ich den Wollfaden nie über Leningrad hinausschieben konnte. Leningrad störte mich besonders, weil es widerstand und mich zwang, eine komplizierte Bucht zu stecken. Dafür war ich in Nordafrika großzügig, dort machte mein Wollfaden Geländegewinne nach Herzenslust, ebenso im Kaukasus und in der staubigen Einöde der Kalmückensteppe: hier stieß ich vehement vor und legte mitunter schon die Etappen der Eroberung für den nächsten Tag fest. Der Geographielehrer, der die Karte täglich überprüfte, zwang mich nie zu einer Korrektur, und mein Deutschlehrer merkte es nicht, da er immer nur blicklos an der Karte vorbeiging, mit einer milden, ganz und gar träumerischen Geringschätzung. Heute ist mein alter Deutschlehrer Lehrer für Russisch in der DDR: ein leichter, zartwüchsiger, manchmal verschmitzter Pädagoge, dessen Lächeln für jede lehrhafte Behauptung sogleich um Entschuldigung bittet. Er infizierte mich mit Literatur. Er kontrollierte meinen Lektüreplan.

An dem Tag, an dem mein Pimpfdasein endete und ich in die »Hitler-Jugend« überwiesen wurde, saßen wir wie so oft beim Tee in seinem Haus, drei Schüler und er, und scheu, händereibend interpretierte er die Ringerzählung aus »Nathan« oder die »Buddenbrooks« oder »Raskolnikoff« oder »Deutschland, ein Wintermärchen«.

Am stärksten wurde ich ergriffen, wenn er von Schriftstellern erzählte: fast jedes Werk sah er vor dem biographischen Hintergrund seines Schöpfers, jede Dichtung war für ihn ein Ausgang aus biographischer Not. Worunter litt der Autor, als er dieses oder jenes Werk schrieb? Das war die Frage, die niemand zu stellen unterlassen durfte, der Aufschluß verlangte. Balzacs chronischer Geldbedarf, Dostojewskijs sozial-religiöse Visionen, Heinrich Manns kunstvolle Klagen über die Gesellschaft – alles erhielt einen biographischen Leidensgrund; die Schriftsteller hörten auf, glorreiche, körperlose Gespenster zu sein, sie litten offenbar, um schreiben zu können. Mein Deutschlehrer rief sie ins Zimmer, preßte ihnen sanft Bekenntnisse ab, und in dem Augenblick, da sie ihre Leiden bekannten und zu Belastungszeugen ihrer Zeit wurden, verlieh er ihnen traurig die höchste Note und bestätigte ihre Mission, »dem Unglück Worte zu verleihen«. Er hielt lediglich das für Wahrheit, was die Schriftsteller leiden ließ; und da sie in seinen Augen unentwegt litten, sah er ihnen nach, daß sie bemüht waren, sich mitunter ein wenig Behaglichkeit in ihrem Ungemach zu verschaffen. Sie durften heiter im Unglück sein. Sie durften vergnügt die Untauglichkeit des Menschen für die Welt proklamieren. Nichts sprach gegen sie, weder Charakter, Alkoholverbrauch, interessante Verblendungen noch Liebesaffären – nur mußten sie an der Welt beredt Anstoß genommen haben und in der Lage sein, ihren Schmerz einzigartig zu formulieren. Wenn diese Voraussetzung erfüllt war, nahm mein Deutschlehrer sie an seine schmächtige Brust und sprach sie von allen Irrtümern und Verfehlungen frei. – Am gleichen Abend schrieb ich unschuldig mein erstes Gedicht in Prosa, es war den wilden Schwänen des Lyck-Sees gewidmet, die ich als flammende Glückskometen aus einer Nachtwolke herabstürzen ließ, zum Trost der Gefangenen auf der Halbinsel: mein vorsorglicher Anspruch auf eine Zukunft als Schriftsteller war damit angemeldet.

Doch ich verlor die Zukunft schon über Nacht wieder aus den Augen. Ich hatte alle Hände voll zu tun, um der maßlosen Gegenwart zu genügen: ich übersetzte aus dem Gallischen Krieg und trieb mich mit dem Hilfskreuzer »Atlantis« im Indischen Ozean herum; ich paukte unregelmäßige Verben und machte einen Vorstoß auf Stalingrad; in kurzen Hosen bestätigte ich am Vormittag Euklid und startete in der Dämmerung zu einer eleganten Patrouille mit den Nachtjägern. Eine Jugend im Krieg steht unter einer besonderen Spannung: obwohl man sich allen Helden überlegen fühlt, muß man sich mit einem Ersatz-Heldentum in der Einbildung begnügen. Man ist da in der Lage des verletzten Fußballspielers, der von der Reservebank das Spiel seiner Mannschaft verfolgt: zwar läuft alles zufriedenstellend, aber doch beileibe nicht so erfolgreich, wie alles liefe, wenn das eigene kribbelnde Bein dabei wäre. Wir saßen auf der Reservebank des Krieges. Man hatte uns beigebracht, im Sieg der Mannschaft den individuellen Sieg zu erblicken.

Wenn wir einstweilen auch noch aus der Arena ausgeschlossen waren, das Training blieb uns nicht erspart: in den Ferien – und nicht nur in den Ferien –, schickten sie uns in Lager. Es waren »Wehrertüchtigungslager«, die Ausbilder waren hochdekorierte, von Verwundungen genesende Unteroffiziere; die Gewehre waren richtige Gewehre, die Handgranaten richtige Handgranaten. Nachsichtig erklärten uns die Ausbilder den Gebrauch der Waffen. Sie gaben sich nicht sehr viel Mühe mit uns. Sie verzichteten vor allem auf Schikane und Demütigungen als Erziehungsmittel. Was mich am meisten beeindruckte, das war ihre unerhörte Müdigkeit: sie schliefen sitzend beim Heimabend, schliefen beim Geländespiel, und wenn wir Übungsschießen hatten, übernahm ein Ausbilder die Aufsicht, während sich die vier anderen unter einen Wacholderbusch legten und schliefen. Als wir wieder zur Schule zurückkehrten, demonstrierten auch wir eine unbesorgte Müdigkeit, wir trugen sie zur Schau wie das Abzeichen eines Ordens.

Die Schule ging weiter, obwohl der Krieg draußen anscheinend nicht mehr so rentabel verlief: wir merkten es zuerst an der Seife, am Internatsessen, am grauen Papier der Schulhefte, und ich merkte es augenfällig, wenn ich den roten Wollfaden des Triumphes hinter Tobruk oder Charkow zurücknahm, oder wenn ich den Kaukasus räumte und auf das ausdauernd widerstehende Leningrad gar nicht zu blicken wagte. Wie es um den Krieg stand, bewiesen auch die häufigen Sondermeldungen. Manchmal eröffnete ein Lehrer den Unterricht mit der Wiedergabe einer Sondermeldung: pünktlich zur Physikstunde waren abermals sechsundzwanzigtausend Tonnen Schiffsraum im Atlantik versenkt worden; das gab Aufschwung für die schriftliche Arbeit über die Gravita-

tion. Verliefen die Schuljahre in dieser Zeit auch konflikt-
los, so verliefen sie doch nicht ereignislos.

Da der Krieg bereits so lange dauerte, daß wir uns an ihn
gewöhnt hatten, ließ er durchaus das Ereignis der ersten
Liebe zu. Des schwarzen Fischkönigs goldschuppige
Tochter war längst ein Opfer der Pioniere geworden, ich
mußte mich anderweitig umsehen; und ich tat es mit dis-
kreter Geschicklichkeit auf dem Sportplatz, an milden
Trainigsabenden, den Speer in der Hand, mein Lieblings-
gerät, das ich zur Freude des allerhöchsten Pimpfes schon
vierundfünfzig Meter weit geschleudert hatte und eines
Tages fünfundfünfzig Meter weit zu schleudern hoffte.
Da ich mich selbst nicht genug liebte, hatte ich wohl den
Wunsch, von einem anderen freimütig und kurzweilig
geliebt zu werden: so geriet ich an die Hochspringerin.
Sie war zäh, busenlos und intelligent, was mich allerdings
weniger beeindruckte als die Tatsache, daß sie in schwe-
bendem, seltsam verzögertem Rollsprung regelmäßig
über ein Meter achtundvierzig kam und sich eines Tages
auf ein Meter und fünfzig zu steigern hoffte. Außerdem
war sie Führerin, befehligte zwölf zottelhaarige oder be-
zopfte Geschöpfe ohne Geschlecht. Wir verglichen unsere Trainingsmethoden und kamen uns dabei näher. Ich
fuhr sie auf dem Fahrrad nach Hause. Ich hörte ihr im
Wald unregelmäßige Verben ab. Ich holte sie zum
Schwimmen ab und hatte es ganz gern, wenn ihr dunkles,
kurzes Haar lackglänzend im Nacken klebte. Es dauerte
lange, bis ich merkte, daß ihr Lieblingswort »Pflicht« war.
Sie sagte etwas: »Wir haben die Pflicht, dafür zu sorgen,
daß die Menschen Europas wieder hell lachen können«,
und es kamen ihr keine Zweifel bei solch einem Satz.
Alles war für meine Hochspringerin ein Akt der Pflicht:
das abendliche Training, die Feldpostbriefe, die sie an
ihre drei Brüder schrieb, die Schularbeiten, das Zähne-

putzen, und als ich sie zum ersten Mal küßte, nahm sie es gewiß als sachliche Pflicht – freilich bat sie darum, nicht in Uniform geküßt zu werden. Die Briefe, die sie mir später schrieb – und die ich heute noch besitze –, zeigten mir, daß es eine Zuneigung aus Pflicht geben kann, daß ein bedächtig waltender Eros der Pflicht die Gefühle so beherrschen kann, daß jeder Verrat aus Leidenschaft ausgeschlossen ist. Wenn alles eine Verpflichtung ist, haben die gefährlichen Wonnen der Wahl ausgespielt. Mitunter, oft sogar, habe ich den Komplex, mir meine Jugend vom Leibe halten zu müssen, und ich glaube heute zu wissen, daß meine erste Liebe ihren Teil dazu beigetragen hat. An den Fronten hatten sie sich anscheinend totgesiegt, immer häufiger wurden die Sondermeldungen, Ruhmestaten, Heldengesänge, unablässig brachten wir der gegnerischen Welt Niederlagen bei, und wo immer sich ein Stalingrad ereignete, ging es zu unseren Gunsten aus. Da war es eines Tages nur selbstverständlich, daß sie keine Rücksicht mehr auf unser Alter nahmen: weil sie in siegreicher Not waren, erließen sie mir die Prüfung zum Abitur. Sie bescheinigten mir die Reife auch ohne Examen. Sie überreichten mir ein Zeugnis, das für sich sprach: alle Zensuren waren um mindestens eine Note aufgebessert. Sie waren von Mitleid inspiriert, von Abschiedsschmerz, vielleicht auch von schlechtem Gewissen; ich war durch die Kriegslage zu einem vielseitig begabten Schüler geworden, der, wenn er fallen sollte, zumindest das Abitur besaß. Mein Deutschlehrer, der gleichzeitig mein Klassenlehrer war, hatte meine Freude über das famose Zeugnis befürchtet, und er kam noch vor der Abschiedsfeier zu mir, zögerte lange, scheu und händereibend, aber dann sagte er doch: »Dein Zeugnis ist ein Geschenk – an den Soldaten, nicht an den Schüler.

Beherzige das.« Es war einer der unbarmherzigsten Ratschläge, die ich je erhielt.

Endlich war ich dabei; die Zeit des Spalierstehens, Winkens, der tatenlosen Jahre war vorüber; mit siebzehn holten sie mich, weil sie mir die Schule nicht mehr zumuten wollten und weil sie gewiß glaubten, daß ich ihnen zum Sieg verhelfen könnte. Ich verstärkte ihre Marine, und ich weiß noch: auf der Fahrt in die kleine pommersche Garnison, beim Anblick des stillen, unzerstörten Hafens wiederholte sich ein kindlicher Traum, den ich schon einmal an den verlassenen Ufern des Lyck-Sees geträumt hatte: ich hielt mich für einen Favoriten des Wassers, der Meere, für einen ausgemachten Günstling der einflußreichen Wassergeister, und ich glaubte mich in der Lage, zunächst Ost- und Nordsee, dann alle anderen Ozeane von den Schiffen unserer Gegner unnachsichtig zu reinigen. Seit dem Märzmorgen, an dem ich durch das Eis des Lyck-Sees brach, hatte ich eine besondere Beziehung zum Wasser: eine Art dämmerndes Heimweh verbindet mich mit ihm, ein sanfter neurotischer Eros beginnt wirksam zu werden, sobald ich unter die Oberfläche tauche; es gab schon Augenblicke, da hielt ich mich für einen masurischen, rundköpfigen Bruder Undines. Märchenwelt, reglos gespielte Kindheit, der Genuß dunkler Erwartungen, die Schönheit der Fische, die Verheißungen des Horizonts: vieles kommt zusammen, und ich habe oft in arglosem Pathos geglaubt, daß ich mich auf dem Wasser würde bestätigen müssen. Ich sah mich als Boot, durchschnitt mit meinem Bug die Wellen, und die einzige Lebensspur, die ich zurückließ, war die schaumige, sacht sterbende Linie des Kielwassers. In trüber Voraussicht erkannte ich, daß ich meine Höchstleistungen auf dem Wasser vollbringen würde.

Mit Pappkarton und Stellungsbefehl meldete ich mich

bei der Marine und griff aus meinem bevorzugten Element in die kriegerischen Geschehnisse ein – oder, nach dem Niveau meiner damaligen Erfahrung, in das Kriegsspiel...

Die Schulzeit des 1926 in Lyck geborenen Siegfried Lenz reicht in den Zweiten Weltkrieg. Er gehört mit Romanen wie »Deutschstunde« und »Heimatmuseum«, aber auch den masurischen Geschichten unter dem Titel »So zärtlich war Suleyken« zu den bekanntesten lebenden Schriftstellern.

CHRISTEL EHLERT

Glückliche Jahre in Elbing

Wie so viele ältere Väter hatte auch unser Vater die Neigung, mit zunehmender Körperfülle seine immer noch vorhandene Jugendlichkeit im Umgang mit seinen Kindern zu beweisen und alle die Dinge noch einmal zu praktizieren, die er selbst in seiner Jugend geschätzt hatte. So war es für ihn immer wieder eine Freude, mit Achim und mir auf den Jahrmarkt zu gehen. Ich sehe noch die bunten Lichter dieser Märchenwelt. Ich höre die ohrenbetäubende Musik und ich sehe die Ausrufer vor ihren Buden stehen, die sie mit lauter Beredsamkeit zu füllen versuchten. Die interessanteste Schau des Jahres wurde uns versprochen und drei Schuß für fünfzig Pfennig, jede Nummer war eine Attraktion, und achtzehn hatte die freie Auswahl. Man konnte das Gruseln lernen und »Alagana«, den Mann aus dem Urwald, bewundern, der sein dreifaches Körpergewicht stemmte. Es war wunderbar, was hier alles auf uns einstürmte. Auf der einen Seite sausten die Sitze eines Kettenkarussells vorüber und auf der anderen drehte sich das Riesenrad. Das Kreischen der Insassen schien geradewegs aus dem Himmel zu kommen. Beim Anblick der Luftschaukel wurde mir immer übel.
Einmal hatten Vater und Achim einen Apparat entdeckt, an dem man für zehn Pfennig seine Kraft erproben konnte. Zuerst stieg mein Bruder auf die Plattform und zog mit der Kraft seiner neun Jahre den Hebel. Bei »Fliegengewicht« blieb der Zeiger stehen. Ich schaffte es nur bis zum »Waschlappen«.
Dann entledigte sich Vater seiner Jacke. »Es wird noch

ein Opfer seines Ehrgeizes werden«, murmelte Mutter und rief ihm zu: »Denk an dein Herz!« Doch ihre Mahnung ging im Jahrmarktstrubel unter.

Wir schauten gespannt auf unseren Vater. Der bestieg vorsichtig das kleine Podest und ging leicht in die Kniebeuge. Von irgendwo sprang ein Knopf ab und kullerte in den Sand. Dann spannte er den Hebel. Die Halsschlagader schwoll an. Die Augen traten ihm fast aus dem Kopf. Sein Gesicht hatte die Farbe einer Tomate angenommen. »Mein Gott, sein Kreislauf!« stöhnte Mutter. Doch dann hatten wir nur noch Zeit zum Staunen. Der Zeiger stieg, ging vorbei an »Schwächling«, »Waschlappen«, »Fliegengewicht«, »Unterernährt«, »Leichtathlet«, »Schwerathlet« – und landete dann ganz oben bei 180 Kilo = »Superathlet«.

Ein wenig aus der Puste, trat Vater herunter und wischte sich den Schweiß von der Stirn. Lärmend und bewun-

4 *Elbing am Elbing-Fluß*

dernd umringten wir ihn. Vater kam uns plötzlich größer und breiter vor. Glücklich zogen wir heim. Mein Bruder blies auf seiner Trompete, ich knabberte an meinen gebrannten Mandeln, Mutter trug ihren Räucheraal, und Vater, der Superathlet, ein verklärtes Lächeln auf dem Gesicht. –

Jedes Jahr im Herbst bastelten Vater und Achim einen Drachen, der sich sehen lassen konnte. Holzleisten wurden gesägt, Wasserglas angerührt, Papier geschnitten und Bindfaden gewickelt, bis das Werk schließlich vollendet war. Dann ging es hinaus vor die Stadt. Weit und breit war meistens noch kein Drachen zu sehen. Es war unser ganzer Ehrgeiz, die Drachensaison zu eröffnen. So machten wir unsere Entwicklungsstufen durch.

Es kam die Zeit der vielen Tiere und Tierchen. Vater freute sich an allen; Mutter mochte nur die »appetitlichen«. Wir beobachteten Grashüpfer und Eidechsen, besaßen Zierfische und Frösche, eine Schildkröte und weiße Mäuse. Auch einen Wellensittich hatten wir schon. Wir bemühten uns eifrig, ihm das Sprechen beizubringen, kauften zur Unterstützung Unmengen sogenannter »Sprechkörner«, die sehr teuer waren; er fraß sie mit Behagen in sich hinein, ohne je ein einzige Wörtchen von sich zu geben. Dafür zogen wir vor der Urlaubsreise mit dem Vogelbauer in der Hand von Tür zu Tür, um bei Freunden und Bekannten für Jacky Asyl zu erbitten.

Unsere letzte Rettung war eine zoologische Handlung. Der Pensionspreis von zehn Pfennig pro Tag war erschwinglich. Einmal wurden wir den Verdacht nicht los, daß man unseren Jacky vertauscht hatte. Er kannte uns nicht mehr, und bald darauf lag er tot im Bauer.

Dann sollte es ein Goldhamster sein. Jungen sind zäh und ausdauernd, wenn es gilt, einen heißen Wunsch durchzusetzen. Wir wußten nichts über Goldhamster.

»Sind das nicht so ähnliche Tiere wie Ratten oder Meerschweinchen?« fragte Mutter. Mich fröstelte. Aber Vater meinte: »Der Umgang mit Tieren formt die Seele des Kindes.«

Mutter zog vorsichtig Erkundigungen ein.

»O ja, Goldhamster sehen süß aus, doch leider stinken sie schrecklich«, erzählte eine Nachbarin.

»Goldhamster? Ich wünsche Ihnen viel Glück. Mir hat mal einer in *einer* Nacht ein Loch ins Sofa gefressen, daß man bequem einen Wassereimer hätte hineinstellen können«, sagte unsere Kaufmannsfrau. »Gewiß, die Tierchen machen viel Spaß; aber wehe, wenn sie sich durch den Fußboden fressen, dann kriegen Sie sie nicht mehr vor!«

Das waren einige von vielen Kommentaren zum Thema Goldhamster. Dies genügte vorläufig. Unsere Mutter war aufgeklärt. Damit sie auch wirklich nichts versäumte, kaufte sie noch das Handbuch »Alles über den Goldhamster«. Darin wurden die Tierchen von der positiven Seite geschildert. Es hatte eine werbende Wirkung. Richtige vitaminreiche Nahrung und saubere Haltung waren die Voraussetzung für ein gutes Gedeihen. Schon nach kurzer Zeit würden sie ihren Pfleger kennen und sichtbare Zeichen der Freude von sich geben.

Vater entschloß sich zum Kauf. Achim durfte unter vier jungen Goldhamstern wählen. Er wollte gern ein männliches Tier, da er sich schon auf den Namen Hugo festgelegt hatte.

Hugo sollte es gut bei uns haben. Jeden Sonntag kam er mit ins Grüne. Einmal landeten wir in einem Ausflugslokal am See. Eine Blaskapelle, von Kindern umlagert, schmetterte flotte Marschmusik.

Hugo durfte seinen Käfig verlassen, verspeiste mit Genuß ein Salatblatt und wollte sich dann nach alter Gewohnheit zu einem Schläfchen zurückziehen. Vaters

Rockärmel schien der einzige Ort dafür zu sein. Unbemerkt schlüpfte Hugo hinein. Als es in der Armbeuge nicht weiterging, biß er. Vater stieß einen gellenden Schmerzensschrei aus und sprang vom Stuhl, um sich des Jacketts und Hugos zu entledigen.

Im selben Augenblick standen wir im Mittelpunkt des Interesses. Alles schnellte auf, kam näher und umringte uns. Hugo war inzwischen weitergekommen und lugte aus dem Rockkragen.

»Guck, Mutti, ein Frosch«, rief ein kleiner Junge. »Nein, ein Eichhörnchen«, tönte es von der anderen Seite. »Quatsch, das ist ein Meerschweinchen, nicht, Onkel?« Die zoologischen Kenntnisse unseres Publikums waren erschütternd.

Als sich nun der Ober mit einem Stück Torte den Weg zu unserem Tisch bahnte, hielt man uns offensichtlich für eine bezahlte Nummer und klatschte spontan Beifall. Wir gerieten in peinliche Verlegenheit und rüsteten zum Aufbruch. Unser Aufbruch aber wurde zur Flucht, als nun auch der Wirt durch die Menge gerudert kam und Vater zuraunte: »Wenn Sie ihn jetzt noch durch die Hose laufen lassen, bekommt der ganze Tisch Freibier!« –

Bald darauf kam Wulle zu uns. Wulle war ein Hund. Man sah es zumindest auf den zweiten Blick. Was er an Rasse zuwenig hatte, ersetzte er durch Klugheit und Charakter. Und wer sich von unseren Freunden zu der Bemerkung hinreißen ließe: »Schafft euch doch mal endlich einen echten Rassehund an!«, der hatte sein Urteil gesprochen und wurde aus der Liste der Freunde gestrichen; denn Wulle war echt, echt in seiner Liebe, echt in seiner Treue, wie er uns später bewies. Da er keine Rasse hatte, waren wir an keinen bestimmten Namen gebunden. Als Hundebaby erinnerte er lebhaft an ein Wollknäuel, und so fanden wir »Wulle« passend.

Vaters Herz hatte er schon nach dem ersten Skatabend gewonnen. Ganz gleich, zu welcher Zeit Vater nach Hause kam, Wulle begrüßte ihn mit stürmischer Freude, an der es Mutter manchmal mangelte. Bald nahm er ihn zu diesen regelmäßigen Skatabenden mit, und das anhängliche Wesen saß bis zu fünf Stunden unter seinem Stuhl, ohne sich zu rühren. Erst wenn Wulle »Letzte Runde!« vernahm, wurde er lebendig und rüstete zum Heimweg. Mit Wulle sprachen wir wie mit einem Menschen. Er verstand uns. Wenn wir ihm unangenehme Dinge zu sagen hatten, schloß er die Augen.

Spaziergänge außerhalb der Stadt waren seine ganze Wonne. Wiesen und Wald hatten es ihm angetan. Schon öfter hatte man uns gesagt, daß man Wulle in Vogelsang gesehen habe. Vogelsang, das war ein beliebtes Ausflugsziel vor der Stadt. Etwa vier Kilometer entfernt. Mit der Straßenbahn zu erreichen. Wie sollte er da hingelangen? Eines Tages kam Wulle ohne Halsband nach Hause. Er konnte zwar alles verstehen; aber erzählen, wo er das Halsband gelassen hatte, das konnte er nicht. Das erfuhren wir auf dem Fundbüro. Unweit unseres Hauses war die Straßenbahnhaltestelle. Hier war Wulle als blinder Passagier eingestiegen. Hätte er sich nur mit einem Stehplatz begnügt, so wären seine Ausflüge ins Grüne gar nicht beobachtet worden. Er aber liebte es, aus dem Fenster zu sehen. Zu diesem Zweck war er auf den einzigen freien Platz für Körperbehinderte gesprungen, und das war aufgefallen. Der Schaffner hatte ihn entfernen wollen und ihn am Halsband gepackt. Wulle war darüber empört gewesen und hatte Widerstand geleistet. Der Schaffner behielt das Halsband in der Hand, um es auf dem Straßenbahnfundbüro abzugeben. Seit der Zeit stand für unseren Vater fest, daß sein Hund der klügste Hund der ganzen Stadt war.

Die Schilderung meiner Jugend wäre unvollständig, würde ich Anita Samuel unterschlagen, Anita, meine kleine, dicke jüdische Spielkameradin.

Sie wohnte in unserer Straße, zwei Häuser weiter. Wir spielten zusammen Hops, Brummer, Murmeln und Berliner Anschlag. Ich habe in ihr nie eine Verfemte und sie hat in mir nie die Vertreterin einer »Herrenrasse« gesehen. Wir schrien gemeinsam dem Laternenanzünder nach: »Lampenputzer ist mein Vater am Berliner Stadttheater«, und ärgerten diesen Mann, der uns mit seinem martialischen Schnurrbart reizte. Er zog jeden Abend vor Einbruch der Dunkelheit mit seiner Leiter über der Schulter durch die Elbinger Straßen und kontrollierte die Gaslaternen. Es war für die Jungen eine Kleinigkeit, diese auszulöschen. Man rüttelte nur ein bißchen am Laternenpfahl, und schon fielen die Gasstrümpfe wie Staub auseinander. Von der nächsten Straßenecke sahen wir dann einträchtig zu, wie der Lampenputzer seine Leiter von der Schulter nahm, sie an den Laternenpfahl lehnte, hinaufkletterte und den zerstörten Strumpf gegen einen neuen auswechselte.

Doch nicht immer verband uns solche Eintracht. Anita blitzte mich mit ihren großen Kirschaugen an, wenn ich ihre Murmeln gewann, und prophezeite mir regelmäßig: »Ich hab einen Onkel, der ist Schlacher, der kommt bald und dann schlach er dich!« Diese blutrünstige Drohung wurde durch das nicht ausgesprochene t bei Schlachter ein wenig entschärft. Aber ich stand Anita in nichts nach. Zwar hatte ich keinen Onkel, der »Schlacher« war, doch dafür kannte ich bereits die ersten Nazilieder, in denen auch viel von Blut und Tod die Rede war. Und wenn es mir in den Kram paßte, stimmte ich eines von diesen Liedern an, die ich auf der Straße aufgeschnappt hatte; Anita sang kindlich unbekümmert mit, und wenn wir dann bei der Stelle angelangt waren, wo es hieß »Fort mit Juden und Verrätern, Freiheit oder Tod!«, pflegte ich meine Lautstärke herabzusetzen und lauerte voller Spannung, wie wohl Anita diese Hürde nehmen würde. Anita nahm die Hürde stets mit Bravour, setzte ihre Lautstärke nicht herab, und so hatte der Gesang für mich bald seinen Reiz verloren.

Auch Anitas Vater trug dazu bei, daß wir uns von Blut und Tod abwandten. Er war immer freundlich, hatte einen funkelnden Brillantring an der Hand, und wenn ihn sein Weg an uns spielenden Kindern vorbeiführte, blieb er oftmals stehen, hob den rechten Zeigefinger, zählte uns ab, zog seine Geldbörse und spendierte pro Kopf »eine à fünf«, das hieß eine Eistüte zum Preis von fünf Pfennig. Dann zogen wir glücklich lärmend hinunter an den Elbingfluß; denn hier war der Keller, in dem das Speiseeis hergestellt wurde, das die Männer in weißen Jacken aus ihren zweirädrigen Eiskarren an den Straßenecken verkauften. Hier, an der Stätte der Produktion, bekamen wir am meisten. Hier hatten wir die größte Auswahl. Wir wählten mit Bedacht zwischen Schokoladen-, Vanille-, Zitronen-, Himbeer-, Nuß- und Erdbeereis, bevor wir den warmgewordenen Fünfer aus der Hand gaben. Wir machten vor Anitas Vater artige Knickse – wir liebten ihn.

Ich ging häufig in Anitas Elternhaus. Hier war alles anders als bei uns, besonders in der Fastenzeit; dann gab es bei Anita außer Matzen nichts zu essen. Mir schmeckten die großen weißen Scheiben mit den braunen Röstflecken immer ein bißchen nach Pappe. Trotzdem aß ich sie gern, weil ich sie ja nicht essen *mußte*. Anita aber, die lange vor Ostern nichts anderes bekam, haßte die Matzen. Samuels hatten, getreu dem Gebet, ». . .und führe uns nicht in Versuchung . . .«, die Küche in dieser Zeit von allem Eßbaren geräumt und nur den Matzen Platz gemacht. Anita litt während der Fastenwochen. Sie brachte die Matzen oft heimlich zu mir; Mutter bestrich sie mit Butter und Honig und machte sie so zu einer Köstlichkeit. Erschien Anita zur Essenszeit, dann füllte Mutter ihr einen Teller und meinte zu ihrer eigenen Rechtfertigung: »Du bist ja sooo im Wachsen!« Auf diese Weise kam Anita immer gut über die Matzenzeit.

Außerhalb der Fastenzeit hielten Samuels aber viel von gutem Essen, an dem sie auch Notleidende teilnehmen ließen. Jeden Donnerstag erschien in Anitas Elternhaus ein skurriles Weiblein, Sarah, die jeder Bewohner unserer Stadt kannte. Sie trug ständig einen Korb am Arm und stützte sich auf einen Stock, mit dessen Hilfe sie sich trotz ihres kürzeren rechten Beins recht flink fortbewegte. Mit demütigem Lächeln bot Sarah den Passanten ihre Kurzwaren an, wobei sie versuchte, einen Augenblick mit ihnen Schritt zu halten. Ihre Schnürsenkel, ihr Zwirn und die Bänder aller Art hatten ihr den Namen »Sarah mit den Fitzelbändern« eingebracht, und die Kinder riefen dies gern hinter ihr her.

Wie alle in der Diaspora lebenden Menschen zeichneten sich die Juden durch ein starkes Zusammengehörigkeitsgefühl aus. Wenn Sarah ihren Korb leer hatte, hinkte sie über den Alten Markt zu Jacobi, einem der größten Kaufhäuser der Stadt, um ihren Bedarf an Kurzwaren dort kostenlos zu decken. Es war ein Gewohnheitsrecht, das noch aus der Zeit des alten Jacobi stammte und auch von dem Juniorchef respektiert wurde.

Jeden Donnerstag also um die Mittagszeit fand Sarah sich bei Samuels ein und bekam in der Küche ihr Mittagessen. Sarah aß immer mit großem Appetit und alles mit dem Löffel. Wir sahen ihr gern zu, und wenn Sarah mit dem Essen fertig war, blieb sie noch ein bißchen. Sie unterhielt sich mit uns, fragte nach unseren Puppen, ließ sie sich zeigen und schenkte uns kleine Schleifen für deren Zöpfe. Sarah nahm immer wieder Anitas Käthe-Kruse-Puppe in den Arm, die ihr sichtlich am besten gefiel. Wenn sie auf dieses Puppenkind sah, hatte ihr Gesicht, das an die Knusperhexe aus Hänsel und Gretel erinnerte, etwas unbeschreiblich Rührendes.

Als Sarah eines Tages von einem Auto angefahren wurde und bald darauf starb, holte man unter ihrer alten Matratze Geld hervor, kleine Münzen, aber auch abgegriffene größere Scheine. Dazwischen lag ein Zettel, auf dem Sarah verfügte, dieses Geld solle einem Heim für verkrüppelte Kinder zugeführt werden. Damals begriff ich zum erstenmal, daß eine menschliche Seele ganz unabhängig von ihrer äußeren Hülle schön sein kann.

Anita hatte neben dem »Schlacher« noch einen anderen Onkel, der über dem Elbingfluß auf der Speicherinsel wohnte. Auf diesen Onkel, der im Ersten Weltkrieg Vizefeldwebel gewesen war, war sie sehr stolz. Er stand gerahmt auf dem Vertiko, und Anita führte jeden, wie zu einem Hausaltar, vor das Bild und wies mit dem Finger auf des Onkels Brust, wo das schwarz-weiße Band des EK II zu sehen war.

Mein Vater hatte ewig den gleichen langweiligen Beruf, immer dasselbe Geschäft. Anitas Vater handelte mit Häuten und Fellen. Das war auch langweilig und roch außerdem nicht gut. Aber bei Anitas Onkel, da war es nicht langweilig und da roch es wunderschön. Er hörte auf den altgermanischen Namen Siegfried, wurde aber von seiner Frau nur Siggi genannt.

Die meiste Zeit des Jahres lebte dieser Onkel in einem Wohnwagen und fuhr von einem Jahrmarkt zum andern. Wenn er aber zu Hause war, dann machte er Rosenkugeln. Von großen Marzipanblöcken wurden mit der

Hand kleine Kugeln gerollt, in einen Kessel mit heißer roter Zuckermasse getaucht und auf Kuchenblechen zum Abkühlen und Trocknen aufgereiht. Sie waren blank und leuchteten rot, wie eben nur Rosenkugeln leuchten können. Das Zuviel an Zuckermasse, das von den Rosenkugeln herunterlief, sich wie Füßchen absetzte und beim Abnehmen vom Blech zurückblieb, durften wir aufessen. Aber das war noch längst nicht alles, was uns dorthin zog. Onkel Siegfried verkaufte neben Rosenkugeln auf dem Jahrmarkt auch noch Jo-Jos, kleine Bälle an Gummibändern, Windmühlen, Kanarienvögel, die an Peitschenstöcken geschwenkt wurden und mit ihrem propellerartig geformten Schwanz zwitschernde Geräusche von sich gaben. Das schönste von allem aber waren die Tiroler Puppen, die Onkel Siegfried immer wieder an Bindfäden vor uns tanzen ließ. Dazu spielte sein uraltes Grammophon, das beim Aufziehen ächzende Töne ausstieß, die »Tiroler Dorfschwalben«.

»Siggi, du ist zu gut für diese Welt!« pflegte Tante Rosa stets zu sagen, wenn sie in Pantoffeln mit etwas wirr um den Kopf hängenden Fettlöckchen durch die »Bonbonfabrik« schlurfte.

Dieser Siegfried-Onkel mit seinen zwitschernden Kanarienvögeln, den tanzenden Puppen und den Rosenkugeln, von denen wir immer noch ein paar mit auf den Heimweg bekamen, war für mich ein Stück Kinderparadies. Aber die Zeiten im Paradies sind von jeher begrenzt gewesen. Als die Marschmusik immer lauter wurde und nicht mehr zu überhören war, zogen Samuels in den Freistaat Danzig und wanderten von dort nach Brasilien aus. Und damit verlor ich meine Jugendgespielin Anita für immer aus den Augen.

Danach lernte ich Elisabeth kennen. Uns verband bald eine innige Freundschaft. Von ihren drei Brüdern wurde sie die »Puppenliese« genannt. Diesen Namen trugen ihr die neun Puppenkinder ein. Sie wurde nie müde, diese jeden Abend auszuziehen, gründlich zu seifen und zu kämmen, ehe sie in ihre Betten kamen.

Auf Elisabeths Weihnachtswunschzettel standen ausschließlich Dinge, die ihre Puppen brauchten. Das Christkind mußte Unmengen von kleinen Schuhen, Kleidchen und Höschen bringen. Aber auch eine Rechenmaschine in Puppengröße wurde gewünscht, von deren Notwendigkeit die besorgte Puppenmutter überzeugt war, weil sie selbst mit den Zahlen ein wenig auf Kriegsfuß stand.

Dieses zarte blondbezopfte Mädchen hatte es mit den rauhbeinigen Brüdern nicht immer leicht. Sie litt Höllenqualen, wenn die Jungen mit ihren so geliebten Kindern unsanft umgingen, sie an Armen und Beinen durch die Luft schleuderten oder sie gar an ihren Haaren packten und völlig gefühllos kreisen ließen, bis Elisabeths Verzweiflungsschreie die Mutter herbeiriefen.

Mich zog das sanfte Wesen dieses Mädchens an. Wir gingen nicht nur zusammen zur Schule, wir verlebten auch gemeinsam eine glückliche Jungmädchenzeit. Sie war die Vertraute meiner Gedanken und Sehnsüchte, und wir träumten gemeinsam von einer herrlichen Zukunft.

Die Schuljahre, die die Erwachsenen oft so gern die schönsten nennen, waren nicht frei von kleinen Wermutstropfen. Vor allem die Mathematik hat nicht nur bei Elisabeth, sondern auch bei uns zu Hause eine traurige Rolle gespielt und meine und meines Bruders Schulzeit beschattet.

Ich erinnere mich deutlich, wie aufregend es immer war, wenn eine Klassenarbeit zurückgegeben wurde. Um uns unangenehme Fragen und peinliche Antworten zu ersparen, hatten wir uns mit Muter auf ein Klingelsystem geeinigt:

Bei einer Eins sollten wir einmal drücken; aber so kurz hat es bei uns nie geklingelt. »Eine Eins ist auch gar nicht nötig«, sagte Mutter oft. »Selbst bedeutende Männer waren selten Musterschüler!«

Auf zweimaliges Klingeln kam Mutter an die Tür gestürmt. Es folgten eine Umarmung und eine Belohnung von fünfzig Pfennig. Mutter holte ein Weckglas Früchte aus dem Keller, und wir waren mit uns und der Welt zufrieden. Eine Zwei berechtigte doch zu stolzen Hoffnungen. An *einem* Akademiker hatten sich schon ganze Sippen aufgerichtet!

Dreimaliges Läuten rief bei Mutter stille Zufriedenheit hervor. Sie öffnete beschwingt die Tür und erkundigte sich nach den Zensuren der anderen Klassenkameraden. Eine Drei war in einer Oberschule recht erfreulich. Mutter brauchte ihre Zukunftshoffnungen noch nicht zu Grabe zu tragen. Vielleicht gingen wir mal in die Beamtenlaufbahn. Später in Pension . . .

Wenn es viermal rrrr machte, kam es auf die Stimmung an, wem unsere Mutter die Schuld gab. Meistens lag es am Lehrer. Es gab doch recht viele, die zu scharf zensierten. Vielleicht aber hatten wir auch gerade einen schlechten Tag. »Im übrigen sind Zensuren gar nicht so entscheidend«, pflegte Mutter dann zu trösten. »Ihr seid eben mehr musisch begabt und Spätentwickler!«

Leider hatten wir auch Tage, an denen das Klingeln kein Ende nehmen wollte. Dann schleppte sich Mutter mit letzter Kraft zur Tür. In solchen Fällen brauchten wir die Umarmung beide. Und während Mutter zärtlich über meinen Scheitel strich, hörte ich sie mit ihrer weichen Stimme sagen: »Letzten Endes kommt es im Leben auf die Seele an. Kluge Menschen haben wir sooo viele!«

Die Zeit, als Mutter noch ihre Malzbonbons aus den Dosen mit den bunten Blumen und Vögeln an uns austeilte, war leider vorbei.

Wir lebten damals in den Jahren, da man verpflichtet war, seine Großmutter zu suchen – und zu finden. Und hatte man sie entdeckt, dann konnte man sich glücklich schätzen, wenn sie den amtlichen Vorstellungen entsprach. Bei vielen endete die Ahnenforschung mit dem Auffinden dieser Großmutter. Andere aber konnten der Versuchung nicht widerstehen, mit der Fackel der Neugier weiter in das Dunkel der Vergangenheit zu leuchten. Von heftigem Forschergeist erfüllt, folgten sie den verschlungenen Pfaden zurück in die verflossenen Jahrhunderte und ruhten nicht eher, bis der letzte Schleier der Vergessenheit von der Sippe gelüftet war.

Zu diesen von rastlosem Forschergeist Erfüllten gehörte auch unser Vater. Und um der Sache den richtigen Rahmen zu geben, wurde als erstes ein in Schweinsleder gebundenes Buch bestellt, dessen Bedeutung durch ein kunstvolles Schloß unterstrichen wurde. Wenn Vater mit verklärtem Blick nach diesem Ahnenbuch griff – es hatte seinen Platz an einer bevorzugten Stelle im Bücherschrank – und damit zum Schreibtisch schritt, dann strahlte er eine fast feierliche Würde aus. So richtig in seinem Element aber war er erst, als er auf einen Kreis Gleichgesinnter stieß, der die Ahnenforschung auf sein Panier geschrieben hatte.

Unter dem Vorsitz eines graubärtigen Rechtsanwalts tagte dieser Verein von Zeit zu Zeit in einem Klubzimmer des Ratskellers. In der Tiefe dieses Kellergewölbes waren die Voraussetzungen gegeben, bei ein paar Gläsern Rotspon sich mit der nötigen Konzentration der gestellten Aufgabe zu widmen. Man nahm lebhaften Anteil an den Erfolgen seiner Vereinskameraden, hielt auch mit den eigenen nicht zurück und imponierte sich gegenseitig mit Vorfahren, die das Mittelmaß, den Durchschnitt überragten. Man beglückwünschte einander, wenn man wieder einen Schritt »rückwärts« gekommen war, verachtete im übrigen Menschen, die von ihren Ahnen nur wenig oder gar nichts wußten, schob seine Brille aber mit bedeutungsvollem Kopfnicken als Zeichen höchster Bewunderung auf die Stirn, wenn man hörte, daß jemand schon bis zum siebzehnten Jahrhundert vorgestoßen war. Das beflügelte die anderen, ihre Anstrengungen zu verdoppeln, die verschiedenen Pfarrämter noch stärker in Briefen zu bedenken, damit sie auf alle Fälle im Rennen blieben.

Das Stimmungsbarometer unseres Vaters stieg und fiel mit dem Ergebnis seiner Bemühungen. Er berauschte sich an den erfolgreichen Vorfahren, verfiel in leichte Resignation, wenn weniger honorige auftauchten, und seine Stirn umwölkte sich, wenn das üppige Wachstum unseres Stammbaums an irgendeiner Stelle durch ein vaterloses Kind jäh unterbrochen wurde.

Entmutigen aber ließ er sich durch solche kleinen Fehlschläge nie. Er setzte den Weg in die Vergangenheit unverdrossen fort.

Als Kind wurde mir immer ein wenig bang bei dem Gedanken, daß auch ich einmal auf einer Seite des schweinsledernen Buches stehen würde; aber diese Sorge sollte sich später als völlig unbegründet erweisen.

Im Gegensatz zu Vater lebte unsere Mutter auch gern ein bißchen in der Gegenwart. Einmal in der Woche kam sie mit ihren sechs Freundinnen zusammen. Man trank Kaffee, aß Kuchen, ohne ängstlich an die schlanke Linie zu denken, und produzierte Unmengen Selbstgestricktes; man sprach über hausfrauliche Probleme, suchte Rat, gab selbst gute Ratschläge, und manchmal klatschte man auch ein wenig.

Den Mittelpunkt dieses Kränzchens bildete ein rosiges Sparschwein. In seinem Bauch verschwanden die Groschen, die als Buße für Zuspätkommen oder für vergessenes Strickzeug gezahlt wurden. Sein Inhalt half mit, einen Ausflug in Gottes schöner Natur zu finanzieren. Den Tag beendete ein gemeinsames Essen in irgendeiner idyllisch gelegenen Waldgaststätte. Diese Wanderung war das Ereignis des Jahres, das schon monatelang vorher eifrig besprochen und gründlich vorbereitet wurde.

Da die Sieben ohne männlichen Schutz auszogen, hatten sie ihre Sicherheitsmaßnahmen getroffen. Als äußeres Zeichen der Zusammengehörigkeit und gleichzeitig zur Selbstverteidigung gegen böse Räuber hatte jede Kaffeeschwester einen Spazierstock mit zierlicher Silberkrücke. Und obwohl Vater behauptete, daß ein Überfall schlimmstenfalls ihren Handtaschen gelten könne, ließen sie sich nicht davon abbringen, zur weiteren persönlichen Verteidigung je eine Tüte mit gemahlenem Pfeffer mitzunehmen, den sie den Räubern in die Augen streuen wollten, um sie kampfunfähig zu machen. Glücklicherweise wurde der Pfeffer nie gebraucht und konnte jedes Jahr wieder dem Haushalt zugeführt werden.

Für die ganze Familie war dieser Ausflug ein Gewinn, denn wie aus einem Jungbrunnen kehrte Mutter jedesmal heim.

Christel Ehlert ist Elbingerin des Jahrgangs 1923. Als Zwanzigjährige heiratete sie einen Fliegeroffizier. 1945 flüchtete sie nach Schleswig-Holstein, lebt bei Itzehoe.

64

Hans Graf von Lehndorff

Trakehnen

Von uns vier älteren Brüdern war ich der einzige, der vom
Vater die Jagdpassion geerbt hatte. Die Brüder schossen
zwar auch – zum Beispiel auf Krähen, von denen es sehr
viele gab – und machten die Hasenjagden mit. Aber den
Reiz, das Wild in seinem Element aufzuspüren und die
Geheimnisse der Natur zu belauschen, empfanden sie
nicht in gleichem Maße wie ich. Der Raum, der mir für
solche Erkundungsgänge zur Verfügung stand, war in
Trakehnen noch wesentlich größer als vorher in Graditz,
ja nahezu unbegrenzt. Und jedesmal, wenn wir beim Reiten einen neuen Winkel des Areals von sechstausend
Hektar kennengelernt hatten, lockte es mich, allein dort
hinzugehen, mich irgendwo anzusetzen und zu ergründen, was die Natur dort an Spannung zu bieten hatte.
Schon am ersten Tag in Trakehnen war mir aufgefallen,
daß über dem Eschenwäldchen bei Gurdszen eine
schwarze Wolke hin- und herschwankte, die dauernd
ihre Form veränderte. Sie konnte nur aus Krähen bestehen. Ich nehme also bei erster Gelegenheit mein Tesching aus dem Schrank und beeile mich, dorthin zu gelangen. Schon von weitem höre ich ein vielstimmiges
Krächzen, das aus der Wolke zu mir dringt. Ich setze
mich in Trab, überquere eine Eichenallee, springe über einen daran entlangfließenden Bach und tauche in dem
Wäldchen unter, das bis an den Weg heranreicht. Ist das
ein Geschrei und Geflatter! Alle Krähen, die noch in den
Zweigen sitzen, fliegen auf, die Wolke verdreifacht sich.
Die Krähen sind wohl erst kürzlich hierher zurückge-

kehrt und fangen an, ihre Nester in Ordnung zu bringen. Die Baumkronen sind voll davon. Auf einer besonders hohen und weit ausladenden Esche zähle ich sechsunddreißig Horste. Die Krähen sind pechschwarz und haben starke helle Schnäbel. Es handelt sich also um Saatkrähen.

Aber wenn ich gedacht habe, bei der großen Menge werde es ein Leichtes sein, eine davon zu erlegen, so habe ich mich getäuscht. Die Vögel sind so gewitzt, daß ich überhaupt keinen Schuß anbringen kann und nur meine Beobachtungen mache. Mich interessiert die Frage, ob und wie man die Bäume erklettern könnte. Denn Kräheneier sind eine Delikatesse, und die Vögel müßten eigentlich bald anfangen zu legen. Aber ich entdecke keinen einzigen Baum, auf dem sich die Nester in erreichbarer Höhe befinden. Außerdem sind die Stämme viel zu dick, als daß man daran Halt finden könnte. Die Krähen haben sich

5 *Trakehnen: Einer der großen Boxenställe*

ihre Nistplätze gut ausgesucht. Offenbar leben sie hier schon seit vielen Generationen. Die Horste sind riesig, weil jedes Jahr wieder eine neue Etage daraufgebaut wird. Es wundert mich, daß noch nichts zu ihrer Vertilgung geschehen ist. Denn Saatkrähen sind nicht gerade eine Zierde, und wenn sie auch nicht so gefährliche Räuber sind wie die Nebelkrähen, so kann man sie in dieser Menge wohl kaum als nützlich bezeichnen.

Ich sehe mich weiter in dem Eschenwäldchen um. Es ist jetzt im April noch völlig kahl und durchsichtig. Aber wenn Bäume und Unterholz belaubt sind, muß es ein beliebtes Refugium für die Rehe sein. Überall liegt Rehlosung. Auch einen befahrenen Fuchsbau entdecke ich unter einer kleinen Fichte. Am Rande des Wäldchens bleibe ich stehen und vertiefe mich in den Anblick des weiten Wiesengeländes, das eben erst aus dem Winterschlaf erwacht. Über der zum Teil noch mit Schneeresten bedeckten Fläche taumeln Kiebitze im Balzflug hin und her, ihre jauchzenden Schreie ausstoßend. Stare werden in kleinen Gruppen vom Wind herangeweht, lassen sich flüchtig nieder, trippeln umher, picken hier und da eilig etwas auf und stieben weiter, den Frühling mit sich tragend. Ich fühle, wie mein Herz für dieses noch so fremde Land zu schlagen beginnt. Auf dem Heimweg kommt mir etwas Langschnäbeliges an einem Koppelzaun entgegengeflogen, will dicht vor mir zu Boden, eräugt mich aber und schwenkt ab. Es ist eine Schnepfe – also auch die gibt es hier!

Die Krähen haben uns in den folgenden Jahren noch viel zu schaffen gemacht. Wir entdeckten nämlich im entferntesten Winkel von Trakehnen, nahe den Vorwerken Danzkehmen und Burgsdorffshof, zwei weitere kleine Krähenwäldchen, in denen die Bäume lange nicht so hoch und so dick waren, das eine aus Birken, das andere aus Erlen bestehend. Die mittlere Dicke der Stämme entsprach ungefähr einer Telegraphenstange. Wir gingen also auf die Post, liehen uns ein paar Steigeisen aus und begannen damit die Nistbäume zu besteigen. Das war nicht so einfach, wie es anfangs schien. Unten waren die Stämme zu dick und oben zu dünn; sie gaben also dem Eisen keinen festen Halt. So war es denn ein recht spannender und anstrengender Sport, den wir uns da ausgesucht hatten. Er wurde noch dadurch erschwert, daß die Bäume nicht stillhielten, sondern im Wind hin- und herschwankten. Außerdem regnete es um diese Zeit meistens und schneite auch noch manchmal, so daß die Stämme glatt und naß waren und man ganz verklammte Finger hatte, wenn es endlich gelungen war, an ein Nest heranzukommen. Die meisten Nester waren so groß, daß man nicht über den Rand hineinsehen konnte, sondern mit der Hand darübergreifen mußte, sehr gespannt, ob die Strapaze von Erfolg gekrönt sein würde. Fanden sich drei oder vier Eier darin, dann konnte man annehmen, daß sie noch frisch waren. Waren es mehr, konnten sie bereits angebrütet sein. Sie wurden vorsichtig herausgeholt und in ein Körbchen gelegt, das an einem Bindfaden hinuntergelassen wurde. Dann wurde das Nest hinuntergestoßen, damit man an die weiteren auf dem gleichen Baum befindlichen Gelege herankam. Manchmal war es möglich, durch Schaukelbewegungen auch die Nester des Nachbarbaumes zu erreichen oder auf diesen umzusteigen. Jedenfalls haben wir mehr als einmal eine Beute von dreißig oder vierzig Eiern nach Hause gebracht und mit meinem Vater, der sie sehr schätzte, zum Abendbrot verzehrt. Sie schmecken genau wie Kiebitzeier und sehen, graugrün gesprenkelt, auch so ähnlich aus. Da wir uns wegen des langen Anmarsches diese Eskapaden nur in den Ferien leisten konnten, war es für uns günstig, wenn Ostern spät lag. Das gleiche galt für Pfingsten, denn im Juni wurden die jungen Krähen flügge, verließen ihre Nester und setzten sich reihenweise auf die inzwischen belaubten Zweige. Dort konnten sie nicht verhindern, daß man sie mit dem Tesching herunterholte – ein Sport, der seine Besonderheiten hatte. Jeder Schütze mußte einen Aufsammler haben, der sich, sobald die Krähe in die mannshohen Brennesseln gefallen war, auf diese Stelle stürzte. Wenn man sie auch nur für einen Moment aus den Augen ließ, fand man die Beute nicht mehr. Für den Schützen selbst war die Sache aber nicht weniger anstrengend, weil er den ganzen Tag seinen Kopf in den Nacken zurücklegen mußte. Am Abend eines solchen Tages, an dem wir bis zu zweitausend Kugeln verschossen und fünf- bis siebenhundert Krähen erbeuteten, hängten wir den Kopf über eine Sessellehne, bis er wieder richtig saß und die Verkrampfung des Halses nachließ. Tags darauf ging es dann weiter, nun auch im Gurdszener Eschenwäldchen. Die Krähen wurden im Eiskeller gelagert und bei der nächsten Gelegenheit nach Königsberg transportiert. Diesen Transport besorgten meistens, nicht ganz freiwillig, Gäste, die von dort mit dem Auto über das Wochenende gekommen waren. Um nicht als Spielverderber zu gelten, mußten sie es sich gefallen lassen, daß ihnen bei der Abfahrt mehrere Säcke voll Krähen in den Wagen geladen wurden. In Königsberg gab es nämlich ein Lebensmittelgeschäft, wo man sie uns für zwanzig Pfennig das Stück abkaufte. Unter der Bezeichnung »Sarkauer Täubchen« lagen sie dann, abgezogen und ausgenommen, im Schaufenster. Der Name stammte von dem Fischerdorf Sarkau auf der Kurischen Nehrung, wo in jedem Winter zahllose Krähen auf dem Eis mit Fischnetzen gefangen wurden. Getötet wurden sie dort durch einen Biß in die Schädeldecke, weswegen die

Fischer, die das besorgten, »Krajebieter« genannt wurden.

Mein Vater, der keine Ahnung hatte, daß wir die Krähen verkauften, war sehr erstaunt, als er eines Morgens, kurz vor der fraglichen Zeit, von dem Königsberger Lebensmittelhändler die Mitteilung erhielt: »Wir haben Interesse an 500 Krähen.« Er zeigte uns das Schreiben mit den Worten: »Wißt ihr, was das bedeuten soll?« »Ja, natürlich«, war die Antwort, »das ist für uns.«

Eine Stelle des Reviers, die mich immer magnetisch anzog, war der sogenannte Bullenberg, keineswegs ein Berg – so etwas gab es in Trakehnen nicht –, sondern ein kleines, sehr dichtes Waldstück, eine Remise, mitten in den Wiesen gelegen, die das Flüßchen Rodupp durchzog. Dort waren fast immer Rehe zu sehen, die ich zwar noch nicht bejagen durfte, die mich aber glühend interessierten. Außerdem befand sich da ein Fuchsbau, den offenbar gleichzeitig der Dachs benutzte. Eichelhäher und Wildtauben strebten dorthin, und wenn man lange genug stillsaß, konnte man interessante Beobachtungen machen. Die Rehe faszinierten mich am meisten, denn Trakehnen war berühmt für seine starken Böcke, und ich setzte allen Ehrgeiz darein, sie ganz aus der Nähe zu sehen und meinem Vater ihre Gehörne beschreiben zu können. In den ersten beiden Jahren war damit kein großer Staat zu machen. Die Gehörne fielen in keiner Weise aus dem Rahmen des Mittelmaßes, und mein Vater konnte sich nicht entschließen, auch nur einen von den Böcken zu bejagen. 1924 aber wurde es mit einem Schlag anders. Schon im frühen Frühjahr, als das Rehwild noch keine Deckung hatte, konnte man hier und da stark entwickelte Gehörne erkennen, und mit Spannung wurde die Zeit des Fegens erwartet. Nicht daß mein

Vater darauf ausgewesen wäre, sich so bald schon einen solchen Kopfschmuck an die Wand zu hängen. Im Gegenteil, er war in dieser Hinsicht sehr zurückhaltend und entschlossen, nur dann zu schießen, wenn es sich um ein wirklich kapitales Gehörn handelte, von dem man nicht annehmen konnte, daß es im Jahr darauf noch besser würde. Bis es endlich soweit war, verging noch ein weiteres Jahr. Da gab es dann den ersten Kapitalen im Bereich des besagten Bullenberges. Das Gehörn war sehr hoch, und mein Vater war der Ansicht, daß es im nächsten Jahr vielleicht noch stärker in den Stangen werden könnte. Aber nun hatte ich den Dusel, diesen Bock eines frühen Morgens, bald nach Sonnenaufgang, aus allernächster Nähe zu sehen. Ich saß im taunassen Gras versteckt, als plötzlich eine Ricke anfing zu schreien. Offenbar hatte sie etwas Verdächtiges bemerkt. Denn plötzlich sah ich eine Bewegung vor mir im hohen Gras und traute meinen Augen nicht, als der Bock hoch erhobenen Hauptes im Stechschritt auf mich zukam. Jede Einzelheit seines kapitalen Gehörns präsentierte sich mir in aller Schärfe: die sehr hohen, regelmäßigen, starken, leicht nach hinten geknickten Stangen, die gute Perlung, die tadellosen Enden – das war schon ein Gehörn, wie man es nicht alle Tage zu sehen bekam. Und in der Tat gelang es mir, meinen Vater zum Schuß auf den ersten Trakehner Kapitalen zu überreden.

Im Spätsommer des gleichen Jahres zog es mich immer wieder in eine westliche, etwas entlegenere Ecke des Reviers, in die Gegend des Vorwerks Jodszlauken. Dort befand sich ein Bruch mit dichtem Weidengestrüpp, durch dessen Mitte die Grenze lief. Die jenseitige Hälfte gehörte zu dem Gut Sodeiken. Ich hatte das Gefühl, als erwarte mich hier eine Überraschung. Und wirklich, eines Abends, als ich an einem abgeernteten Feld entlangpirschte, mit den Augen einer Steppenweihe folgend, wurde auf der Wiese am Bruchrand plötzlich ein starkes Reh flüchtig, das einen Wald weißer Enden auf dem Kopf trug. Mit zwei, drei Sätzen war es im Bruch untergetaucht. Donnerwetter, dachte ich, das muß ich aber gleich dem Vater melden. Der befand sich gerade für mehrere Tage auf einer Dienstreise. Ich rief ihn an und berichtete, was ich gesehen hatte. »Wenn der Bock so nahe an der Grenze steht«, sagte er, »dann kannst du ihn schießen, ehe ihn ein anderer holt.« Also setzte ich mich die folgenden Abende dort an. Zunächst passierte gar nichts. Aber dann hörten wir, daß der Nachbar auf der anderen Seite des Bruchs einen Ausstellungsbock geschossen hätte. Natürlich nahm ich an, es sei der von mir gesichtete. Denn zwei Kapitale in ein und demselben Bruch, das war doch allzu unwahrscheinlich. Aber die Beschreibung, die ich meinem Vater gegeben hatte, war grundverschieden von der Schilderung, die man uns von dem Nachbarbock machte. Und so begab sich mein Vater nach seiner Rückkehr an jedem verfügbaren Abend in jene Gegend, um auf den Bock zu pirschen. Ich hatte bereits ein ganz schlechtes Gewissen und fürchtete, einem Phantom zum Opfer gefallen zu sein, als er eines Abends mit ihm ankam, einem alten, voll ausgereiften Bock mit klassisch schönem Gehörn. Siebenundzwanzig Zentimeter hohe, fast symmetrische Stangen mit guter Perlung und hervorragenden Rosen, sechzehn Zentimeter Auslage, elf Zentimeter lange, ganz helle Kampfsprossen – auch ein Ausstellungsbock, eine herrliche Trophäe, die mir, weil ich mich nicht getäuscht hatte, mehr Freude machte, als wenn ich sie selber erbeutet hätte.

Und noch ein dritter Bock ist erwähnenswert, den mein Vater im darauffolgenden Jahr streckte. Ich sah ihn jeden Morgen vom Schulwagen aus, in dem ich mit zwanzig anderen Kindern zur Bahn fuhr, um den Zug nach Gumbinnen zu erreichen. Mindestens fünfhundert Meter entfernt ragte sein schwarzes Gehörn aus dem hohen Gras, und ich konnte der Stellung dieses Gehörns entnehmen, ob der Bock wach war oder ob er schlief. Im ersten Fall ragte das Gehörn des sitzenden Bockes aufrecht und fast drohend über die Grasspitzen hinweg, im zweiten sah man es ganz vornübergeneigt. Der Bock ließ mir keine Ruhe. An einem Sonntagmorgen robbte ich im taunassen Gras hinter einem kleinen Erdwall bis in die Nähe der Stelle, an welcher er immer zu sehen war. Und richtig! Da saß er, keine zwanzig Schritte entfernt, auf einer kleinen Erhöhung neben einem Baum und döste vor sich hin. Das kapitale Gehörn war weit nach vorne geneigt. Was für ein Anblick, sehr starke Rosen, wunderbare Perlung, ideale Enden – möglicherweise schon etwas zurückgesetzt. Auf jeden Fall ein alter Bock, der sich schon vielfach vererbt hatte. Lange lag ich im Gras ohne mich zu rühren, denn ich wollte die ungewöhnliche Situation so gründlich wie möglich auskosten. Dann versuchte ich mich davonzuschleichen. Aber da schreckte eine Ricke, der Bock wurde hoch und verschwand mit ein paar Fluchten im Haferfeld. Meinem Vater sagte ich nicht, daß ich dem Bock so nahe gewesen war, nur daß er ihn sich unbedingt ansehen müsse, weil er mindestens in die Klasse der beiden anderen gehöre. Eines Abends war es dann soweit. Und als später die drei Gehörne nebeneinander an der Wand hingen, waren sie bei aller Verschiedenheit von so gleicher Qualität, daß man nicht sagen konnte, welchem von ihnen der Vorrang gebührte.

Im Herbst war die Hühnerjagd in manchen Jahren sehr ergiebig. Zu später Jahreszeit, wenn die Felder abgeerntet waren, spielte sie sich manchmal folgendermaßen ab:

Meine Schwester kutschierte mich mit dem Einspänner an eine Stelle, wo ich beim Reiten Rebhühner gesehen hatte. In den Abendstunden konnte man dort das weithinschallende Locken des Hahnes, das unverkennbare »Kirr-ritt« hören, oder man sah mit dem Fernglas seinen dunklen Kopf irgendwo aus dem Stoppelfeld herausstekken. Dann näherte ich mich dieser Stelle vorsichtig, legte meine Spanielhündin Senta ab und schlug einen weiten Halbkreis, bis ich die Hühner genau zwischen mir und dem Hund hatte. Nun winkte ich dem Hund, der mich aufmerksam beobachtet hatte, und er lief, wenn sie noch da waren, mitten in die Hühner hinein. Die stoben mir dann über den Kopf hinweg, und wenn ich Glück hatte, konnte ich eins oder zwei davon herunterholen. Diese Art der Jagd machte mehr Vergnügen als die mühsame Suche in den riesigen Kartoffelschlägen.

Senta gehörte eigentlich meinem Bruder Georg. Wir hatten sie als acht Wochen altes Tierchen von unserem Nachbarn Herrn Ebbinghaus-Amalienhof bekommen und liebten sie sehr. Auch hat sie erheblichen Anteil an der Aufbesserung unserer Kasse gehabt, denn ihre Jungen wurden uns von den Pferdeleuten, die alljährlich zur Auktion kamen, teuer abgekauft. Ihre ersten Jungen bekam sie, etwas früher als erwartet, unter meinem Schreibtisch, wo sie zu schlafen pflegte. Wir wollten ihr für diesen Zweck ein besonderes Lager zurechtmachen. Aber als sie eines Morgens um fünf Uhr mit den Vorderpfoten auf mein Bett kam, um mich zu wecken, war es schon passiert. Stolz wedelnd führte sie mich zu ihrem Ziegenfell, auf dem fünf winzige schwarz-braun-weiße Junge lagen.

Ein weiteres Tier, das mich manchmal auf meinen Pirschgängen begleitete, war ein zahmes Reh, das beim Mähen verletzt und von uns mit der Flasche aufgezogen worden war. Es war ein Böckchen und so anhänglich, daß es sich nur schwer davon abhalten ließ, in die Zimmer zu kommen. Leider wurde es, wie das bei zahm aufgezogenen Wildtieren oft der Fall ist, gegen Fremde bald aggressiv. Und da es bereits im ersten Jahr ein ansehnliches Sechsergehörn schob, war die Begegnung mit ihm nicht ganz ungefährlich. Besonders zuwider waren ihm fremde Hunde. Vor seinen Attacken flohen sie mit eingeklemmtem Schwanz aus dem Garten. Auch störte es die Mädchen, die mit meiner Schwester im Garten spielten. So mußten wir uns entschließen, das Tierchen im Wald an einer weit entlegenen Stelle auf freien Fuß zu setzen.

Da Trakehnen nicht nur für Pferdeleute einer der größten Anziehungspunkte des Landes war, hatten wir eigentlich dauernd Besuch. Viele kamen von weither und wurden von meinen Eltern auf jeden Fall zu einer Mahlzeit

6 *Trakehnen: Ausritt am frühen Morgen vor dem Training*

empfangen, oft aber auch für einen oder mehrere Tage.
Am Tage der Auktion wurden hundert und mehr Menschen bei uns im Hause abgefüttert. Meine Mutter war
dann ganz in ihrem Element, und wir schätzten es sehr,
daß wir bei dieser Gelegenheit vielen Menschen begegneten, die wir nur vom Hörensagen oder vom Ansehen
kannten und die sich nun von uns beraten ließen, weil wir
ja die zu verkaufenden Pferde genau kannten und sie gern
Menschen empfahlen, von denen wir wußten, daß sie
etwas aus ihnen machen würden. Oft hatten wir auch
Gäste durch das Gestüt zu führen, wobei natürlich die
Zuchthengste, die Hauptbeschäler, am meisten interessierten. Sie wurden, wenn die Deckzeit vorbei war, also
Ende Mai, von den Vorwerken geholt und im Hauptgestüt untergebracht. Hier lebten sie in Paddocks, kleinen
bungalowartigen Häusern, in denen jeder eine geräumige Box mit einer großen Koppel für sich hatte. Das Ganze
war umgeben und gegen die Außenwelt abgeschirmt
durch dichte Tannenhecken, die einen geradezu feierlichen Eindruck machten. Hier ließen sich die Hengste,
wenn sie auf der Koppel waren, gern besichtigen. Einige
von ihnen präsentierten sich dabei besonders eindrucksvoll. Dampfroß zum Beispiel, ein gedrungener Fuchs,
stand immer da wie eine Bildsäule, den Araberkopf hoch
erhoben, den Blick in die Ferne gerichtet. Und wenn man
ihm ein Zeichen gab, umrundete er seine Koppel mit seiner wunderbar schwebenden Trabaktion. Er war der ausgesprochene Liebling der Besucher, ebenso wie der alte
Orientale Nana Sahib, mit seinem weißen, von zahllosen
schwarzen Punkten durchsetzten Fell, seinen großen Augen, seinen leichten Bewegungen und seinem herrlichen
Temperatment eine unvergeßliche Pferdepersönlichkeit.
Das Entzücken der Laienwelt war ihnen sicher. Wir dagegen schätzten solche von Pferdeverstand ungetrübten

Gefühlsausbrüche weniger – ja wir genierten uns für unsere Gäste vor den Stalleuten. Viel lieber führten wir erfahrene Pferdeleute, die zwar mit Lobeshymnen zurückhaltend waren, mit denen man sich aber um so gründlicher und sachlicher über die einzelnen Hengste und ihre Nachzucht unterhalten konnte.

Mit ganz prominenten Besuchern passierten manchmal unvorhergesehene Dinge. Einmal traf es den Oberkommandierenden des Hunderttausend-Mann-Heeres, der damaligen Wehrmacht, Generaloberst Heye. Er erschien mit einem Gefolge von mehreren Offizieren bei uns im Hause, und wir wurden der Reihe nach vorgestellt. Meinhard, damals vier Jahre alt, sah ihn von oben bis unten an und sagte dann zur unverhohlenen Freude des Gefolges: »Bist Du der Osterhase?« Wir besaßen nämlich ein Kinderbilderbuch »Sprechende Tiere«, in dem ein Hase abgebildet ist, der, in Uniform mit breiten Generalsstreifen an der Hosennaht und einem Säbel an der Seite, ein Kohlfeld bewacht.

Die unbeschwerteste Zeit des Jahres waren die Sommerferien. Da wurden wir kaum kontrolliert, konnten aufstehen und zu Bett gehen, wann wir wollten, und mußten nur zu den Mahlzeiten pünktlich erscheinen. In den ersten Tagen besuchten wir manchmal unsere gleichaltrigen Vettern und Kusinen Dohna in Waldburg und Lehndorff in Preyl, beides in der Nähe von Königsberg gelegen. Nach Waldburg nahmen wir meistens irgendwelche Tiere mit, Kaninchen oder Meerschweinchen zum Austausch für unsere Zuchten. Königsberg war damals noch Kopfbahnhof, und wir mußten dort umsteigen in den Zug nach Seepothen, wo wir mit dem Wagen abgeholt wurden. Dabei glückte es uns fast jedesmal, einen Zug zu erreichen, der nach dem Fahrplan eine Minute früher von Königsberg abfuhr, als der unsere ankam. Es war zwar manchmal nicht leicht, mit dem Kasten voller Tiere und unserem anderen Gepäck aus dem langsam einfahrenden Zug in den langsam ausfahrenden auf dem Nachbargeleise umzusteigen, aber wir sparten damit zwei Stunden Wartezeit ein, und uns war jede Minute teuer. In Waldburg und Preyl blieben wir je zwei Tage, dann zog es uns mit Macht wieder nach Trakehnen. An beiden Orten hatten wir es sehr gut. Und da ich später die Hochzeiten der Kusinen dort miterlebt habe, sind sie mir in festlicher Erinnerung geblieben. Wir konnten dort reiten, auf Jagd gehen, mit Pferden herumfahren und unsere Spiele spielen – für alles war reichlich Platz und Verständnis.

Waldburg mit seinem urgemütlichen Haus und dem riesigen, dendrologisch sehenswerten Park lag nicht weit vom Frischen Haff entfernt. Man konnte in den Dünen galoppieren und weit ins Haff hineinreiten. Nur vor den Drahtzäunen, die dort gespannt waren, mußte man auf der Hut sein, damit das Pferd nicht unversehens dagegenrannte und sich überschlug. Auch konnte es geschehen, daß man mitten in einen Flug Wildgänse oder Schwäne hineingeriet, die hinter der Düne am Ufer saßen. Das gab dann ein wildes Geflatter, und es verging eine Weile, bis die schweren Vögel sich in die Luft erhoben hatten. Zu einer späteren Jahreszeit konnte man in einem großen Bruch auf Bekassinen jagen, und auf den Stoppelfeldern fielen am späten Abend die Wildenten ein. Von solchen Unternehmungen kehrte man immer erst bei völliger Dunkelheit zurück. Die Waldburger Eltern, Onkel Eberhard und Tante Renata, waren die Güte selbst und ließen uns alle Freiheit.

In Preyl mußten wir mehr auf Draht sein. Hier standen Reiterei und Rennsport ganz im Mittelpunkt des Daseins. Früh morgens wurden wir von Onkel Manfred gelegentlich nach Königsberg mitgenommen, um das Training der dort stationierten Rennpferde mitzumachen. Mit zwei schnellen Traberstuten vor dem Wagen ging es in Windeseile nach Carolinenhof, wo sich die Rennbahn und Trainingszentrale von Königsberg befand. Um sechs Uhr war man bereits dort. Hart am Rande der Innenstadt, im Rücken der alten Befestigungswälle, dehnte sich, ganz im Grünen, der Rennplatz, auf dem von Mitte Mai bis Ende September fast an jedem Sonntag Flach- und Hindernisrennen ausgetragen wurden. In unmittelbarer Nähe befanden sich die Ställe der verschiedenen Besitzer und Trainer. Einige waren uns bekannt, viel wichtiger aber waren uns natürlich ihre Pferde, deren Namen uns aus den Rennberichten geläufig waren und die wir zum Teil auch vom Ansehen kannten, weil wir die Königsberger Rennen von Trakehnen aus gelegentlich besuchen durften. Einer der größten Ställe war der meines Onkels, eines vielseitig begabten Reiters. Er gehörte zu den bekanntesten Dressurreitern seiner Zeit und ritt außerdem seine eigenen Pferde im Rennen. Von ihnen sind mir die Vollblüter Kormoran, Fata Morgana, Flavier und Deutscher Michel sowie der Halbblüter Christschmuck in besonderer Erinnerung.

An solch einem Morgen in Carolinenhof durften wir mit ausreiten und gelegentlich auch einen Rennbahngalopp absolvieren. Dabei begegneten uns die Lots der anderen Ställe, an denen man grüßend vorbeiritt und dabei schnell einen prüfenden Blick auf die Pferde warf, die auf einen zukamen, in der Hoffnung, eines oder das andere herauszukennen. Da gab es den berühmten Trojaner, einen Trakehner, der fast nie geschlagen wurde, die Stute Pisa, ebenfalls eine Trakehnerin, die Vollblüter Nuntius, Fontafee und viele andere, die sich uns eingeprägt hatten und denen nun ganz »privat« zu begegnen ein großes Erlebnis war. Nachdem man zweimal ausgeritten war und hinterher sein Pferd abgerieben, gewaschen und besorgt hatte, war man reif für ein gutes Frühstück und freute sich auf das frische Brötchen, das man für ein paar Pfennige im Rennbahnlokal bekommen konnte. Wenn es sehr heiß war, konnte man noch einen kleinen Abstecher zum Schloßteich machen und in der Konditorei Schwermer so früh schon ein Eis zu sich nehmen.

Wenn nicht nach Königsberg gefahren wurde, begann der Tag in Preyl mit einem Dauerlauf in Nachthemd und Badehose, der ein- oder mehrmals um den Park herumführte und von dem man verschwitzt zurückkehrte. Nach dem Frühstück wurde auch hier geritten, was ziemlich aufregend war, weil immer mehrere Hengste daran beteiligt waren. Die machten ein großes Geschrei, gingen aufeinander los, stiegen, bissen, keilten aus und mußten mit Gewalt auseinandergebracht werden. Am besten ritt man gleich in gestrecktem Galopp von der Stalltür weg in die vorher verabredete Richtung und blieb dann auf dem Wege so weit voneinander entfernt, daß nichts passieren konnte. Wenn sie sich erst beruhigt hatten, war das Reiten auf den Hengsten ein besonderes Vergnügen.

Im Park gab es, ebenso wie in Trakehnen, eine Privat-Rennbahn, die wir miteinander angelegt hatten, um darauf unsere Hindernisrennen zu Fuß auszutragen. Hier waren wir einen Teil des Tages beschäftigt, weil wir die Bahn nach und nach weiter ausbauen wollten. Gräben wurden ausgehoben, Wälle angelegt und stabile Koppelricks aufbebaut. Nachmittags ruderten wir auf dem mehrere Kilometer langen See, auf den man vom Haus nur hinuntersah. Gegenüber, am jenseitigen Ufer, lag der Ort Wargen, ein beliebtes Ausflugsziel der Königsberger, mit einem großen Gasthaus, aus dem gelegentlich Musik und Lärm herüberschallte. Daneben befand sich die Kirche, zu der Preyl gehörte.

Die schönste Zeit, die ich in Preyl verlebt habe, war eine Woche, in der wir Tanzstunden hatten. Tante Nita hatte eine Tanzlehrerin aus Königsberg engagiert, die einer Gruppe von neun Vettern und Kusinen zwischen sechzehn und dreizehn Jahren – Friederike Dohna, Marion Dönhoff, Karin Lehndorff und Vera Eulenburg, Ebo und Constantin Dohna, Heini Lehndorff, Lothar Dohna-Willkühnen und ich – die damaligen Gesellschaftstänze beibringen sollte, Walzer, Foxtrott, English Walse und Tango. Es wurde fast den ganzen Tag getanzt. Die unbeholfenen Glieder lockerten sich, und ein neues Lebensgefühl brachte Herz und Kreislauf gewaltig in Bewegung. Die Nächte ließen nicht viel Zeit zum Schlafen; wir wollten alle gern erwachsen sein. Als die Woche vorbei war, blieb ich noch zwei Tage in Preyl und ging mit meinem Vetter Heini auf Jagd. Einmal kehrten wir erst bei Dunkelheit zurück, ohne etwas geschossen zu haben. Als wir an den langgestreckten See kamen, der eigentlich ein Teich war, aus dem die Stadt Königsberg einen Teil ihres Wasserbedarfs deckte, leuchteten aus den Fenstern des Versammlungsraumes in Wargen die Lichter weit über das Wasser hin. Heini behauptete, dort fände gerade eine Kommunisten-Versammlung statt, und wir gaben aus unseren Schrotflinten jeder zwei Schüsse ab, woraufhin wir befriedigt nach Hause gingen. Etwas später erschien Onkel Manfred zum Abendessen und berichtete von einer Kirchenratssitzung, an der er in Wargen teilgenommen hatte. Heini und ich sahen uns verständnisvoll an. Als ich ein anders Mal in Preyl war, mußte Heini, damals fünfzehn Jahre alt, bei einem Treffen des Jung-Stahlhelms, genannt Werwolf, mitwirken, das in Metgethen, einem Vorort von Königsberg, stattfand. Er sollte dort sogar eine Ansprache halten. Ich assistierte ihm bei den Vorbereitungen zu der Veranstaltung, und wir mußten vor Beginn noch einmal nach Königsberg radeln, um Verschiedenes zu besorgen. Dabei begann Heini über Kopfschmerzen zu klagen. Ich hatte zufällig eine Tablette Adalin in der Hosentasche und gab sie ihm, weil ich wußte, wie gut sie bei Zahnschmerzen wirkte. Auf dem Rückweg vergingen zwar die Kopfschmerzen, statt dessen stellte sich aber ein unbezwingbares Schlafbedürfnis ein, das sein erstes, dazu noch patriotisch bestimmtes Auftreten zunichte machte. Seine Mutter, die mit großen Erwartungen erschienen war, hat mir das viele Jahre nicht verziehen.

Nach unseren sommerlichen Besuchen in Waldburg und Preyl kamen die meisten von den Vettern und Kusinen mit uns nach Trakehnen. Dort waren wir dann für längere Zeit täglich bis zu zwanzig Personen bei Tisch. Meine Mutter liebte solche Invasionen sehr und war gut darauf vorbereitet. Sie hatte sich einmal für mehrere Tage in eine Käserei begeben, um Käse machen zu lernen. Und wenn wir morgens um acht Uhr nach dem ersten Ausritt sehr hungrig zum Frühstück erschienen, gab es Bratkartoffeln und für jeden ein großes rechteckiges Stück Käse. Ich nehme an, daß die Magermilch, die wir von unseren Kühen in reichlicher Menge hatten, auf diese Weise am sinnvollsten verwertet wurde. Nach dem Frühstück wurde ein zweites Mal ausgeritten, auf anderen Pferden, und wenn wir davon zurückkehrten, kam gewöhnlich ein toter Punkt. Normalerweise hätte man sich dann eine Stunde hingelegt. Aber das ging gegen die Ehre. Also begab man sich statt dessen in den an den Park angrenzenden Obst- und Gemüsegarten, um sich alles Eßbare, was es dort gab, in reichlicher Menge einzuverleiben. Am Nachmittag liefen wir zu Fuß unsere Rennen auf der Hindernisbahn, die wir auch hier im Park angelegt hatten, oder wir streiften durch das Gestüt, besuchten die Hauptbeschäler in ihren Paddocks oder die Stutenherden auf der Koppel, oder wir stiegen auf den Kornspeicher, ein fünfstöckiges Gebäude im Zentrum des Ortes, das alle anderen Häuser weit überragte und auf dem Dach einen kleinen Aussichtsturm hatte. Von dort aus bot sich ein großartiger Rundblick über das ganze Gestüt mit seinen Vorwerken, die untereinander durch Alleen wie mit grünen Seilen verbunden waren. Man sah hinunter auf den Alten Hof, auf die Schmiede, die Post, das Rentamt, die verschiedenen Büros und die Wohnungen der Gestütsbeamten mit ihren Gärten, auf das Hotel Eich, die Apotheke, die Schule, auf das Flüßchen Rodupp, das sich durch das Gestüt schlängelte und größtenteils unter hohen Bäumen versteckt dahinfloß. Dahinter erblickte man das Landstallmeisterhaus mit einem kleinen Turm auf dem Dach, daneben die Gebäude des Neuen Hofes mit dem Reitstall und der großen geschlossenen Reitbahn. Nach der entgegengesetzten Seite, also nach Norden zu, den Hauptbeschälerstall mit seinen Eichenalleen, das repräsentativste Gebäude des ganzen Gestütes.

Gegen Abend spielten wir gewöhnlich unsere Spiele im Park, die sich bei gutem Wetter oft bis in die Nächte hinein ausdehnten. Am liebsten hatten wir das Räuber-und-Prinzeß-Spiel, an dem sich oft auch erwachsene Gäste beteiligten. Die Prinzessinnen, die ausgelöst wurden, gingen spazieren, wurden geraubt und irgendwo untergebracht, wo sie bewacht werden konnten. Dazu bot sich ein kleines Häuschen an, das Graf Sponeck für seine Kinder zum Spielen gebaut hatte. Hier galt es, die Prinzessinnen zu erlösen, das heißt, man mußte sie mit der Hand berühren, bevor man selber von einem der Räuber gepackt wurde. Es ging also darum, sich Tricks auszudenken, um die Räuber abzulenken. Ich sehe noch meine Mutter vor mir, wie es ihr auf geradezu geniale Weise gelang, als einzig übriggebliebene Prinzessin alle anderen zu befreien. Sie hatte sich ein Tuch um den Kopf gebunden, einen Sack über die Schulter und eine Harke in die Hand genommen, war in gebeugter Haltung auf die beiden als Bewacher fungierenden Gäste zugegangen und wurde, da es schon ziemlich dunkel war, von ihnen für eine verspätete Gartenarbeiterin gehalten. Oft dehnten sich unsere Spiele auch über die Grenzen des Parks aus und endigten dann in Streifzügen durch das Gestüt, wobei die ortsunkundigen Gäste sich manchmal verliefen. Einmal mußte einer von ihnen das Flüßchen durchwaten, weil er im Dunkeln die Brücke nicht finden konnte.

Mein Bruder Georg sah als Fünfzehn- und Sechzehnjähriger meiner Mutter sehr ähnlich, was sich allerdings erst zeigte, wenn er ihre Kleider anzog und einen Hut aufsetzte. Dann konnte er hinreißende Verwechslungsszenen geben, die ihren Höhepunkt erreichten, wenn meine Mutter, gewissermaßen als ihr zweites Ich, selber in Erscheinung trat. Als die Vettern und Kusinen, die den Zauber noch nicht kannten, in den Ferien bei uns waren, saß er eines Morgens nach dem Reiten auf dem Platz meiner Mutter am Frühstückstisch und begrüßte jeden, der hereinkam, so wie sie es sonst tat, sorgte dafür, daß jeder sein Essen bekam und griff immer wieder nach dem Strickzeug, das neben ihm lag. Was uns am meisten amüsierte, war, daß ihm seine rissige, von der schweren Stallarbeit gezeichnete Pranke bereitwillig geküßt wurde. Nach längerer Zeit begann irgendwo am Ende des Tisches ein Kichern, das sich langsam fortsetzte und seinen Höhepunkt erreichte, als zwei von den Vettern als Nachzügler erschienen. Jeder erhielt einen ostentativen Kuß und dazu die Pranke hingehalten, wobei atemlose Stille einsetzte, weil man sonst nicht gerade zärtlich miteinander umging. Die beiden merkten wohl, daß etwas nicht stimmte, setzten sich auf ihre Plätze und sahen verlegen an sich hinunter, nicht ahnend, womit sie das nun einsetzende wiehernde Gelächter verursacht haben könnten. Das Rätsel löste sich für sie erst, als meine Mutter ins Zimmer trat. Nicht immer war sie orientiert über das, was gespielt wurde. Einmal erschienen zwei junge Leute, die für ein paar Tage zum Jagdreiten bei uns wohnten, ganz verlegen zum Frühstück und entschuldigten sich bei meiner Mutter, daß sie morgens beim Wecken so verschlafen gewesen wären. Sie wußte nicht, was das zu bedeuten hatte, und bat um Aufklärung. Ja, sie wäre doch um halb sechs ins Zimmer gekommen, hätte die Fenster aufgerissen, an den Bettdecken gezogen und gefragt, ob sie denn den ganzen Tag verschlafen wollten. Und ehe sie sich gefaßt hätten, wäre sie schon wieder draußen gewesen. Dieser Geschichte wegen, die sich, mit Ausschmückungen versehen, bald überall verbreitet hatte, durfte die Maskerade nicht mehr ohne Wissen meiner Mutter stattfinden.

Wenn die Trakehner Rennen unter Dach und Fach gebracht waren, begann bei den Pferdesportleuten die Spannung nachzulassen. Nur bei denen blieb sie noch erhalten, die ihre Pferde für das große Rennen in Pardubitz in der Tschechoslowakei genannt hatten, das schwerste und längste Hindernisrennen des europäischen Kontinents. Es ist oft von ostpreußischen Reitern gewonnen worden, auch von solchen, die vorher in Trakehnen geritten waren. Deswegen begleiteten auch wir sie mit unseren Gedanken und bangten mit ihnen, ob sie wohl ihre Pferde aus dieser Schlacht heil wieder nach Hause brächten. Im übrigen aber begann man sich auf den Winter einzurichten. Man ertrug es mit Gleichmut, daß die Tage schnell kürzer wurden, die Bäume ihr Laub verloren, die Nachtfröste sich häuften und der Regen sich schon gelegentlich in Schnee verwandelte. Um so mehr genoß man die goldenen Tage, die immer wieder eingestreut sein konnten, wie ein unverdientes zusätzliches Geschenk. Was haben wir im Oktober noch für herrliche Jagden geritten! Nicht mehr in aller Herrgottsfrühe, sondern wenn die Sonne schon höher stand und die Frühnebel ihren Strahlen gewichen waren. Die Pferde waren jetzt auf der Höhe ihrer Leistungsfähigkeit, und man konnte ihnen Geländestrecken zumuten, die bis dahin noch nicht gewagt worden waren. Sie lagen mehr an der Peripherie des Jagdgeländes und schienen nur darauf zu warten, daß man endlich einmal auch ihnen einen Besuch abstattete. Die Pferde hatten sich zu Persönlichkeiten entwickelt, deren Besonderheiten man genau kennengelernt und denen man sich in seiner Reitweise angepaßt hatte. Sie waren einem ans Herz gewachsen, und man war darauf aus, noch möglichst viel mit ihnen zu erleben, ehe sie in alle Winde verkauft wurden. In den ersten Novembertagen war noch als letzte die Hubertusjagd fällig. Da lag in den Gräben oft schon Schnee, und die Pferde machten besonders große Sätze darüber hinweg. Hinterher wurden, da es keine Blätter mehr gab, Tannenbrüche verteilt. Meistens waren viele Gäste im Roten Rock dabei, und wir vier Brüder hatten unsere roten Pullover mit weißem Kragen an, die meine Mutter uns gestrickt hatte. Gästen, die drei oder mehr Jagden mitgeritten und sich dabei sachgemäß verhalten hatten, konnte der »Trakehner Knopf« verliehen werden – ein Vorrecht, das meine Mutter von ihrer Vorgängerin Gräfin Sponeck übernommen hatte. Er wurde am Rockaufschlag getragen. Darauf abgebildet war eine Elchschaufel, der Trakehner Brand, mit dem alle in Trakehnen geborenen Pferde auf der rechten Hinterbacke gezeichnet wurden.

Der November war im allgemeinen ein dunkler Monat. Aber im Gestüt begann sich neues Leben zu regen. In den Stutenherden wurden die ersten Fohlen geboren, mit Spannung erwartet, weil sie ja die Hoffnung Trakehnens verkörperten. Wir nahmen die erste Gelegenheit wahr, sie uns anzusehen und nach Möglichkeit auch im Gedächtnis zu behalten. Mit meinem Vater saßen wir an den Abenden jetzt oft zusammen, jeder mit einem Gestütbuch bewaffnet, und suchten Namen für die im vorletzten Jahr geborenen, demnächst zweijährigen Pferde aus. Sobald einem ein passendes Wort einfiel, wurde nachgesehen, ob es den Namen schon einmal gegeben hatte. Wenn nicht, konnte es sein, daß mein sehr wählerischer Vater ihn akzeptierte. Grundsätzlich mußten alle Pferde Namen mit den gleichen Anfangsbuchstaben haben wie ihre Mütter. Da aber die Buchstaben H und P allmählich überhandnahmen, begannen wir schließlich, von H auf G und von P auf O umzuschalten. Meine Mutter machte vom Nebenzimmer aus oft Vorschläge, die aber meistens abgelehnt wurden. Hier waren wir Pferdeleute »unter uns«.

Ansonsten kam, wie schon in Graditz so auch in Trakehnen, an den Winterabenden das Familienleben zu besonderer Geltung. Die verschiedensten Rate- und Schreibspiele wurden getätigt, und einer versuchte den anderen an Originalität oder Definition von Begriffen zu überbieten. Wörter mit verschiedenen Bedeutungen wurden gesucht und zum Raten aufgegeben, ausgefallene Begriffe und Probleme mußten durch Fragen ermittelt werden, wobei nur mit Ja oder mit Nein geantwortet werden durfte. Die Buchstaben eines Wortes wurden von oben nach unten geschrieben und in einem gewissen Abstand noch einmal von unten nach oben. Die Zwischenräume mußten mit möglichst ungewöhnlichen Wörtern ausgefüllt und diese interpretiert werden, wobei es immer viel Spaß gab, aber auch manche heftige Auseinandersetzung. Wenn Gäste da waren, wurden meistens Spiele gemacht, bei denen es auf Schnelligkeit ankam, wie die Kartenspiele »Schnipp-Schnapp« und »Rasender Teufel«. Auf Schnelligkeit kam es auch bei einem anderen Spiel an, das wir mit Gästen am liebsten spielten, nämlich Greifen im ganzen Haus. Daß es uns überhaupt erlaubt wurde, erscheint mir heute fast unbegreiflich. Denn der Krach, den wir dabei vollführten, ging zweifellos über das Maß dessen hinaus, was der heutige Mensch sich gefallen lassen würde, soweit er seinen Einfluß geltend machen kann. Das relativ leicht gebaute Haus mit seinen Holztreppen am Anfang und am Ende der Korridore, die es der Länge nach durchliefen, dröhnte unter unseren Schritten, auch wenn wir weisungsgemäß auf dicken Strümpfen liefen. Wenn wir allein waren und die jüngeren Geschwister im Bett lagen, spielten Heinfried und ich im Zimmer meines Vaters oft mit meiner Mutter und unserem Hauslehrer Skat, während mein Vater noch zu schreiben hatte. Zum Schluß spielte er selber noch ein paar Runden mit, was wir besonders schätzten, denn das Spiel wurde durch seine Teilnahme erheblich aufgewertet.

Der Dezember brachte dann wieder die Adventszeit mit ihren Heimlichkeiten in der Vorbereitung auf das Weihnachtsfest. Allerdings konnte es nicht mehr in dem Stil gefeiert werden wie in Graditz, wo wir von klein auf mit allen Familien des Ortes verwachsen waren. Auch war die wirtschaftliche Lage nicht so, daß man sich viele Geschenke leisten konnte. In einem der ersten Jahre haben wir zu Weihnachten eine Menge Bürsten und Besen fabriziert. Wir sägten uns die dazu erforderlichen Brettchen zurecht, bohrten Löcher hinein und requirierten inoffiziell Pferdehaar aus den unserer Meinung nach viel zu langen Schweifen der Mutterstuten. Die verschiedenen Farben gaben uns die Möglichkeit, Muster oder Initialen mit einzuarbeiten.

Im übrigen waren wir natürlich selbständiger geworden und machten für die Weihnachtsferien unsere eigenen Pläne. Bei mir waren sie mit Jagd verbunden, denn es begann ja nun die Zeit der großen Hasenjagden, an denen wir teilnehmen durften, zunächst als Treiber, später als Schützen, und das nicht nur zu Hause, sondern auch bei Verwandten, die uns dazu einluden. Das Land war jetzt meistens mit Schnee bedeckt, aber nicht immer so hoch, daß man mit Schlitten fahren konnte. Durch die kahlen Zweige der Alleebäume konnte man meilenweit in die Ferne sehen, und es lockte einen hinaus in die Winterlandschaft. An einem solchen Tage konnte man die Pferde ganz vergessen und nur noch an die Hasen denken, die man sonst kaum beachtete, die aber da waren und denen man an Jagdtagen in großer Zahl begegnete. Da es sich um die kürzesten Tage des Jahres handelte, mußte schon im ersten Morgendämmern aufgebrochen werden, wenn man vor Einbruch der Dunkelheit mit dem vorgenommenen Pensum fertig sein wollte. Begonnen wurde mit einer großen Streife, die den ganzen Vormittag in Anspruch nahm. Sie begann sechs Kilometer entfernt hinter dem Vorwerk Mattischkehmen und führte bis nach Trakehnen zurück. In einer Breite von etwa zwei Kilometern ging es die meiste Zeit über Sturzacker. Beteiligt waren daran einhundertzwanzig Treiber und zehn Schützen, eine lange Reihe, die man fast von jeder Stelle aus übersehen konnte. Die Treiber, meist jüngere Leute aus dem Gestüt, genossen den freien Tag und waren in bester Stimmung. Die Schützen waren zum größten Teil Verwandte meiner Eltern, darunter regelmäßig der Bruder meines Vaters, der ebenfalls Landstallmeister war. Er schoß fast immer die meisten Hasen, nicht nur, weil er ein guter Schütze war, sondern weil er es auch so einzurichten verstand, daß er jedesmal dort in die Linie eingereiht wurde, wo die meisten Hasen kamen. Nach dem Jagdfrühstück, zu dem man nach der Strapaze des Vormittags einen gesegneten Appetit mitbrachte, wurden östlich von Trakehnen noch zwei Kesseltreiben veranstaltet. Auf dieser Jagd wurden in jedem Jahr zweihundert bis zweihundertfünfzig Hasen und ein oder mehrere Füchse geschossen. Zwei weitere Jagden, eine für die Trakehner Beamten und eine in Kattenau, die meist mit jüngeren Schützen durchgeführt wurden, erbrachten zusammen noch einmal die gleiche Summe. Dabei blieb noch ein großer Teil des Terrains unbejagt.

Die ganz große Kälte kam meistens erst in den letzten Januar- oder ersten Februartagen. Da gab es Wochen, in denen sich die Temperatur zwischen zwanzig und dreißig Grad minus hielt und gelegentlich noch um weitere zehn Grad absank. Da stockte einem der Atem, wenn man morgens aus dem Haus trat und die Kälte wie ein Tier mit tausend Krallen über einen herfiel. In solchen Tagen war es ein schwerer Entschluß, das warme Haus zu verlassen und zum Schulwagen zu laufen oder – was schon einem heroischen Unterfangen gleichkam – morgens um sechs Uhr zum Reiten zu gehen. Um diese Zeit waren die dreijährigen Hengste an der Reihe. Sie wurden, der Schneeglätte wegen, vom Stall in die benachbarte Reitbahn geführt und dort erst bestiegen. Dann ging es, auf das Kommando des Sattelmeisters, zum »Aufwärmen« im Trabe eine Weile rechts und eine Weile links herum, bis die natürlich ungeheizte Reitbahn einer großen Waschküche glich, in der man Pferde und Reiter nur noch undeutlich erkennen konnte. Schließlich wurde auf zwei Zirkeln geritten und zum Galopp übergegangen, wobei die übermütigen jungen Hengste dafür sorgten, daß auch ihre Reiter die Kälte vergaßen, weil diese genug damit zu tun hatten, sich im Sattel zu halten. Wenn man nach einem solchen Ritt, der bis zu einer Stunde dauerte, vom Pferd stieg, hatte man ganz kurze Beine und das erfreuliche Gefühl, etwas Wirkliches geleistet zu haben.

Hans Graf von Lehndorff wurde 1910 in Graditz bei Torgau geboren, stammt aber aus einer ostpreußischen Familie. Mit ihr kam er 1922 nach Trakehnen. Er wurde Arzt und leitete 1945 ein Lazarett in Königsberg, als die Stadt erobert wurde. Über jene furchtbare Zeit berichtete er in seinem »Ostpreußischen Tagebuch«, das er 1947 schrieb, aber erst 1961 veröffentlichte.

Die eigentlichen Lehrmeister ...

Wenn ich an zu Hause denke, steht im Vordergrund der Eindruck einer gewachsenen Gemeinschaft, wobei wir Kinder zweifellos eine gewisse Rolle spielten, denn wir waren so etwas wie ein Kugelgelenk zwischen oben und unten. Als ich eingesegnet wurde, was in der Vorstellung der meisten Leute gleichzusetzen ist mit »ins Leben treten«, sagte Kutscher Grenda zu meiner Mutter: »Na, Exzellenz, nun haben wir sie alle durch, und ich denke, wir können ganz zufrieden sein.«

Über Grenda und einige der anderen herausragenden Persönlichkeiten unserer näheren Umgebung, die großen erzieherischen Einfluß auf mich hatten, muß ich hier etwas eingehender berichten. Grenda wurde von den Stalljungen und auch von uns Kindern »der Ober« genannt. Er war aber auch ohne jede Frage eine Autorität – zumindest regierte er auf eine höchst autoritäre Weise, an deren Berechtigung ihm wohl nie ein Zweifel kam. Wahrscheinlich war er als junger Soldat Feldwebel in seiner Einheit gewesen, jedenfalls glaubte er an das Militär als die einzig bewährte Erziehungsanstalt. »Der muß jetzt erst mal zum Kommiß, damit die'n Menschen aus ihm machen«, pflegte er über seine Stalljungen zu sagen. Und dafür leistete er dann die in seinen Augen notwendige Vorarbeit.

Mit uns sprang er nicht viel anders um. Wenn es ihm aus irgendeinem Grunde nicht paßte oder er auch nur seine Macht zeigen wollte, erklärte er: »Heute wird nicht geritten – ihr habt gestern wieder so gejagt, daß der Rappe ganz schwitzig war, der hustet jetzt.«

»Aber der Fuchs . . .«, wandte man ein. »Der Fuchs geht ganz klamm, der darf heute auch nicht raus.« Glücklicherweise hatte aber auch »der Ober« eine Schwäche: er rauchte gern gute Zigarren. Wenn wir ganz sicher sein wollten, auf keine Einwände zu stoßen, klauten wir zu Haus Zigarren und brachten sie ihm – das hatte stets einen entwaffnenden Effekt.

Und auf noch etwas anderes war Verlaß: Grenda war immer auf unserer Seite. Wenn der Hauslehrer oder eine Erzieherin uns suchte, weil wir längst hätten Schularbeiten machen müssen, und Grenda sie kommen sah, schloß er uns schnell in der Sattelkammer ein und schwor Stein

7   *Landarbeit mit prächtigem Gespann auf einem ostpreußischen Gut*

und Bein, bei ihm sei niemand gewesen. Die Sattelkammer war übrigens ein Schmuckstück. Es duftete nach frisch gewienertem Leder, und die Schnallen glitzerten wie auf Hochglanz poliertes Silber. Am Sonntag war der ganze Stall – der Kutschstall, die Arbeitspferde standen auf dem Hof – eine einzige Augenweide. Es gab zwei Boxen für Ponys, zwei für Stuten mit Fohlen und acht Stände, in denen die Fahr- und Reitpferde nebeneinander aufgereiht standen. Am Sonntag wurde jeder dieser Stände mit weißen gekreuzten Riemen quasi verschlossen; davor lag eine geflochtene Strohmatte, die von einer roten Schnur durchzogen war.

Unsere große Passion war es, Pferde zu putzen. Das wollte gelernt sein: Mit ausgestrecktem Arm, in großer ausholender Geste, wurde die Kardätsche geschwungen und dann mit dem gleichen Schwung die Bürste am Striegel abgestrichen. Schwierig war es freilich, an der Stelle, wo sonntags die Strohmatten lagen, zwölf etwa zwanzig Zentimeter lange Stricke von dem Staub, den man zusammengebürstet hatte, anzulegen – das aber verlangte »der Ober«, wenn wir ernst genommen werden wollten.

Auf solche Weise habe ich vieles gelernt. Beim Chauffeur Vergaser auseinandernehmen, in der Tischlerei hobeln und fugen; wahrscheinlich steckte dahinter der Ehrgeiz, zu beweisen, daß man als Schloßbewohner genauso tauglich war wie die anderen auch.

Im Osten konnte übrigens jedermann sich mit jedem Handwerk zurechtfinden; ein bißchen Mauern, Tischlern, Klempnern konnte jeder auf dem Lande. Ein bei uns besonders beliebter Handwerker war der Tischler, Meister Klein. Bei ihm lernten die Brüder sachgemäß mit Holz umzugehen, am Schluß konnten sie sogar Fenster anfertigen. Die Bohrmaschine durfte ich nicht anfassen, ich war zu klein; aber einfache Bretter hobeln, das konnte ich auch. Als Meister Klein alt war und nicht mehr mit schwerem Holz hantieren konnte, wurde ihm eine besondere Pflicht anvertraut: Er mußte jeden Morgen die Standuhren in den verschiedenen Zimmern im Schloß aufziehen.

In einem so großen Haus gab es alle möglichen Verrichtungen, mit denen einer, der sich verdient gemacht und außerdem das Vertrauen der Umwelt erworben hatte, betraut wurde. So war es Webers Aufgabe, in einem großen Korb, den er sich auf den Rücken hängte, Holz für die Öfen im Haus zu verteilen. Es gab, als ich Kind war, noch keine Zentralheizung, sondern nur in jedem Zimmer Öfen und Kamine. Unvergeßlich das erste Geräusch, das man am Morgen beim Wachwerden wahrnahm: Webers schwere Schritte auf der Treppe.

Seine Frau betreute das an einem Teich gelegene Waschhaus, in dem alle vierzehn Tage mehrere Kubikmeter Wäsche gewaschen und dann in einem riesigen Trockenschuppen zum Trocknen aufgehängt wurden. Zur Bewältigung dieser Arbeit wurden jedesmal sechs bis acht Frauen aus dem Dorf geholt, die unter großem Geschnatter in gewaltigen Bottichen die Laken und Handtücher wuschen. Der nächste Arbeitsgang wurde dann im Schloß vorgenommen; dort stand in der Plättstube ein riesiger Apparat, in dem, von Feldsteinen beschwert und durch ein großes Schwungrad bewegt, das ich gelegentlich drehen durfte, Rollen hin und her über Laken strichen und sie glätteten. Auch Plätten lernte ich unter der Ägide der Mädchen, deren Gesänge bei dieser Gelegenheit durch das Souterrain des Hauses tönten und mich immer wieder anlockten. Besonders die sentimentalen Lieder wie »Am Holderstrauch« hatten es mir angetan.

Auch die Mädchen waren meist auf unserer Seite. Wenn die Strafe »ohne Abendbrot ins Bett« verhängt wurde, fand man gewöhnlich am Nachttisch einen Teller mit belegten Broten. War es die Solidarität der Unterprivilegierten mit den Unterdrückten, die sich da manifestierte, oder war es nur das ganz normale Zusammenhalten der Jungen gegen die Alten?

Es muß Anfang der zwanziger Jahre gewesen sein, als die ersten zwei elektrischen Lampen im Schloß Helligkeit spendeten. Die eine beleuchtete die Treppe, die andere ließ ein Zimmer, in dem wir uns von da ab allabendlich zum Lesen versammelten, in vollem Licht erstrahlen. Das war eine große Veränderung, die möglich wurde, weil man in die alte Mühle, die nur einhundert Meter entfernt stand, eine Turbine eingebaut hatte.

Wenn ich mich der wichtigsten Personen meiner Jugend erinnere, so spielen darin noch drei Figuren eine besondere Rolle – gefürchtet die eine, über alle Maßen geachtet die beiden anderen. Fräulein Quednau, die Jungfer meiner Mutter, war gefürchtet, weil sie petzte. Wahrscheinlich tat sie es, um sich das Vertrauen meiner Mutter zu erhalten. Quedchen, so nannte meine Mutter sie; für uns war sie »die Quecke«, was eine spezielle Art von Unkraut ist. Eines Tages bekam sie eine Beule am Mund, die geschnitten werden mußte, was Grenda, der sie nicht leiden konnte, zu der Bemerkung veranlaßte: »Jeder wird jestraft, wo er jesündigt hat. Bei der kann man es so richtig sehen.« Quedchen konnte sehr gut schneidern. Sie nähte Kleider für meine großen Schwestern, in die ich dann hineinschlüpfen mußte, wenn jene aus ihnen herausgewachsen waren.

Ein über alle Maßen Geachteter war der Diener Fritz. Ein ernster, äußerst korrekter Mann, der alles konnte, nicht nur, was zu seinem Metier gehörte; er führte auch die verschiedensten Reparaturen aus und verstand sich sogar auf das Züchten von Melonen. Schließlich aber ist er noch zum Volkssturm eingezogen worden und zu unserem allergrößten Kummer nie wiedergekommen.

In allen Landhäusern war das Verhältnis zum Diener immer ein ganz besonders enges und herzliches. Als in Preyl bei den Lehndorffs der Diener Albert, den wir Kinder innig liebten, weil er immer lustig war, starb, bin ich zur Beerdigung gereist, das war ganz selbstverständlich. Als Fritz das generelle, häufig vergessene Gebot, nicht mit schmutzigen Stiefeln ins Haus zu kommen, eines Tages von sich aus erneuerte, wurde es sofort beachtet, denn es war einzusehen, daß er sonst mehr Arbeit haben würde; darum zogen wir von Stund an die Schuhe am Eingang zur Halle aus – wie die Dorfleute, die ihre Holzpantinen vor der Tür ließen, wenn sie kamen, um den Eltern einen Wunsch vorzutragen. Die Erziehung durch die Hausleute und Handwerker war eben wirklich viel nachhaltiger als durch jene Theoretiker, die dafür angestellt waren.

Fritz wußte alles und interessierte sich für alles. Eines Tages erklärte er mir, ein bestimmter Teppich, der repariert werden sollte, sei kein Kelim, wie ich gesagt hatte, sondern ein Buchara. »Wer sagt denn das?« – »So steht's im Hasenbalg«, antwortete er, »und der Graf hat gesagt, das sei das beste Buch über Teppiche, dort ist es.« Dabei zeigte er auf einen dicken Band in einem Bücherregal, den ich noch nie bemerkt hatte.

Fritz hatte ganz recht, sich für Teppiche zu interessieren. Abgesehen von den sehr schönen Gobelins, die im 18. Jahrhundert genau nach Maß für zwei Räume in Friedrichstein in Flandern gewebt worden waren, hatte mein Vater sein Leben lang Teppiche gesammelt. Sie wurden im Winter auf dem Rasenplatz vor dem Schloß ausgebreitet und auf dem Schnee geklopft, weil, wie der Vater sagte, dies die schonendste Behandlung sei. Hartes Bürsten, das nur das Gewebe beschädige, war streng verboten.

Es war ein phantastischer Anblick, wenn der riesige Rasenplatz zur Hälfte dicht bei dicht mit Teppichen verschiedenster Größe belegt war, und eine Schar von Mädchen und Dorfbewohnern in einem ganz bestimmten Rhythmus, den sie spaßeshalber erdacht hatten, die Klopfer schwangen. Bis zum nächsten Neuschnee blieben dann absonderliche Muster von Rechtecken und Quadraten zurück, teils heller, teils dunkler Schattierung, je nach der Staubmenge, die herausgeklopft worden war.

Eine ganz unvergeßliche Persönlichkeit war der Obergärtner Krebs, ein Riese mit dickem Bauch und hochgezwirbeltem, blonden Schnurrbart, der über ein stattliches Heer von Hilfskräften gebot. Er ging stets mit einem Stock und trug immer einen Strohhut. Eine unbeirrbare und vertrauenerweckende Ruhe ging von ihm aus, und das war wahrscheinlich der Grund dafür, daß er bei jedem Gewitter im Schloß erscheinen mußte. Wenn der erste Donner grollte, mußten wir aufstehen und uns versammeln, weil meine Mutter große Angst vor einem Blitzschlag hatte. Dann saßen wir alle mit roten Schlafröcken aus Flanell bekleidet da und warteten auf den großen Moment, wo »Krebschen« erscheinen und Geschichten von früher erzählen würde.

Für uns hatte Krebschen noch aus einem anderen Grunde eine besondere Faszination: Er besaß einen riesigen Uhu, mit dem er auf Krähenjagd ging, und manchmal nahm er eines von uns Kindern mit. Der Uhu wurde in der Morgendämmerung auf eine etwa zwei Meter hohe Stange gesetzt, die oben ein kurzes Querholz hatte. Man nannte diese Konstruktion »Jule«. Mit einer Kette war der Uhu an das Querholz gebunden; oft wartete man – in einem Busch verborgen – vergeblich. Aber manchmal kamen sie geflogen, Krähen, zuweilen auch andere Vögel, um nach ihm, der rollenden Auges auf der Stange saß, zu stoßen. Solange sie noch weit genug entfernt waren, so daß der kostbare Vogel nicht gefährdet wurde, schoß Herr Krebs, und wenn er traf, dann war die nächste Mahlzeit des Uhus gesichert.

Krebschen unterstanden die Orangerie, in der zur Winterzeit die Zitrusbäume untergebracht waren, die in großen Kübeln wuchsen und im Sommer vor dem Schloß Aufstellung fanden, ferner der Garten mit dem Traubenhaus und schließlich ein sehr großer Gemüsegarten mit vielen Mistbeeten, denn natürlich war ein solcher Haushalt auf dem Lande hundertprozentig autark. Nichts wurde gekauft, alles selber produziert, Eier, Gemüse, Obst. Konsumiert wurde alles zu seiner Zeit, also immer dann, wenn die Zeit für das jeweilige Obst oder Gemüse gekommen war.

So wurde eben wochenlang erst Spinat gegessen, dann kamen Erbsen dran, bis sie zu Kanonenkugeln herangereift waren; danach gab es Mohrrüben. Alles wurde überdies eingemacht oder in anderer Weise für den Winter präpariert: Mohrrüben in Sand eingegraben, Gurken in Steintöpfe eingelegt und der daraufgesetzte Holzdeckel mit einem Stein beschwert. Auch Fleisch wurde nie gekauft. Im Herbst und Winter gab es Wild, natürlich das ganze Jahr über Hammel- oder Kalbfleisch und alles, was der Hühnerhof zu bieten hatte. Wenn irgendein Erzeugnis besonders gut oder besonders groß geraten war, gereichte dies allen – Besitzern und Angestellten – zur Freude und zum Stolz. Eine Traube war von einem gar nicht schlechten Maler gemalt worden, ehe sie der Kaiserin geschick wurde; Grund: sie hatte das exorbitante Gewicht von elf Pfund erreicht, wie auf dem Bild zu lesen stand. Oder: Eines Tages brachte einer der Fischer einen Hecht, der vierzig Pfund wog und der, um ihn in seiner imponierenden Größe zu erhalten, auf einem Plättbrett serviert wurde.

Die 1909 geborene Marion Gräfin Dönhoff kommt aus Schloß Friedrichstein im Samland. Nach 1945 wurde sie als Journalistin bekannt (Herausgeberin der »Zeit«). Sie schrieb zahlreiche politische Analysen, Reiseberichte sowie Erinnerungen an die ostpreußische Heimat (»Namen, die keiner mehr nennt«, »Kindheit in Ostpreußen«).

Die Stadt

Wenn der Frühling nach Königsberg kam, wenn er dennoch kam nach einem schier endlosen Winter, wo wir zwischen Schneebergen zur Schule gingen, wo um 13.30 Uhr, wenn wir Mittag aßen, im Eßzimmer schon Licht brennen mußte, wenn im März noch alles tief verschneit war und im April der nasse Schlagschnee unter den Sohlen klebte, wenn es dann endlich Ende April oder Anfang Mai Frühling wurde, dann waren auch die Menschen wie ausgewechselt. Dann sah man kein mürrisches Gesicht auf der Straße und selbst Lisbeth war nicht mehr vernünftig. Dann kam der Frühling auch nicht auf leisen Sohlen über Nacht, sondern wie eine Explosion. Alle Bäume fingen gleichzeitig an Blätter zu treiben, wo kamen nur plötzlich die dicken Knospen her? Da gab es keine schwerfälligen Ostpreußen mehr, und die Luft kribbelte wie Champagner. Ich würde gerne einmal wieder meinen Schulweg gehen, wenn an den Geschäften die weiß-rotgestreiften Markisen heruntergedreht werden und die frisch gesprengten Straßen so riechen, wie wenn in Cranz an Sonntagen Kalmus und Schilf vor die Haustüre gestreut wird. Ich möchte an jeder Ecke stehenbleiben, denn jedes Haus und jeder Baum waren mein Freund, und ich muß oft stehenbleiben und erklären und erzählen ...

Am besten, ich fange wieder im Jahre 1912 an, die letzten Jahre vor dem Krieg, die Jahre der weiß gestärkten Servierschürzen, der Kurkonzerte im Tiergarten, der Reisen nach Cranz in den Sommerferien und der großen Illuminationen an Kaisers Geburtstag. Da ist es dann auch nicht so eilig, zur Schule zu kommen. Wir gehen also ganz schnell die Schloßstraße hinunter, rechts natürlich die ganze Länge des Schlosses, und kommen an der Spitze, wo Junkerstraße und Schloßstraße zusammenlaufen, zum Münzplatz. An der Ecke das große Damenmodengeschäft von Silberstein, in dessen Tochter mein Vater in seiner Jugend verliebt war. Doris hieß sie. Schnell über den Münzplatz sehen, ob auf dem Schloßteich schon die Schwäne sind, und dann rechts um die Ecke des Schlosses herum, wo gerade um 12.30 Uhr die Wache mit Knüppelmusik abgelöst wird. Gegenüber ist die Kürassierkaserne; es war wohl das höchste Erlebnis militärischen Glanzes meiner Jugend, wenn an Kaisers Geburtstag die Kürassiere in voller Rüstung mit der berittenen Musikkapelle ausrückten. Mit Helene standen wir in der Menge, die natürlich die Straße freihielt. Endlich öffneten

8 *Königsberg um 1910. Am Hafen*

sich die Tore. Voran ritt die Kapelle mit dem großen Schellenbaum und dem Mann mit dem schwarzen Vollbart und den beiden Kesselpauken, die an beiden Seiten des Pferdes herunterbaumelten. Wenn der herrlich dumpfe Ton zu den Trompeten erklang, dann kannte mein Glück keine Grenzen und Helene mußte mich festhalten, damit ich nicht mitten in den Zug hineinlief. Auch der Kaiser trug ja gerne die Uniform der Kürassiere und es war ein großer Fehler, daß man dies alles zu Beginn des Krieges abschaffte, denn ich bin überzeugt, daß der Sieg unser (so sagte man damals) gewesen wäre, wenn das Regiment mit klingendem Spiel gegen den Feind gezogen wäre. Wer hätte da nicht Preuße sein wollen? Wir Kinder und Helene waren überhaupt große Verehrer des Kaisers und kannten die Gewohnheiten des erlauchten Paares aus den Schullesebüchern, von Kaiser Friedrichs stillen Leiden bis zu Auguste Viktorias Leutseligkeit. Einmal haben wir bei praller Sonne vier Stunden an der Landstraße zwischen Cranz und Cranzbeek im Staub gestanden, um das erlauchte Paar im offenen Auto vorbeifahren zu sehen und Hurra zu rufen. Damals konnte sich der Kaiser ganz auf mich verlassen und natürlich auch Auguste Viktoria, die die Haare so trug wie meine Großmutter und darüber einen weißen Staubschleier. Ich konnte es auch überhaupt nicht verstehen, daß andere Völker nicht tief traurig waren, keine Deutschen zu sein, natürlich ausgenommen die Indianer, von denen man ja wußte, daß sie auf sich selbst und auf ihre Farbe stolz sein konnten.

Ich würde jetzt gerne den Mühlenberg gleich an der Zyklopenmauer der Kürassierkaserne, meinen Schulweg, hinuntergehen, doch ich gehe lieber zuerst etwas weiter links den Ausgang vom Münzplatz die Französische Straße entlang. Ich kann mich ja nicht von Helene in die

Schule bringen lassen, und ich kann ohne Helene nicht zu ihrem Vater gehen. Die Französische Straße war eigentlich der Damm und wird wohl einmal der Mühlendamm gewesen sein, der den Schloßteich aufstaute. Jetzt war sie nicht mehr als Damm zu erkennen. Auf beiden Seiten standen Geschäfte. Mich interessierte auf der linken Seite eine Musikalienhandlung, wo das Schaufenster voller Musikinstrumente lag, gleich daneben wohnte mein Freund Paul Jakoby, der Sohn von Rechtsanwalt Jakoby I. Auf der anderen Seite lag die Buchhandlung von Raabe, die etwas von Wilhelm Raabe und von Spitzweg an sich hatte. Sie befand sich in einem alten Haus, das halb den schiefen Berg hinunter hing. Ich weiß nicht mehr, ob die »Brockensammlung« auch zu Raabe gehörte. Dort brachte man ausrangierte Bücher und Schulbücher hin, die sortiert und an arme Kinder verteilt wurden. Ich erinnere mich nicht mehr so genau, ob es eine soziale Einrichtung oder einfach ein Antiquariat war. Auf dem schiefen Berg, gleich neben der Brockensammlung, war die große Toreinfahrt der Fuhrhalterei, wo Vater Stoll, Helenes Vater, als Rollkutscher arbeitete. Ein großer, mit Kopfsteinen gepflasterter Hof; auf beiden Seiten waren Pferdeställe, wo die vielen braunen, falben-weißen und gescheckten Gäule immer unruhig stampften. Es war sehr aufregend, den Vater zu suchen. Wir durften mit in den Stall mit dem dumpfen und wilden Geruch, aber nicht zu nah an die Pferde heran, weil das eine schlug und das andere biß. Eine gruselig schöne Sache in den halb dunklen Ställen, wenn Vater Stoll, der immer nach Bier roch, einen nahm und trotz Helenes Protest mich auf den glatten Pferderücken setzte, während der lange Pferdekopf in der Futterkrippe schnaubte. Schön, nach der wonnigen Gefährdung wieder in die beruhigende helle Sonne hinauszutreten; voller Freude über bestandene Heldentaten und wieder an der sichernden Hand. Ich war auch nicht so sehr erstaunt, als Helene meiner Mutter einmal aufgeregt erzählte, ihr Vater sei von einem Pferd gebissen worden und hätte operiert werden müssen, wobei ihm ein Pferdekopf, der Kopf des Pferdes, das ihn gebissen hatte, aufgesetzt werden mußte. Sicher habe ich auch erst dann entdeckt, daß Vater Stoll nicht wirklich einen ganz langen Pferdekopf hatte. Die ganze Sache war für mich nicht so sehr erstaunlich, da ich ja schon von Centauren wußte und den Märchen immer schon eine mindestens so große, wenn nicht größere Wirklichkeit einräumte als meiner Umwelt. Viele Jahre später, als ich begann, meinen Kindern Märchen aus meinem Leben zu erzählen, meldete sich auch die Geschichte von dem abgebissenen Kopf. Meine Kinder wollten sie kaum glauben, da bekam auch ich Zweifel. Auch Helene stammte nicht, wenn ich auch als Kind geneigt war, es zu glauben, direkt von den Feen ab, wenn ich auch noch heute davon überzeugt bin, daß eine Fee oder eine Königin ihre Ahnfrau gewesen ist, wo hätte sie denn sonst ihr schönes Haar, ihr ovales Gesicht, ihre königliche Haltung her. Wenn man nur an die Geschichte von »O Du Falada, da Du hangest, o Du Jungfer Königin, da Du gangest« denkt, es gibt genug Beweise von verwunschenen Königstöchtern, und mir sind im Leben so viele begegnet, die ich erlösen wollte. Und manchmal ist es mir auch gelungen. Wie war es möglich, daß Helene aus dem Slum von Königsberg, dem Ober-Haberberg, einer Arbeiterkaserne kam. Es war wirklich wie eine Kaserne angelegt, das Haus, in dem Helenes Eltern wohnten. Es gab keine abgeschlossenen Wohnungen, sondern die an einem langen dunklen Flur liegenden Zimmer wurden einzeln vermietet. Die Wasserleitung auf dem Flur, die Toiletten auf dem Hof wurden gemeinsam benutzt. Die Stolls hatten ein Zimmer und ein Kabinett, wie man damals einen dunklen, kleinen Raum nannte. Im Zimmer wurde gekocht, Wäsche gewaschen und geschlafen. Da wohnten die Eltern und die sechs Kinder. Damals nahm ich das so hin und machte mir keine Gedanken darüber, wie es möglich war, unter diesen Umständen sechs Kinder aufzuziehen, die später tüchtige Menschen waren. Die Mutter Stoll muß wohl mehr gewesen sein als das abgearbeitete Weib mit dem schwarzen Kopftuch, das oft bei uns vorbeikam, wenn sie den weiten Weg vom Haberberg zum Roßgarten ging, um dem Mann das warme Mittagessen zu bringen. Vater Stoll war vom Land nach seiner Militärzeit in die Stadt gekommen und da er bei der Kavallerie diente, Kutscher geworden. Der große Einschnitt im Leben der armen Leute waren die zwei Jahre Dienstpflicht: Die einen wurden aus ihren Berufen heraus gerissen und fanden später keinen Anschluß mehr, die anderen gingen danach vom Land in die Stadt. Besonders für die Armen war die Dienstzeit ein prägendes Erlebnis. Das ist nicht zu übersehen, wenn es auch mir unverständlich ist. Ich habe auch später bei vielen Arbeitern gefunden, daß für sie der Militärdienst und selbst der Krieg einigen Glanz hatten und sie aus einem öden Dasein heraushoben. Nur so kann ich mir erklären, daß die ganze Familie Stoll kaisertreu war und so gar nicht sich mit dem Proletariat identifizierte. Helene muß ein wildes Kind gewesen sein. Sie erzählte mir einmal, wie sie als Kind schon zum Lebensunterhalt ihrer Familie beigetragen hatte, indem sie sich auf der »Freibank« mit einem Sack zwischen den Beinen der Erwachsenen durchschlängelte und den feilgebotenen Ochsenkopf schon erwischt hatte, bevor ein anderer die Hand ausstrecken konnte. Sie war im Süden und im Hafen von Königsberg zu Hause und kannte jeden Winkel, und mit ihr sind wir oft bei den alten gotischen Speichern

an der Lastadie herumgestromert. Als sie mit 16 Jahren in
unseren Haushalt kam, wegen ihrer Jugend von meiner
Mutter etwas mißtrauisch, aber auch entzückt betrachtet, war ich ein halbes Jahr alt. Helene wuchs mit uns auf
und lernte mit uns, weil sie unsere Schulaufgaben mit-
machte. Sie war ebenso begabt wie gut und hätte wohl
spielend studieren können, wenn sie je dazu Gelegenheit
gehabt hätte. Statt dessen war es ja eine schwere Aufgabe, die sie mit uns Kindern hatte. Sie war fromm und
wollte Diakonissin werden, aber mein Vater hatte ihr
immer wieder abgeraten, weil er meinte, sie hätte noch
so viel vor sich, sie solle sich nicht so früh festlegen. Sie
hatte auch eine übertriebene Vorstellung von ihrer Jung-
frauenschaft und erzählte mir einmal dramatisch, was sie
getan hätte, wenn die Russen damals, 1914, als sie ziemlich nahe vor Königsberg standen, in die Stadt eingedrun-
gen wären. Sie war trotz des engen Zusammenlebens in
unserem Elternhaus nicht aufgeklärt. Mein Vater erzählte später schmunzelnd, daß Helene, als er sie im Februar
1910 vor der Geburt meiner jüngsten Schwester weckte,
um die Hebamme zu holen, ihm sagte, ob nicht Frau
Fürst bis zum Morgen warten könne. Sie sei eben erst
schlafen gegangen. Es war schon eine große Zumutung,
denn wir anderen Kinder hatten alle Masern gehabt und
Helene hatte wochenlang keine ruhige Nacht. Dazu war
Februar und es war bitter kalt, und Telefon hatten weder
wir noch Fräulein Lottermoser, die Hebamme. Immerhin war nachher Hannechen ihr Lieblingskind, das sie
vollständig allein aufziehen konnte. Helene gehörte wohl
noch zur letzten Generation der »treuen Dienstmädchen«, die sich vollständig mit den »Herrschaften« identi-
fizieren. Wir sind bis heute mit ihr in Verbindung geblieben, und sie hat mir oft erzählt, daß sie manchmal, nachts
erwachend, sich in ihrem Zimmer nicht zurechtfindet,

weil sie meint, noch im Königsberger Haus zu sein. Man muß bedenken, was das bedeutet. Sie hat ihrer idealistischen Einstellung gemäß in Hamburg einen Schneider geheiratet, dessen Frau nach dem 6. Kind gestorben war. Helene war damals 31 Jahre alt. 15 Jahre war sie bei uns gewesen. Dann hat sie die sechs Kinder dieses Mannes großgezogen und auch noch drei eigene. Der Mann arbeitete zu Hause als Zuarbeiter für ein großes Geschäft und natürlich half Helene. Als wir sie 1931 besuchten, wohnte sie noch in der Hamburger Altstadt in einem ziemlich baufälligen Haus. 1936 sind sie dann in ihr eigenes Häuschen in Rissen gezogen. 1939 hat sie noch meine Schwester, die sie damals mit dem Judenstern am Arm besuchte, bei sich beherbergt, und als ihre Mitbürger in Rissen sich darüber beschwerten, erklärte sie, Edith sei so ihre Tochter wie ihre eigenen Kinder und sie ließe sich da nicht dreinreden. In ihrem winzigen Zimmer, das sie jetzt bewohnt, hängen noch dieselben Bilder wie in ihrer Kammer in Königsberg und sie hat noch mehr Bilder von uns und den Eltern aus jenen Tagen als wir, natürlich auch deshalb, weil wir nach unserer Flucht aus Deutschland ja erst sehr spät seßhaft wurden. Helene ist heute 84 Jahre alt und Urgroßmutter. Sie ist eine alte Dame geworden, wie meine Mutter es geliebt hätte, und ihre Enkeltochter ist ein so kapriziöses kleines Frauenzimmer, daß wir sie Prinzeß Magret nennen.

Der Königsberger Max Fürst wurde 1905 geboren. Er gehörte der sozialistischen Jugendbewegung an, erlernte das Tischlerhandwerk. 1933–35 hielt man ihn in einem nationalsozialistischen Lager fest; dann emigrierte er nach Jerusalem. Nach dem Krieg Schreiner in Stuttgart, wo er 1978 starb.
Der vorstehende Text stammt aus seinen Erinnerungen »Gefilte Fisch« (1973).

ERNST WIECHERT

Feste und Spiele

Man wird mir gern glauben, daß wir zu unserer Kinderzeit nicht in die Versuchung geführt wurden, in Wohl-
leben und Behaglichkeit zu ersticken. Wir hatten aus
Haus und Hof, aus Acker und Vieh, aus Wald und See
unser gesundes und ausreichendes tägliches Brot, aber
darüber hinaus konnte kein Wunsch sich schwingen, und
selbst dieses war dem Unglück zuweilen ausgesetzt,
wenn Mißernten oder Seuchen auch über unsere kleine
Welt hinweggingen, wie ich mich noch des Bildes meiner
Mutter gut erinnere, die weinend auf der Stallschwelle
saß, nachdem eine Rotlaufseuche in zwei Sommertagen
alle unsre zwölf Schweine getötet hatte.
Aber wir fühlten die Armut nicht, da wir ja den Reichtum
nicht kannten, sondern vielmehr in den kümmerlichen
Hütten der Waldarbeiter täglich einen Mangel sahen, an
dem gemessen wir im Überfluß lebten. Im Sommer gingen wir barfuß, und im Winter trugen wir Holzpantoffeln
oder hohe Stiefel, und da wir gewohnt waren, uns, auf eine übertragene Weise, auch den übrigen Erscheinungen
des Lebens ebenso natürlich anzupassen, so waren wir
wahrscheinlich glücklicher als die Kinder, die zwischen
Schuhen und Kleidern jeden Tag wählen konnten.
Auch kamen die Feste in unsre kleine Welt ebenso pünktlich wie in das Kaiserhaus, und mir war zudem gegeben,
mich auf eine leidenschaftliche und fast besinnungslose
Weise dem hingeben zu können, was ja auch die ärmste
Kinderwelt verzaubert: dem Spiel. Zwar war an »Spielsachen« unser Haus mitunter so leer wie eine Mönchszelle,

aber besaßen wir nicht Holz, Bindfaden, Draht und Nägel, soviel wir wollten? Und besaßen wir nicht in Hof, Feld und Wald einen Spielplatz, der so weit reichte wie der Himmel? Und wenn auch Bücher nur zu Weihnachten den Weg zu uns fanden, so besaßen wir doch den »Lederstrumpf« und den »Robinson Crusoe«, und jedes von beiden genügte, um eine ganze Welt des Abenteuers, des Kampfes, der Tapferkeit und des Ruhmes damit aufzubauen.

Es war wohl nicht so sehr die Erziehungskunst meiner Eltern, sondern vielmehr der Zwang unsrer Armut, der uns nötigte, zu unsren Spielen den ganzen »Robinson« noch einmal zu verwirklichen, das heißt, von Pfeil und Bogen bis zur Kunst des Feuermachens und andern Künsten alles unsren eignen Händen zu verdanken. Es gab keinen »Waffenladen« bei uns und kein Proviantdepot, kein Kleidermagazin und keine Schiffskiste, und was unsre kindliche Welt erfüllte und beseligte, mußten wir selbst herstellen: Tomahawks und Kanus, Armbrüste und Schilde, Wagen und Schlitten, Sturmleitern und Kanonen, und selbst an traumhafte Dinge wagten wir uns mit Zuversicht und nicht immer mit gänzlichem Mißlingen, an Kielboote, Fahrräder (aus alten Faßreifen) und sogar an Schiffe, die zwar ihre Werft nicht verlassen konnten, aber die doch herrlich dastanden, wenn man freundlich übersah, daß sie auf der Erde lagen, statt auf dem ihnen zugehörigen Element.

Versuche ich in der Erinnerung, in diese kindliche Welt der Spiele eine Ordnung zu bringen, so zerfallen sie mir in der Hauptsache in Helden- und Träumerspiele. In jenen, die Feld und Wald mit Lärm und Ruhm erfüllen, scheint sich die primitive Stufe aller Menschheit noch einmal darzustellen, eine vergangene Entwicklungsstufe, die das Kind nach biologischen Gesetzen noch einmal

110

überschreiten muß. In diesen aber scheint etwas Künftiges sich zaghaft anzudeuten, im Träumen, Formen, Bilden, Dichten und Trachten. In ihnen ist Stille und Versunkenheit, ja Einsamkeit. Ihnen gehört das Haus am Winterabend, wenn der Schnee um die Fenster treibt und die Füchse aus den mondbeschienenen Dickungen bellen. Sie erheben sich nicht aus dem wilden Atem fremder Länder, sondern aus dem stillen Glanz der Märchen. Sie sind viel mehr Spiele der Seele als solche der Hand und des Auges, und manchmal enden sie in der Versunkenheit, im Entrücktsein, ja in Tränen und einer wilden, uferlosen, nicht zu beschreibenden Sehnsucht.

O schöne versunkene Welt des Ofenwinkels, wohin das Licht der Petroleumlampe, der Rauch aus des Vaters langer Pfeife und die Blicke der Großen nur selten und aus der Ferne kommen. Wo Hund und Katze stille Gefährten

9 *Forsthaus Kleinort in Masuren: Das Geburtshaus von Ernst Wiechert. Die Tafel zwischen den beiden Fenstern erinnert heute in polnischer Sprache daran. (Foto 1989)*

111

sind, das eine schlafend und von Jagden leise träumend, das andre mit fernen Augen vor sich hindenkend oder -träumend. Wo die Glut des Buchenfeuers rötlich und immer wechselnd über eine verzauberte Welt tastet und nur die Stimme des Windes klagend durch den Schornstein geht. Dann sinken die müden Hände langsam von den Bauklötzen, die sie zu Domen und Brücken aufrichtete, von den Wagen aus Garnspulen, in denen Königskinder fahren, von den weißen Blättern, die der Bleistift mit Traumwäldern und Gesichten bedeckt hat. Sinken langsam in den Schoß und falten sich, indes die Augen sich auf die seltsamen Bilder des Feuers richten, die alles umfassen, was zwischen Grauen und Süße lebt, und deren Züge mit so unheimlicher Schnelligkeit wechseln, daß nun schon der Rattenfänger von Hameln ist, was eben noch die stille Heiligkeit Josephs war, und nun schon in den kalten Windungen des Drachens sich ringelt, was eben noch als Ochs und Esel an der Krippe friedvoll stand. Und darüber steht fast unbeweglich der hohe, klagende Ton verglühenden Holzes, derselbe, der mitunter durch die Wipfel des Waldes geht, der spricht und ruft und lockt, immerzu, aber von dem die kindliche Seele niemals weiß, woher er kommt, und wohin er geht.

Wir begraben Vögel und Mäuse wie andre Kinder und gleich diesen stellen wir alles dar, was der Tod zu seinem stillen Amt erfordert: Pfarrer und Küster, Totengräber und Gemeinde. Wir spielen Theater mit so kümmerlichen Mitteln, wie nur Robinson und Freitag es hätten spielen können, aber der Glanz unsrer Uraufführungen ist nicht geringer als der auf den Bühnen der Welt. Wir verkleiden uns zu Drei-Königs-Tag und zur Fastnacht, und ich weiß nicht, ob die Bären und Wölfe, die wir darstellen, aus uralten Bräuchen oder aus der Luft unsrer dunklen Wälder stammen. Wir haben keine Lokomotiven und Eisenbahnen, keine Elektrisiermaschine und kein Laboratorium. Unsre Rodelschlitten bestehen aus zwei abgeschrägten Brettern, über die ein drittes Brett genagelt ist. Unsre ersten Schlittschuhe sind Holzpantoffeln, in deren Sohle wir einen langen Draht einhämmern. Unsre Waffen sind die Steinschleuder, der Bogen und die Armbrust. Unser Kriegskleid ist der Papierhelm mit Bussard- und Habichtfedern. Unsre Trommeln sind alte Kochtöpfe, unsre Flöten sind aus Weidenrohr gemacht und die Friedenspfeife aus Schilfhalmen mit einem Kopf aus dem Stengel des wilden Rhabarbers. Sie zu rauchen, erfordert wahres Heldentum, und keiner der daran Beteiligten ist für lange Zeit imstande, an das Wiederausgraben des Kriegsbeiles zu denken.

Ist es ein Traum, oder war ich damals ein großer Tänzer auf den Holzdielen meines Vaterhauses? Nein, es war so, und langsam steigt es aus dem Nebel empor: die winterliche Wohnstube im späten Lampenlicht, die Eltern fort, in der Stadt oder einer andern Försterei, die Großmutter im schwarzen Kleid, die Musik macht auf einem in Seidenpapier gehüllten Kamm, das Dienstmädchen in Unterrock und Strümpfen, und wir, noch einmal aus den Betten geholt, in langen Nachthemden: die Enkelin der Großmutter und wir drei Brüder. Drei Herren und drei Damen. Wir stehen einander gegenüber, so feierlich wie auf dem Parkett des Hofes, gehen aufeinander zu, entfernen uns, verbeugen uns und lächeln, und immerzu spielt die Großmutter den alten Kontretanz unsrer Heimat: »Siehst du woll, da kömmt er schon, der betrunkne Schwiegersohn.« Ein rauher Text, aber ein zarter Tanz, dem ich mit Hingebung verfallen bin, und den ich mit der Kreuzpolka zusammen erlerne, um auf den seltenen Festen im Saal des Dorfwirtshauses als ein frühes Genie bewundert zu werden.

Ja, diese Feste der Landschaft, ein oder zwei im Jahr, weshalb ist ihr Glanz noch immer so groß, daß alles, was inzwischen gewesen ist, davor verblaßt? Liegt es daran, daß ich ein Kind war, immer bereit, Wunder zu sehen, oder waren sie wirklich inniger, froher, heller als heute? Es will mir scheinen, als seien sie in der Armut damaliger Zeit und Landschaft wirklich »Feste« gewesen, nicht verblaßt und müde geworden durch alltägliche Wiederholung, und als seien die Menschen, die sie feierten, auch mit dem Willen hingefahren, festlich zu sein und alles dazu zu tun, was in ihren Kräften stand. Es gab ein Lehrerfest und ein Frauenvereinsfest. Es gab keine »Exklusivität«, und Bauern, Dienstmädchen und »Herrschaften« saßen mit den gleichen kindlichen Augen vor dem Vorhang der Bühne und drehten sich mit der gleichen Leidenschaft im Tanz. War nicht die Fahrt schon ein Märchen, durch den tief verschneiten Wald, über dem der Mond und die Sterne so standen, daß man es glauben *mußte*, dort sei eine andre Welt? Und wie herrlich war der Saal, wie froh die Gesichter, wie glänzend und voller Geheimnisse die Instrumente der Kapelle und ihre zerknitterten Notenblätter mit ihren schwarzen Zauberzeichen! Gibt es noch ein Geigensolo wie das des »dritten Lehrers« mit den schwarzen Locken? Ein bißchen falsch vielleicht, aber voll unbeschreiblicher Süße? Gibt es noch ein Lied, dem zu vergleichen, das der erste Lehrer singt, wenn die Mitternacht schon da ist und der ganze Saal ihn darum bestürmt: »Denn die Gedanken zerbrechen alle Schranken ... die Gedanken sind frei?« Klingt es mir nicht nach vierzig Jahren noch immer so im Ohr wie damals, als mir die Tränen aus den Augen stürzten, jedesmal, wenn seine Melodie mich überfiel?
Und zu Hause, einmal im Winter, wenn wir unsre »Gesellschaft« gaben, war es nicht so, daß man nachher kaum

weiterleben konnte? Wo hatten sie Raum, die zwanzig, fünfundzwanzig Menschen, in unsrem kleinen Zimmer? Soviel Raum, daß gleichzeitig getanzt, gespielt, erzählt werden konnte? Daß eine Polonäse durch das Haus ging, ohne daß das erste Paar an den Rücken des letzten stieß? Und daß für uns noch Raum im »Kabinett« war, wo wir die Kurbel des ungeheuren Leierkastens drehten? Feste, die am Nachmittag mit Kaffee begannen und im nächsten Tageslicht beim Kaffee endeten, ja, die manchmal noch die nächste Nacht brauchten, damit alle Seligkeit ausgekostet werden konnte? Gibt es Duette, wie sie damals gesungen wurden, Verkleidungen, Aufführungen, Geschichten, wie Tante Veronika sie erzählte? Gibt es noch eine Küche mit riesigem Herdfeuer, bis zum Bersten gefüllt von seligen Kutschern in Lammfellmützen und vom Zigarren- und Pfeifenrauch so verdunkelt, daß man über unzählige Beine fällt?

Es wird wohl alles dies noch geben, in den stillen Winkeln unsres Vaterlandes, aber für mich ist es ein versunkener Traum, und nur manchmal steigt es noch auf, wie dunkle Wälder unter dem blauen, lautlosen Licht der Blitze hinter dem Horizont.

Doch darf ich, da ich diese vergangene Welt einmal beschworen habe, nicht an dem vorübergehen, was die Krone aller Feste und Spiele war, worin des Jahres Anfang und Ende sich zusammenzog und was über allen zweiundfünfzig Wochen wie ein sich langsam hebender Stern der Verheißung stand: Das Weihnachtsfest.

Wenn ich recht bedenke, begann es für mich im Frühjahr, wenn ich auf meinen Waldwegen nach dem nächsten Weihnachtsbaum Umschau zu halten begann. Und glaubte ich ihn dann gefunden zu haben, manchmal früh, manchmal spät im Jahr – denn die alten Waldleute pflegten zu sagen, einen richtigen Weihnachtsbaum zu finden, sei mindestens ebenso schwer, wie die richtige Frau zu finden – so konnte ich ein paarmal in der Woche vor ihm sitzen, der noch durch nichts über seine Umgebung erhoben war, und mir vorstellen, wie ich ihn auf dem Rücken heimtragen und wie das Fest unter seinen Zweigen sein würde. Auch tat es diesem schönen Amt keinen Abbruch, als einmal am Heiligen Abend, als ich mit der Axt über der Schulter ihn holen kam, ein Wildschwein von nicht geringer Majestät sich unter seinen Zweigen erhob und zornig schnaufend aus dem gestörten Lager sich davonmachte. Vielmehr habe ich diesen Baum in einer besonders schönen Erinnerung, und ich weiß, daß ich mich nicht ohne Scheu umblicke, ob nicht vielleicht das Dach eines Stalles durch den verschneiten Wald zu sehen wäre und das Licht über der Krippe, das allen Tieren des Waldes eine Freistatt verheißen sollte.

Je tiefer ich zurückzugehen versuche in das Land der verfließenden kindlichen Erinnerung, desto mehr scheint mir, als ob nicht das erste Weihnachtslicht es sei, das sich aus dem Dunkel der Heiligen Nächte vor meinen Augen aufhebt, sondern als sei vielmehr die erste Erinnerung an den Glockenton gebunden, der an jedem Adventsonntag und in der letzten Adventswoche an jedem Abend »vom Himmel hoch« bis an die Fenster unserer Wohnstube kam. Die Knechte, die wir während meiner Kinderzeit hatten, mögen in ihrer Tüchtigkeit und Zuverlässigkeit verschieden gewesen sein, aber in einer Hinsicht war ihre Fertigkeit gleicher Bewunderung würdig: in der Kunst, den Klang der Schlittenglocke von der Stalltür bis zum Fenster so allmählich anschwellen zu lassen, daß auch der verstockteste Heide auf die Knie gezwungen worden wäre, weil eben kein Zweifel daran sein konnte, daß dieser Glockenton aus dem Himmel herabgestiegen kam, von Schneeflocken umweht, vom Winde leise vertrieben, bis das Metall sich draußen auf das Fensterbrett legte und nun das Schweigen eintrat, das nur über zwei gefalteten Engelschwingen wohnen konnte.

Ich kann nicht glauben, daß die »Hirten auf dem Felde« überwältigter gewesen sind vom Licht und Chor der himmlischen Heerscharen, als ich es damals war. Voller Ernst und Spannung wandten die Gesichter der Großen sich uns zu, indes wir die Hände falteten und nacheinander die Gebete sprachen, die man uns gelehrt hatte, wobei das Herz uns im Halse schlug und unsre Augen auf das verhängte Fenster gerichtet waren, hinter dem doch kein Schatten verriet, ob ein Engel oder Gottvater selbst davorstand. Und dann kam die dunkle fremde Stimme von jenseits der Sterne: »Sind's art'ge Kind? Sind's böse Kind?« Und die klare, tapfere Antwort unsrer Mutter: »Sind art'ge Kind!« Dann hob die Glocke sich auf, immer höher, leiser und ferner, bis sie verstummte und das Blut wieder zum Herzen strömte.

Eine Weile später führte die Mutter uns in die Vorderstube, wo auf der Ecke des Tisches eine Pfeffernuß für jeden von uns lag. Nur ein einziges Mal, wenn ich mich recht erinnere, lag ein Stock statt der Kuchen da, und wiewohl das sicherlich seinen zureichenden Grund gehabt hat, so ist mir nicht ein tiefes Schuldgefühl mit dieser Erinnerung verknüpft, sondern ein fassungsloses Erstaunen, daß dieser Stock schwarz und glänzend von Ruß und Fett war, genau wie die Stöcke, über denen in der Räucherkammer die Würste und Schinken zu hängen pflegten. Doch mag ich mich wohl damit getröstet haben, daß dieser Stock aus höllischen Bezirken entliehen sein konnte und daß es dort vielleicht nicht viel anders aussehen mochte als in unsrer Räucherkammer, die an und für sich ein Ort des Schreckens für uns war, weil mitunter Feuer in ihr ausbrach und mein Vater dann auf das Dach steigen mußte, um feuchte Betten auf den Schornstein zu pressen.

Trat also mit diesem Glockenton die jenseitige Welt bis an die Schwelle unsres Hauses und Lebens, so hatten wir in der diesseitigen doch das Unsrige zu tun, um ihr auch würdig und feierlich zu begegnen. Das Landleben war ja damals noch auf eine altertümliche Weise an den Gang des Jahres und der Feste angeschlossen, und die Zurüstung zu den Heiligen Nächten mochte bei uns nicht viel anders gewesen sein als auf einem Bauernhof Schwedens oder Norwegens, weil die Bedürfnisse, die Frömmigkeit und der Aberglaube der nordischen Seele sich überall auf die gleiche Weise bewahrt hatten. Und wenn auch die wirtschaftliche Seite, das heißt das Schweineschlachten, mir auf eine unpassende Art in diesen Kreislauf eingeschlossen schien, so war mein Reich doch unter dem milden Licht der Hängelampe, und dort entstanden unter unsren Händen alle die Zauberwerke, die dieser verzauberten Zeit vorbehalten waren: Ketten aus rotem und blauem Glanzpapier, versilberte und vergoldete Nüsse und Äpfel und bronzierte Tannenzapfen. Auch mußte heimlich angefertigt werden, was wir selbst auf den Gabentisch zu legen hatten, und dann wurde unter der Leitung des Letzten der Mohikaner unsre Oberstube mit dem grünen Kachelofen und dem Duft der Bratäpfel ein Paradies, in dem wir nicht viel anders schalteten und walteten als Gottvater zu seiner Zeit, wenn er Tiere und Vögel bunt und fröhlich anmalte, um die frohe Erde damit zu erfüllen.

So hatte das Allerheiligste dieses Festes den schönen Vorzug, daß vor ihm eine Reihe von »Vorhöfen« lagen, in denen das Letzte bereits zu ahnen war, und nicht der geringste von ihnen war die Stätte der Weihnachtsbäckerei, die vom Reiben der Mandeln bis zur Herstellung des

118

Marzipangusses alle Künste erforderte, derer wir fähig waren, und bei der nicht etwa das Recht auf Abfälle und Reste das Beseligende war, sondern die schöne Feierlichkeit alter Gebräuche und Rezepte, die Eintracht, der Friede, das stille Geborgensein im tief verschneiten Haus und in der Liebe der Eltern, die um diese Zeit ja von besonderer Innigkeit war.

Und gingen bei aller Tätigkeit die Tage auch mit erschreckender Langsamkeit dahin, so kam doch einmal der Morgen, an dem der Baum hereingeholt und in seinen Fuß gestellt wurde, worauf er in der Vorderstube verschwand und damit das Haus und das Leben in zwei Hälften zerfielen, eine irdische und eine himmlische. Früher als sonst wurde die Wirtschaft »beschickt«, wie man bei uns sagte, und während wir beim Licht der Stalllaterne auf der Futterkiste saßen, indes die Pferde gefüttert und die Kühe gemolken wurden; während die großen Schatten der Tiere an den Wänden auf und nieder glitten, die Ketten sich leise rührten und aus den Wäldern der Ruf der Eulen über die verschneite Erde ging, hörten wir den Geschichten des Knechtes und des Mädchens zu, biblischen, weltlichen und jenseitigen Geschichten, mit der Gläubigkeit einfacher Seelen erzählt, und Haus und Stall erschienen unsren erschauernden Herzen als der stille, verschollene Mittelpunkt aller Welt, umgeben von himmlischen Heerscharen, überstrahlt vom Stern von Bethlehem, und wir selbst auf eine unverlierbare Weise eingebettet in eine göttliche Vaterhand, aus der uns kein Leben und kein Tod jemals würden vertreiben können. Unendliche Stunden am Ofenfeuer der Wohnstube, indes nebenan hinter der verschlossenen Tür Schritte und Stimmen heimlich gehen, Papiere rascheln und ab und zu ein Ton leise aufklingt, als habe man eine Geige berührt oder ein geheimnisvolles Instrument, von den

Engeln bis in unsre Wälder gebracht. Hoffnung, Verzagt-
heit, Seligkeit und Angst. Bis doch einmal die Tür sich
öffnet und in unsere fassungslosen Augen und Herzen
das Allerheiligste überwältigend sich stürzt.

Was gab es auf dem kleinen Gabentisch, was ich noch besitzen möchte? Einen Taubenschlag, anderthalb Spannen
hoch, und wenn man eine Kurbel dreht, ertönt eine ganz
zarte, leise und verstimmte Melodie. Einen Leierkasten
an einem breiten grünen Band, und wenn man den Dek-
kel öffnet, sieht man die Walzen mit glänzenden Stiften
sich langsam gegeneinander drehen. Ein Paar Schlittschuhe für uns drei Brüder zusammen, eine Kegelbahn
und eine Kanone. Ein Buch vom Schmid von Ruhla und
vom Rattenfänger von Hameln. Holztiere mit steifen
Beinen und herrliche Bäume, die man hinstellen kann,
wo man will, und die so grün sind, daß sie sicherlich nicht
von dieser Welt stammen. Und dann der erste kleine Tesching, den ich ins Bett nehme, und einen Säbel, über
dem ich vor dem Einschlafen auf der Brust die Hände fal-
te, so daß ich daliege wie ein kleiner Ritter in einer Kir-
chengruft.

Täuscht mich die Erinnerung oder liegt ein ganz kleiner
Schmerz neben allen diesen Freuden? Und ist es nicht
deshalb, weil meine Mutter leise weint unter dem brennenden Baum? Zuerst ist es der gestorbene Bruder, den
sie nie vergißt, und dann ist es wohl ein leiser Gram um
manches, was im Jahr gewesen ist, und um manches, das
sich nicht erfüllt hat und vom dem sie weiß, das es sich nie
erfüllen wird. Und dann ist es wohl die Ahnung, daß der
Tod früher für sie kommen wird als für uns andere und
daß sie gehen wird, ohne zu wissen, was aus uns werden
wird, und ob wir auch nie vergessen werden, daß Gott
durch alle Wände sieht.

Aber für ein Kind ist das ein kleiner Schmerz, denn wenn

120

die Träne vorbei ist, glaubt es, daß alles andre vorbei ist. Und niemals kann dieser Abend aufhören, weil es ihn noch in seine Träume mitnimmt, die Hände um die kostbaren Geschenke gefaltet und jedes Erwachen versichert es der Seligkeit des Gestern und des Morgen.

Vier Feiertage gab es auf dem Lande, Schlittenfahrten, Gäste, Lieder und Tanz. Und es gab den Silvesterabend, von alten Bräuchen erfüllt, unter denen der feierlichste das Glückgreifen war, an das auch die Großen nur mit einem leisen Bangen gingen. Denn Himmelsleiter und -schlüssel und der Totenkopf sahen den ernsthaft an, der den Teller von ihnen hob, und mochte das Jahr auch deutlich genug gezeigt haben, daß weder Geld noch Kranz, noch Ring noch Wiege mit ihren Symbolen sich erfüllt hatten, so vergaß es sich doch immer wieder vor der neuen Weissagung, und der furchtloseste Knecht erblaßte, wenn aus dem freundlichen Kuchenteig die schwarzen Kreidenelken ihn ansahen, die die Zähne des Totenkopfes bildeten.

Hatte aber die Schwarzwälder Uhr das neue Jahr geschlagen und stand der Wintermond hoch am Himmel, so rüsteten wir uns zur Hasenjagd, die immer ein feierlicher Beginn des neuen Jagdjahres war. Mein Vater nahm seinen Stand an der Kiesgrube, die den Waldrand im Norden unsrer Felder begrenzte, und wir drei Brüder, eingehüllt wie Nordpolfahrer, machten uns auf den Weg nach den südlichen Waldrändern, wo wir uns verteilten, um dann das weite Feld meinem Vater zuzutreiben. Es war nicht so sehr die Jagdleidenschaft, die mich in dieser Stunde erfüllte, sondern das Feierliche des Herkommens und die Größe der schweigenden Landschaft, die noch heute unverändert vor meinen Augen steht. Unendlich schienen die weißen Felder, düster und schweigend die wenigen Gehöfte, von dunklen Wäldern umschlossen und von einem eisigen Mond bestrahlt. Und so klein waren wir drei auf der unermeßlichen Fläche, auf der der Schnee unter unsren Füßen knirschte und über die der Wind aus den russischen Steppen leise klagend ging.

Täusche ich mich oder war es in einer solchen Nacht, als der erste Vers sich leise blühend aus meinem Blute hob? Oder war es an jenem Ostertag, als ich durch die Wälder ging und zum erstenmal hörte, wie herrlich die Drossel sang? Oder war es an jenem Pfingstmorgen, als ich über den Birkenschonungen saß und der Kuckuck mir zurief, daß ich niemals sterben würde? Ich weiß es nicht mehr. So beglänzt liegt dieses Land vor meinen Augen, daß mir ist, als könnte jeder Tag und jede Nacht mich zu dem erweckt haben, was ich einmal werden sollte.

Oder war es nicht doch das Erntefest? Der Plonn, wie es in unsrer Landschaft hieß? War es nicht nach Weihnachten das schönste Fest meiner Kindheit? Da stehen sie auf den gemähten Feldern um die letzten Garben, die sie aufgestellt haben, Männer und Frauen, barhäuptig, und indes sie die Ähren zu Strauß und Krone einzeln aus den Garben ziehen, singen sie in ihrer polnischen Sprache langsam und schwermütig das Lied »Ach, bleib' mit deiner Gnade . . .« Ganz still ist die Luft, in der hoch oben die Raubvögel kreisen, und die ganze Welt erscheint mir erfüllt von diesem klagenden Lied, mit dem der Sommer sich wieder von uns wendet. Der Kranich steht neben mir am Gartenzaun, die klugen Augen auf das leere Feld gerichtet, über dem nun bald die klingenden Geschwader seiner Brüder brausen werden. Meine Hand liegt unter seinem linken Flügel, und so sehen wir beide zu, wie der langsame Zug über die Stoppeln zum Hof heraufkommt, Krone und Strauß den Eltern zu überreichen.

Aber während es noch geschieht, stehen Knecht und Hütejunge schon mit Eimern versteckt, und nach uralten, vergessenen Bräuchen stürzen sie sich auf die Mädchen, und der Hof wird zum Schauplatz einer Wasserschlacht. Und dann zu einer gastlichen Tafel und dann zu einem Tanzplatz. Und wiewohl jeder trinken darf, wieviel er will, bleibt es doch in Frieden und Fröhlichkeit, außer daß die Frau des Kranichjägers einen Stein in ihr Taschentuch bindet und damit auf den Rücken ihres Mannes einschlägt, um ihn zum Nachhausegehen zu bewegen. Aber er wird nicht zornig. Er lacht um so mehr, je mehr sie schlägt. Wir alle lachen, und noch immer höre ich aus den Wäldern das Echo der Lieder, mit denen sie heimkehren in ihre armseligen Dörfer und ihr armseliges Alltagsleben.

Mir ist, als hätten mich damals alle Menschen geliebt, bezwungen von dem grenzenlosen Vertrauen, mit dem ich jede mir dargebotene Hand ergriff. Als sei, nicht nur zur Adventszeit, immer ein Engel mit der Glocke in den himmlischen Räumen bereit gewesen, sich hinabzuschwingen zu unsrem Gehöft, um mit der Klarheit seiner Augen und dem Glanz seiner Fittiche alle Wolken zu zerstreuen, die sich um unser Kinderleben auftürmen wollten. Und als sei ihm zu verdanken, daß alles Traurige mir ohne Bitterkeit erscheint und alles Fröhliche, alle Feste und alle Spiele von dem Glanz verklärt, den nur der frühe Morgen hat, bevor eine Fährte durch den Tau läuft und eine Vogelstimme über den dampfenden Wäldern steht.

Ernst Wiechert war Masure des Jahrgangs 1887. Seine Kindheit und Jugend fielen also in die Zeit um die Jahrhundertwende. Das erzählerische Werk dieses vor allem nach Ende des Zweiten Weltkriegs sehr beliebten Schriftstellers ist, wie von Wilpert formulierte, bestimmt »durch das Erlebnis seiner ostpreußischen Heimat«. Seine Jugenderinnerungen »Wälder und Menschen« erschienen 1936. Er starb 1950.

PAUL FECHTER

Elbing, Große Lastadie Nr. 9

Wenn ich zurückdenke an die Jahre in dem alten Haus an
der Großen Lastadie habe ich ein erinnerndes Gefühl an
Zeiten einer herrlichen Dumpfheit, die durch keine Be-
wußtheit gestört waren. Das Glück des bloßen Seins
muß mich mit seiner ganzen Geschlossenheit getragen
haben, durch eine Welt, in der es nichts gab als das natürlich Richtige, in der das Mittelalter ausklang, als von ferne schon die Züge der Eisenbahn ihr Rollen herübersand-
ten und die Technik sich in Vaters Arbeitsgebiet, der
Schichauwerft, zu ihren ersten großen Leistungen aufzu-
schwingen begann. Ich habe nicht allzu viele Erinnerungen an diese frühen Jahre: die da sind, sind alle getragen
von der Kraft des Seins, das noch umhegt, gesichert ist
von Vaters starken Händen und Mutters Fröhlichkeit, so
daß die fremde Welt nicht einmal durch das Hoftor auf
die Wiese und den Zimmerplatz einbrechen kann.
Eine solche Erinnerung ist der Garten. Ich liege auf einem
warmen Tuch im Grase, über mir sind Bäume, deren
Blätter grün gegen den tiefblauen Himmel stehen, ein
paar rotwangige Birnen reizen mich, ich warte, daß der
Wind sie herunterwirft, gerade auf mich, auf mein Tuch,
in meine Hände. Sie fallen nicht, aber es ist schön, zu warten und zu hoffen, wenn es warm und hell und Sommer
um einen ist.
Dann ist da neben dem Schauer eine Hundebude, in der
liegt Lord, der große, gelbe Bernhardiner, der nachts den
Hof bewacht. Ich krieche oft zu ihm in sein Haus, obwohl
die Mutter es verboten hat; es ist schön, neben dem

großen Hund zu sitzen, seine Wärme zu fühlen und zu warten, ob er nicht bellt. Manchmal kommt die Mutter, hockt sich draußen auf dem Rasen nieder und zieht mich ins Freie. Sie schilt, und ich verstehe nicht, warum. Ich verstehe auch nicht, warum ich nicht ans Wasser soll, in das Gartenhaus, wo unten die Stämme im Fluß liegen, die da und dort so merkwürdige gelbe Blumen tragen und zwischen denen das Wasser platscht. Die Geschichte mit der Wassermutter, einem riesigen Käfer, der unter den Stämmen auf dem Grund des Wassers sitzt und auf die Kinder wartet, die er herunterziehen kann, klingt ja ein bißchen gruselig; man hat aber fern ein frühreifes Gefühl, daß da elterliche Pädagogik mit im Spiel ist und daß die Sache in Wirklichkeit nur halb so schlimm ist.

Am schönsten aber sind die Abende im Wohnzimmer, wenn Vater und Mutter da sind. Im Nebenzimmer kräht irgendein Kleines, man sitzt zwischen den Eltern auf dem Sofa, sie essen, und man bekommt gelegentlich einen Bissen mit, der doppelt gut schmeckt, weil er anders

10 *In Elbing vor dem Ersten Weltkrieg: Der Alte Markt. (Post-karten-Foto jener Zeit)*

schmeckt als die gewohnte Suppe oder selbst als das Klopp-Ei. Das stellt Mutter her, indem sie das Gelbe von zwei Eiern dick mit Zucker bestreut und verrührt, dann schlägt sie das Weiße zu festem Schnee, schüttet es in das Glas mit dem gezuckerten Eigelb und vereint alles zu einer hellgelben, schaumigen Masse. Die schmeckt wunderschön, aber das Stückchen Schinken von Vaters Teller schmeckt ebenso gut und ein Brocken Bratkartoffel noch besser. Manchmal freilich ist so ein Abendbrot furchtbar traurig, etwa wenn die Eltern Matjesheringe zu den Pellkartoffeln essen, und auf einmal liegt da einsam auf der großen Schüssel ein verlassener Fischkopf und starrt einen aus toten Augen so anklagend an, daß man hemmungslos weinen muß und auf die angstvollen Fragen der Mutter nur noch schluchzend hervorstoßen kann: »Der arme Heringskopf, der arme Heringskopf!« – Und dann versteht man wieder nicht, warum Vater und Mutter plötzlich so laut und fröhlich lachen, während man selbst und die Welt und der arme tote Fisch so entsetzlich traurig sind.

Noch behaglicher ist es im Winter. Die Fenster sind dick mit Eisblumen überzogen und unten warm mit schweren, grünen Vorhängen verhängt. Abends darf man manchmal ein am Ofen gewärmtes Dittchen, ein Zehnpfennigstück, in das dicke Eis am Fenster drücken; dann entsteht ein rundes, schwarzes Loch, und man sieht auf einmal hinaus in die blaue Nacht über dem glitzernden, weiten, weißen Schnee. Mitten drin ist ein schwarzer Punkt, von dem klingt ein melancholisches Heulen durch die Nacht, und Vater lacht und sagt: »Das ist Lord – das wird wieder einmal ein teurer Vollmond.« Mutter aber schüttelt den Kopf: »Daß der alte Stegmann das Klagen nicht lassen kann!« Vater bleibt beim Lachen: »Es macht ihm zuviel Spaß, den Hund bei der Polizei wegen nächtlicher Ruhestörung anzuzeigen, laß ihn schon!« – Ich verstehe kein Wort, aber ich bin froh, mit dieser fremden unheimlichen Welt da draußen nichts zu tun zu haben, sondern hier drinnen in der Wärme und behüteten Sicherheit bei den Eltern zu sitzen.

Wärme und Sicherheit im Lichtkreis der Petroleumlampe über dem runden Tisch – das ist das Wohnzimmer in dem winterlichen Haus an der Großen Lastadie. Im Ofen brennt das Holz und knackt und riecht gut. Marie bringt es aus der kleinen Kammer neben der Küche, wo es bitter kalt ist. Wenn es verbrannt ist, wird nachgelegt; denn warm muß das Haus sein, sagt Vater. Auch oben, wo wir schlafen, ist geheizt, aber ich gehe nicht gern hinauf. Ich bleibe möglichst lange unten, tusche mit den Buntstiften die Bilder in dem alten, zerrissenen Bilderbuch an, das noch vom Vater herstammt, oder ich bettle Mutter an, sie soll ein Märchen erzählen. Kein gruseliges, die mag ich nicht; darum hab ich es auch nicht gern, wenn sie aus dem Buch vorliest, wo Rotkäppchen und Schneewittchen drinstehn. Da gibt es immer so Dinge, die häßlich sind und bange machen. Ich habe lieber, wenn es etwas zum Lachen ist oder wenn sie von ihren Schwestern oder ihrer Kindheit erzählt, wie sie in Königsberg im Garten mit dem Nachbarssohn gespielt habe: der hieß Arthur Müller und deklamierte immer Gedichte, dann wurde er ein Schauspieler und berühmt, aber er hieß nicht mehr Müller, sondern Arthur Kraußneck und war beim Kaiser am Hoftheater. Ich verstand nichts; ich konnte auch nicht denken, daß Mutter nicht immer Mutter, sondern auch mal klein gewesen war; aber die Großen müssen es ja wissen, und die Hauptsache ist, daß man möglichst lange bei ihnen bleiben kann, wo es hell und warm und so geschützt und sicher ist. Oben ist es auch warm, aber es ist bloß halb hell, das Nachtlicht schwimmt in seinem

Glase auf dem Öl, und draußen knacken die Dielen, manchmal nagen die Mäuse, und dann knallt es heftig vom Fluß herüber oder rollt dumpf schütternd durch die Nacht, als ob einer schießt. Vater sagt, das Schießen ist der Zaun, da reißen die Bretter bei dem strengen Frost, und das Bullern ist das Eis, da geht dann ein Sprung hindurch. Es kann ja sein, aber vielleicht ist es doch etwas anderes Unheimliches; es ist besser unten bei Vater und Mutter, in ihrer Nähe und Sicherheit.

Das war die Welt, in der ich heranwuchs und über die ich nur in Vorstellungen hinauskam. Das Haus, der Garten, der Platz, soweit die Zimmerleute in der Nähe waren, und die Eltern – das war alles. Alle übrigen waren Fremde, auch Kinder wurden als Fremde empfunden; es war schön, wenn sie wieder fort waren. Eine Ausnahme machten nur die Kinder beim Onkel Nachbar und der Onkel und die Tante Nachbar selber; die gehörten zum Haus. Wenn Mutter einmal in die Stadt ging, wurde ich kurzerhand durchs Fenster in die Lückesche Wohnung hineingehoben, zu den beiden Jungen, die etwa in meinem Alter waren, und zu der kleinen Toni, die etwas nach ihnen kam. Da war man ebenfalls zu Hause, das gehörte zu unserm Bereich und die Menschen auch. Von der Stadt hörte ich die Eltern reden; Vater mußte in die Stadt, Geld verdienen. Mutter ging einkaufen, manchmal brachte sie auch Bonbons mit. Was das aber war, die Stadt – davon machte sich mein langsames Kindergehirn keine Vorstellung. Über das Hoftor konnte man im Sommer hinter der Wielerschen Schneidermühle neben dem hohen Schornstein einen Turm sehen, der hatte oben eine goldene Kugel. Der lag in der Stadt, gehörte zur Leichnamskirche; denken konnte ich mir bei beiden Worten nicht viel, versuchte es auch nicht. Ich fühlte mich am wohlsten, wenn man mich in Ruhe ließ.

128

Einmal, es war noch Sommer, und ich mag drei oder vier Jahre alt gewesen sein, baute Vater mir einen Alf, wie man in Elbing, das nach damaliger Etymologie dem Elf, dem skandinavischen Wort für Fluß, seinen Namen verdanken sollte, einen Drachen nannte. Es war ein schönes, ausgewachsenes Exemplar, mit einem langen, sauber geknüpften Schwanz und einem dicken Knäuel Bott, wie dort im Osten der Bindfaden genannt wurde. Vater ließ den weißen Vogel aufsteigen, er lief schnell über den Platz, und der Drachen stieg; dann blieb Vater stehen, und der Alf flog immer höher, wurde immer kleiner und hing schließlich weiß und fern vor dem hellen, blauen Himmel über der Wielerschen Schneidemühle. Der Vater winkte mich heran und band mir das Ende des Bindfadens um den jugendlichen Leib. Da stand der Dreikäsehoch neben dem großen, starken Mann und starrte wie gebannt hinauf nach dem kleinen, flatternden, weißen Ding da irgendwo fern am Himmel, zu dem der schwanke Bindfaden in tief herabhängender Kurve hinaufführte, und hatte nur das Gefühl: weit – weit! Er nahm schließlich wieder den Vater beim Finger und fragte, wie weit der Alf wohl wäre.

Der Vater lachte. »Gewiß weit«, sagte er, »mindestens bis Vogelsang!«

Der Junge hatte keine Ahnung, was Vogelsang war, aber der Name blieb haften, wurde mit einer seltsamen Romantik der Ferne behaftet, von der ein Rest bis in späte Jahre geblieben ist. Vogelsang – das war seitdem alles, was ganz fern und weit weg war, etwas Geheimnisvolles im hellen, blauen Tag, über dem ganz klein, weiß und fröhlich im Winde zappelnd ein kleiner, ferner Papierdrachen flatterte.

Wunderlich fern blieben diesen ersten Jahren die Geschwister. Als ich anderthalb Jahre alt war, wurde mein

Bruder Kurt geboren, der in zartem Alter starb. Dann kam 1883 Willi zur Welt. Ich sah ihn in der Wiege liegen, hörte ihn schreien, sah, wie Mutter das kleine Bündel an die Brust legte: anfangen konnte ich mit ihm nichts. Etwas später, im Mai 1885, nahm mich eines Morgens, es war ein wunderbarer, strahlender Tag, der Vater bei der Hand und sagte: »Komm, Schlumski« – das war ein Kosewort für alle kleinen Kinder, das er liebte – »komm, wir gehen zum Großvater. Dich können wir heute hier nicht brauchen.«

Und dann erzählte er, der Storch würde kommen und ein Kleines bringen. Ich sollte nur gut aufpassen, wenn er übers Haus fliegen und das Bündel in den Schornstein fallen lassen würde. Er übergab mich drüben der Großmutter, die setzte mich mit irgendeinem Spielzeug auf den großen Hobelspanhaufen vor dem Schauer. Wenn ich da fiel, fiel ich weich; die Leute waren auch in der Nähe, die auf den Bengel vom jungen Meister schon aufpassen würden, und sie konnten ungestört weiterarbeiten. Ich saß auf meinem Haufen, starrte angespannt hinüber in die Richtung des elterlichen Hauses, dessen Schornstein in der Tat über das Hoftor hinweg zu sehen war, und wartete. Der Tag mit seiner wunderbaren Frühlingsstimmung ist mir ganz stark im Gedächtnis geblieben; schon am Morgen sah ich ganz deutlich, als wir das Haus verließen, die jungen, blanken Blätter des Birnbaums am Beischlag in der Sonne funkelnd vor dem tiefblauen, klaren Himmel stehen, und hier beim Großvater blieb das Gefühl das gleiche. Ich saß für mich, hatte es weich und warm auf den schönen, sauberen, weißen, langen Hobelspänen, die ich gedankenlos durch die Finger zog – und wartete. Auf den Storch, auf das neue Kind, auf irgend etwas Besonderes. Ich starrte hinüber und wollte den großen Vogel mit den roten Beinen sehen, den ich aus dem Bilderbuch genau kannte; ich entwickelte schon hier die abwartende Geduld, die mich durch mein ganzes Leben begleitet hat. Ich ließ mich von der Großmutter wegholen zum Essen, betrachtete neugierig das geheimnisvolle, dunkle Schiff mit den vielen kleinen Segeln, das auf dem Schrank stand, mit dem ich aber leider nicht spielen durfte, weil es zu schade dazu war, und saß nachher geduldig beim Großvater, der in seinem Zimmer arbeitete. Ich hätte gern auf dem Tisch gesessen, der wie beim Vater lang unter dem Fenster entlangging; aber das wurde mir nicht erlaubt. Die Großmutter erzählte, als sie noch jung und der Vater ein kleiner Junge so wie ich gewesen sei, da habe sie ihn einmal auf den Tisch in Großvaters Zimmer gesetzt, gerade vor den Großvater hin, mit dem Rücken zum Fenster, und der Großvater hätte dabeigesessen und gearbeitet und immer auf den Jungen vor ihm aufgepaßt. Einmal aber hatte er wohl zu eifrig gearbeitet und nicht an den Jungen gedacht, und als er aufsah, sagte die Großmutter, war der weg. Der Großvater bekam einen furchtbaren Schreck; denn das Fenster, das nach außen aufging, war offen: der Junge hatte sich angelehnt und war offenbar hinausgefallen. Entsetzt kletterte der Großvater auf den Tisch und sah hinab, darauf gefaßt, das Kind mit gebrochenen Gliedern unten liegen zu sehen. Statt dessen saß der Bengel, als ob nichts geschehen wäre, vergnügt mitten im Löwenmaulbeet, hatte sich einen schönen, bunten Strauß abgerupft und ließ die Blüten abwechselnd die kleinen Blumenmäuler aufsperren. Der Fenstersturz, dessen Höhe freilich nur zwei, drei Meter betrug, hatte ihm nicht das mindeste geschadet. Seitdem aber, sagte die Großmutter, dürfe kein Kind mehr auf Großvaters Tisch, und so mußte ich mich mit einem Platz in der Tiefe bescheiden, bis ich wieder auf den Hof durfte und mich zu neuem Beobachten des

Schornsteins auf meine Hobelspäne zurückzog. Ich sah wieder nichts, und als gegen Abend der Vater kam und meldete, der Storch wäre dagewesen und hätte einen kleinen Bruder gebracht, war ich tief enttäuscht. Nur die große, rosa Glanzpapiertüte voll Zuckerplätzchen, die der höfliche Vogel für mich mitgebracht und hinterlassen hatte, versöhnte mich einigermaßen mit meinem Mißgeschick.

Das war am 26. Mai 1885. Der Bruder, dessen Ankunft mir damals so schnöde entging, erhielt in der Taufe die Namen Hans Gustav und setzte schon damit schicksalsmäßig die Schiffbautradition der Familie Fechter, das Werfterbe, fort: er ging als Ingenieur zur Marine und hat es schließlich als erster seines Namens bis zum Admiral gebracht. Die anderen Vorfahren, die zur See fuhren, meist Vertreter etwas abseitiger Linien, hatten sich damit zufrieden gegeben, wenn sie es bis zum Schiffskapitän brachten. Wie die indiskreten Familienforschungen ergaben, die mein Bruder schon lange vor dem ersten Krieg anstellte, als uns einmal die Leidenschaft für die Geschichte der Ahnen gepackt hatte, benutzten sie diesen Brief in verschiedenen Fällen zu einem lästerlichen Alkoholismus, der einigen von ihnen sogar zu einem nicht ganz unverdienten frühen Ende verhalf.

In den Winter vor der Geburt dieses Bruders fiel meine erste Reise. Es war schlechte Zeit für das Bauhandwerk; Vater saß schon im Herbst oft tatenlos am Fenster und starrte auf den leeren Zimmerplatz hinaus, auf dem sich nichts regte, weil es seit langem an Arbeit für die Leute fehlte. Die Nachwehen der Gründerzeit, deren Opfer auch die uns benachbarte Fabrik von Hambruch geworden war, machten sich immer noch bemerkbar. Beim Großvater sah es auch nicht rosig aus, und so wurde beschlossen, daß die ganze Familie, Vater, Mutter und zwei

Kinder, nach Königsberg zu den Großeltern fahren sollte. Meine Erinnerung an die Vorbereitungen ist im wesentlichen auf das Bild des Vaters beschränkt. Ich sehe ihn am Fenster sitzen, die Hände über dem starken Leib gefaltet, stumm, stundenlang, ohne ein Wort zu sprechen. Wenn wir beiden Jungen zu laut wurden, wies uns Mutter, die mit irgenwelchen Koffern beschäftigt war, energisch zur Ruhe: »Still – Vater hat Sorgen!« Ich konnte später die Verse im zweiten Teil des Faust von den drei grauen Schwestern nie hören oder lesen, ohne daß wieder das Bild des stummen Mannes am Fenster heraufstieg: die Sorge hatte sich unabtrennbar und für alle Zeit mit seiner Gestalt verbunden.

Von dem Beginn der Reise weiß ich nur noch, daß ein Schlitten geholt wurde von dem Mädchen Marie und daß ich die verschlissenen roten Polster wunderschön fand, weil sie rot waren. Die Fahrt durch die Stadt, meine erste Berührung mit der Siedlung Elbing, ist ohne Eindruck geblieben; ich weiß auch nichts vom Bahnhof, von dem Zug, von der Abfahrt. Nur das Coupé, wie man damals sagte, das Abteil, wie es heute heißt, ist mir in der Erinnerung geblieben, die seltsam schwingenden, auf und ab laufenden Kurven der Telegraphendrähte auf der Drausenseeseite und Mutters geniale Erfindung des transportablen Kinderklosetts. Das heißt, ich weiß nicht, ob es ihre Erfindung war: genial war sie auf jeden Fall. Sie hatte einen alten Gummiball, der ein Loch bekommen hatte und zum Spielen nicht mehr recht brauchbar war, genommen und halbiert: so hatte sie zwei geräumige, wasserdichte Schalen, die sich für den Transport zweier noch nicht völlig dem bewußten Willen unterstellter Kinder männlichen Geschlechts ausgezeichnet eigneten. Nach der Benutzung durch den kleinen Bruder oder durch mich warf sie die Gefäße einfach zum Fenster

hinaus, zum Gaudium der Mitreisenden. Da die segens-
reiche Einrichtung der mitfahrenden kleinen Bequem-
lichkeit noch nicht erfunden war, gab es kaum eine bessere Lösung des delikaten Problems.

Ankunft, Empfang in Königsberg sind ebenfalls aus
meinem Gedächtnis entschwunden. Ein paar schatten-
hafte Bilder tauchen auf: ein großes, hohes, dunkles Zimmer mit einer Flügeltür, die langsam aufgeht; da steht ein
riesiger, hoher Tannenbaum mit unzähligen Kerzen; bei
uns zu Hause war er viel kleiner – und ich stand unten im
Schatten zwischen den Großen und kam mir eigentlich
schrecklich bedrückt und einsam vor. Ich hatte nachher
viel geschenkt bekommen; die vielen fremden Menschen
aber, die alle Tante und Onkel hießen, beunruhigten
mich, und ich fand es im Grunde wenig schön – bis auf
den Großvater. Der hatte ein freundliches, rosiges
Altherrengesicht mit einer goldenen Brille und einem
weißen, kurzen Vollbart. Er muß nach den Briefen, die er
nach meiner Geburt an seine junge Tochter nach Elbing
schrieb, ein bezaubernder Mann gewesen sein. Mein Vater liebte ihn sehr und sprach zeit seines Lebens mit der
größten Hochachtung und Verehrung von dem alten
Herrn, so daß ich viel später, als er wieder einmal von
Großvater und seiner reizenden Art schwärmte, im
Scherz fragte, ob er sich am Ende mehr in den alten Herrn
als in seine Tochter verliebt habe; er sah mich heiter nachdenklich an und sagte: »Du könntest beinahe recht haben.« Worauf er nach einer kleinen Pause hinzusetzte:
»Aber nur beinahe!«

In meiner Erinnerung ist ein Gefühl wunderbarer Wärme
geblieben, die von dem alten Professor ausging, und eine
unbewußte Hochachtung vor seiner Kenntnis der Seelen
meiner Generation. Er nahm mich einmal mit in sein Stu-
dierzimmer, setzte sich vor seinen Schreibtisch, mich auf

134

sein Knie und öffnete dann die rechte Schublade. Da stand ein Kasten, gefüllt mit Schokoladenplätzchen, und es hätte kaum seiner freundlichen Aufforderung bedurft, einmal kräftig zuzugreifen. Dann zog er die entsprechende Lade auf der linken, der Fensterseite, heraus und eröffnete den Einblick in ein Kästchen voll wunderbarer, roter, grüner, gelber Bonbons, unter gleichzeitiger Aufmunterung, auch hier zuzugreifen und festzustellen, was besser schmecke. Ich habe als gehorsamer Enkel seine Befehle befolgt; über die Geschmacksdifferenzen weiß ich nichts mehr; geblieben aber ist eine unmittelbare Erinnerung an die schöne, menschliche Wärme des alten Mannes, mit der er das fremde Enkelkind, dessen Einsamkeit unter all den fremden Menschen er wohl fühlte, zu sich heranzog, um ihm ein Gefühl von zu Hause zu geben.

Es war das einzige Mal, glaube ich, daß ich meinen Großvater Retzlaff gesehen habe. Ich bin noch einmal als Kind in Königsberg gewesen, zur Hochzeit meiner Tante Helene, die den Pfarrer Martin Girkon heiratete, dessen Sohn heute als Professor in Münster wirkt: ich habe damals weiß gekleidet Blumen vor dem Brautpaar streuen müssen, was mich schon fühlbar genierte; ich habe von einem Wiedersehen mit dem Großvater keine Erinnerung mehr.

Seltsam zwiespältig stand daneben die Gestalt der Großmutter. Der alte Herr war ein weicher, zarter, freundlicher Mann; die alte Dame besaß die herrschende Energie. Sie lenkte nicht nur die Familie, sie verlangte die selbstverständliche Führung auch im weiteren Bereich. Sie stammte aus der Familie Passarge: der Vater war Gutspächter in Wolittnick am Frischen Haff; ihr Bruder Louis Passarge, später Landgerichtsdirektor, in Wiesbaden 1912 gestorben, war der bekannte Ibsen-Übersetzer und

Verfasser des schönen Buches »Aus baltischen Landen«
mit der wunderbaren Schilderung der Kurischen
Nehrung und dem ersten Lobgesang auf das Gasthaus
Blode in Nidden. Louis Passarge hat in einem feinen, kleinen Buch, »Ein ostpreußisches Jugendleben«, die Welt
seiner Familie und die Jugend in Wolittnick, das Heraus-
wachsen aus dem Mittelalter in die Zeit der Eisenbahnen
geschildert; die Großmutter Emilie Passarge – die Familie stammt, nach dem Namen zu schließen, ursprünglich
wohl aus dem Preußischen – war eine in die Stadt ver-
schlagene Gutsfrau, herbe, streng, wirtschaftlich, überlegen, die die große Familie mit den vielen Töchtern mit
kräftiger Hand zusammenhielt und bis auf eine auch
sämtliche Töchter gut und glücklich verheiratet hat. Sie
hatte das richtige bürgerliche, besser großbürgerliche
Großmuttergesicht: ich habe von jenem Besuch in Königsberg her eine stumme Scheu vor ihr behalten – und
auch aus dem späteren Hochzeitstrubel taucht ihre Gestalt schwarz und streng hervor, wunderlich überschattet
von der Erscheinung ihres Bruders Otto, eines großen,
kräftigen, alten Herrn und Gutsbesitzers, der leicht ange-
heitert sämtliche jüngeren Frauen und Mädchen der
Hochzeitsgesellschaft in die Arme nahm und abküßte –
was mir ehrlich unsympathisch war. Warum, weiß ich
nicht, ich weiß nur, daß es so war und daß etwas wie eine
heimliche Eifersucht dahinter saß.
Von der Stadt Königsberg, von der Umwelt, ist nichts in
der Erinnerung geblieben, ebensowenig von der Heimfahrt: ein vages Bild von einem sonnigen Wintervormit-
tag auf einem rußigen Bahnhof schwebt irgendwo, das
ich zeitlich eigentlich nur da unterbringen kann. Ich weiß
auch nichts von der Heimkehr; lediglich auf das Wiedersehen mit Malakoff besinne ich mich. Malakoff war eine
merkwürdige Sache: es war eine Festung oder wenig-

136

stens eine Festungswand, etwa fünfzig Zentimeter hoch, mit einer grauen Ansicht der aus dem Krimkrieg berühmten Festung bei Sewastopol, aus deren Schießscharten in mehreren Stockwerken schräg herabgeneigte Kanonen blickten. Diese rhombisch nach unten sich verbreiternde Fassade war auf ein Brett geklebt, und dieses Brett war in viele unregelmäßig begrenzte Teile zersägt, aus denen man Malakoff aufbauen mußte, um dann mit kleinen Spielzeugkanonen die einzelnen Teile herauszuschießen und Malakoff zum Einsturz zu bringen.

Malakoff, dessen Name fast gespenstisch für mich im Zweiten Weltkrieg wieder auftauchte, war weder bunt noch schön, aber es war fremdartig und hatte eine Beziehung auf ein seltsam fernes, romantisches Geschehen, das einmal Wirklichkeit gewesen war. Der Name Malakoff stand oben mitten an der Festung. Ich wußte nur, daß sie irgendwo fern in Rußland lag und daß da einmal Krieg gewesen war, richtiger Krieg, wie der, in dem Vater gewesen war. Das genügte, um Malakoff, das alt und schon vom Vater ererbt war, den ersten Platz unter all meinen Spielsachen zu verschaffen.

Die einzige ernsthafte Konkurrenz, die es für diese Festung gab, war die Laterna magica, besser die beiden Laterna magicas. Die eine, neue, hatte ich zu Weihnachten bekommen: sie war schwarz lackiert und hatte im Innern eine kleine Petroleumlampe mit einem richtigen winzigen ausgebauchten Lampenzylinder. Die andere war alt, stammte schon von Großvater, war nur zinkgrau und hatte als Beleuchtungskörper ein Öllämpchen ohne Zylinder, nur mit Docht. Sie roch noch schlimmer als die neue, aber sie hatte größere Bilder, längere Bildstreifen und bewegliche Bilder, sowohl mechanische Kaleidoskopscheiben wie bewegliche Figurenbilder. Beide waren herrlich und ein Traum meiner Kinderjahre; beide

durften nur von Vater oder Mutter hervorgeholt und vorgeführt werden. Aber es war wunderbar, wenn Vater eine
große Serviette an die Türe heftete und die Lampe aus-
machte, so daß der helle, weiße Kreis der Laterna magica
groß und kräftig von der Leinwand strahlte – und wenn
dann all die bunten Kühe und Hühner und Kinder
erschienen, oder die großen Frösche und Krokodile und
die laufenden Mädchen. Dann bekam die ganze Welt
etwas vom Märchen, und man konnte gar nicht genug
davon haben. Am schönsten aber war es, wenn die Petroleumlampe aus der neuen Laterna magica in die alte von
Großvater gestellt wurde und wenn dann die beweglichen Bilder erschienen. Es gab ja immer Nebenlicht, allerhand störende, helle Streifen an der Decke, es roch
schlecht, und die Bilder waren manchmal verschwom-
men und undeutlich. Aber wenn die Zimmerleute die Säge hin und her zogen oder die Schmiede abwechselnd
hämmerten, das war wunderschön, fast so schön wie die
farbigen Drehsterne, die danach kamen. Aus dem Mittelpunkt des roten, grünen, gelben, blauen Kreises quollen,
wenn Mutter an der kleinen Kurbel drehte, die auf dem
Brettchen steckte, endlos immer neue Farben und verrannen über die Kreisfläche nach außen, wo sie verschwanden: das hörte nicht auf, bis Mutter plötzlich die
Kurbel andersherum drehte, und nun quollen die Farben
vom Rand zurück, wurden von dem reglosen Punkt in
der Mitte aufgesogen, als sei er unersättlich und könnte
gar nicht genug bekommen. Ich hatte das oft genug gesehen; dies Farbwunder aber hat mich ebenso wie später
das richtige Kaleidoskop immer wieder fasziniert, als ob
ich da an irgendeines der Wunder des Lebens selbst
gerührt hätte.
Dies alles und die Baukästen und die Buntstifte und die
Wettrennen waren Winterspiele. Im Sommer waren wir

draußen im Garten, auf dem Sandhaufen vor der Türe, am liebsten aber auf dem Platz, wenn die Männer saßen und vesperten, aus den hellblauen Blechflaschen ihren Kaffee tranken und mit dem Taschenmesser ihre Brotschnitten aßen, manchmal auch dicke Scheiben Speck dazu schnitten und langsam in den Mund schoben. Zuweilen bekam man etwas ab, manchmal putzten sie das Messer an einem dicken Stück Borke, das am Boden lag, und schnitzten dann rasch und geschickt für den Jungen, der dabeistand und zusah, ein kleines, braunes Schiffchen mit Ruderbänken und einem Stöckchen als Mast. Es sah sehr hübsch aus, und man nahm es vorsichtig mit ins Haus, in die Küche, um es dort auf dem Wasser, in einer der beiden großen Tonnen, die an der Wand standen, schwimmen zu lassen. Das gab oft schwere Meinungsverschiedenheiten mit Marie oder Mathilde; denn man durfte allenfalls an die große Tonne, in der das Waschwasser war, aber nicht an die kleine mit dem Trinkwasser. Die aber war für das körperliche Format, über das man verfügte, viel zugänglicher und angenehmer, also daß man doch immer wieder den Deckel, der sie abschloß, beiseite drehte und es mit ihrem Inhalt versuchte: das Schiff und die Finger waren ja, wenigstens nach der eigenen Meinung, in keiner Weise schmutzig. Daß man in dieser Tonne, deren Inhalt alle paar Tage von Marie oder vom alten Lindner in zwei Eimern, die an einer »Pede« hingen, von der »Pfeife« geholt werden mußte – daß man in dieser Wasservorratswirtschaft ohne Wasserleitung ebenfalls noch einen späten Ausklang des Mittelalters erlebte, ahnte man so wenig wie bei dem vom Großvater ererbten Öllämpchen aus Zinn, das man uns Kindern zum Spielen überließ. Wir sahen weder, daß genau dasselbe kleine Gerät mit zärtlich leuchtender Flamme auf dem Bilde brannte, das in Vaters Zimmer an der Wand hing, noch daß man uns da ein ganzes, vergangenes Zeitalter zum Spielen überlassen hatte. Das Bild war eine alte Kopie der Vestalin von Angelika Kauffmann; das Zeitalter der Großeltern konnten wir uns angesichts unserer strahlenden Petroleumhelligkeit nur als eine seltsam verschollene, dunkle Welt vorstellen, die eigentlich nur noch zu unserer alten ererbten Laterna magica und ihrer übelriechenden Ölbeleuchtung eine Beziehung hatte. Auch da war uns der Fortschritt in Gestalt des Petroleumlämpchens der neuen bereits erheblich lieber und selbstverständlicher: das andere war Vergangenheit, von der es gut war, daß sie vergangen war.

Menschen von heute vermögen sich die Welt dieser Kindheit wahrscheinlich gar nicht mehr vorzustellen. Der Herd und die Öfen mit Holz geheizt, morgens wird auch im Sommer erst einmal in der Küche Feuer gemacht; Wasser wird von der Pfeife, dem nächsten städtischen Brunnen, der Leitungswasser hergibt, geholt, mit einem Weg von fast einem Kilometer Länge. Die Wäsche wird auf der Waschbank im Fluß gewaschen, einer am Ufer festgemachten, kleinen hölzernen Plattform, an deren Rand die Frauen knien und Hemden und Hosen und Strümpfe im Wasser »schälen«. Es gibt kein Telephon, keine elektrische Bahn, kein Gas, nicht einmal auf der Großen Lastadie: da kommt abends immer der Laternenanstecker mit seiner Leiter, lehnt sie an den Laternenpfahl und klettert hinauf, um droben mit einem Streichholz die Petroleumlampe mit ihrem breiten Brenner anzuzünden. Die Streichhölzer werden auch immer noch als Erleichterung angepriesen, wenn Mutter abends, nachdem es endlich genügend dunkel geworden ist, den Zylinder klirrend von der Hängelampe abnimmt und die Flamme entzündet, die erst langsam, in ein paar Minuten zu voller Leuchtkraft emporbrennt und den Abend über vorhält, wenn nicht auf einmal ein leichter Geruch und ein langsames Dunklerwerden des Lichts anzeigt, daß Marie wieder einmal vergessen hat, Petroleum aufzugießen. Menschen von heute können sich's nicht mehr vorstellen, wie das war, wenn einmal der Docht der Lampe unbemerkt zu hoch hinaufgeschraubt wurde; niemand war im Zimmer außer den Kindern, und wenn endlich jemand kam, war alles »vollgeblakt«, die Luft war erfüllt von schwarzen Flocken und die Nasen der Kinder ebenfalls; es mußte gelüftet und der Lampenzylinder geputzt werden, bevor man wieder sehen und atmen konnte. Das technische Zeitalter hatte die Bereiche unseres direkten Lebens noch nicht ergriffen, weder mit seinen Vorzügen noch mit seinen Störungen: man wuchs am Rande der Stadt in völliger Natürlichkeit auf und erlebte, ohne es als etwas Besonderes zu empfinden, das Drinnen und das Draußen, den Sommer und den Winter mit einer Intensität und Größe, die unvergeßbar blieb. Wenn ich an diese ersten fünf Jahre meines Lebens zurückdenke, habe ich das Gefühl, mit der Welt von Haus und Hof und Garten, mit dem engsten Lebenskreis der nächsten Menschen und derer, die vom Leben aus an diesen Kreis herankamen, wie all die kräftigen, ruhigen Männer draußen, in einer vollkommen natürlichen, ungestörten Einheit ohne Denken, in einem durch nichts beunruhigten Dasein gelebt zu haben. Es ist mehr als Zufall, daß die wesentlichsten Erinnerungen Bilder des Winters sind: er trieb dies Gefühl der Wärme, des Geborgen-, Behütetwerdens auf seinen Höhepunkt, machte es zum tiefsten Glück des Kindseins. Im Ofen knackte das Holz, seine Kacheln strömten die wunderbare, fast organische Wärme aus, die Kohlen nie hergeben: man hockte in seinem Bereich auf dem Teppich, im Lichtkreis der Hängelampe, neben sich, sofort erreichbar, die langen, vertrauten Rökke der Mutter. Die vereisten Fenster glitzerten zuweilen im Lampenlicht, das ganze Haus war warm, still, fern der Welt, ein Reich für sich. Aus der Küche klang das Singen der Mädchen, dann kam der Vater herüber aus seinem Zimmer, sagte: »Feierabend«, setzte sich in die Sofaecke und begann zu lesen. »Es schneet wieder«, bemerkte er noch, und dann war es, als ob die ganze Welt in diese für keine Qual, keine Not mehr erreichbare Geborgenheit versank. Es schneet – im Osten sagt man nie, es schneit – es schneet: das war die letzte, tiefste Sicherung des Lebens, die die Natur geben konnte. Die Welt wurde kleiner und kleiner; man saß warm und dicht beisammen, und draußen fiel lautlos, dicht, weich Schnee, Schnee und immer mehr Schnee, in die weiche, stille, lautlos verdämmernde Nacht.

Von der Art waren die ersten Eindrücke, die mir meine Vaterstadt Elbing schenkte. Meine Welt bildeten das Haus, der Garten, der Zimmerplatz; meine Menschen waren die Eltern, Marie oder Mathilde, der Onkel und die Tante Nachbar – die Zimmerleute auf dem Platz. Spielgefährten hatte ich kaum: die fanden sich erst später ein. Die Verwandten aber, von den väterlichen Großeltern bis zu den Onkeln und den Tanten samt Vettern und Cousinen gehörten in eine andere Welt: sie kamen »aus der Stadt«, und die Stadt war etwas, das ganz woanders lag, nicht »bei uns«. Zu mir gehörte nur, was »bei uns« war.

Der Schriftsteller und bedeutende Literaturkritiker Paul Fechter wurde 1880 in Elbing geboren. Seine Kindheit fiel also in das endende Jahrhundert. Die Erinnerungen »Zwischen Haff und Weichsel« erschienen 1954. Vier Jahre danach ist er gestorben.

Die See

Es war nicht die grünumrankte Holzveranda an dem kleinen roten Backsteinhaus des Vororts, in dem wir sonst um diese Sommerzeit wohnten. Es war eine viel größere Veranda mit großen Schiebefenstern, in denen blaue, gelbe und rote Scheiben in einer beinah unheimlichen Glut strahlten – in den roten Eckscheiben stand ein weißer Stern, den mochte ich gern. Die Veranda hing wie ein Vogelbauer in die Wipfel blühender Linden, die der Wind schüttelte. Ein Schwaden von Honigduft wehte von den bräunlichen, lichten Blütenbüschen in die stickige, von Holz und Staub schwelende Schwüle und ließ den langen Papierlampion mit den roten und blauen Streifen jäh schaukeln und mich aufatmen. Ich lag zusammengerollt wie ein kleiner Hund gerade unter dem Lampion auf meiner braunen Steppdecke mit den rötlichen Fliedersträußen. Hier sollte ich schlafen, während Mutter und Minna nebenan die Betten aus dem großen Segeltuchsack packten. Ich hörte sie eilig hin und her gehen. Mutters flinken Schritt, ihr leises Lachen. Ich hörte die Betten rauschen, das Flappen der Leinenlaken, das Knarren der Betten. Manchmal sah Mutter nach mir, manchmal Minna. »Sie schläft«, sagten beide leise. Aber ich kniff dann nur die Augen zu, drückte meine Puppe, die blonde Anna, die ich eigentlich gar nicht leiden konnte, fest an mich und blinzelte schlau ein bißchen, gerade noch genug, um Minnas gutes, braunes Gesicht mit den breiten Backenknochen zu sehen. Oder Mutters blonde Schläfenlocken, wie sie vor Wind und Eifer tanzten. Immer

143

wollte ich etwas fragen. Aber was war es nur? Die fremde Veranda war es nicht, nicht die Linden, nicht der Wind. Das kannte ich ja schon. Nein, etwas war fremd in allem, in der Luft, in dem Wind. Ein feines, gleichmäßiges Brausen war da, ganz unerklärlich.

11 *An der ostpreußischen Seeküste bei Cranz*

Ich stand auf von der Steppdecke, zog leise einen Stuhl an das offene Fenster und sah hinaus. Strandgelbe Wege waren unten. Ein Rasen. In der Mitte glänzte eine silbrige Glaskugel auf hohem Beet mit gelbem Kamillenkranz und Löwenmäulchen und Jungfer im Grünen. Dann kam hinten Eisbeerengebüsch, ein Quitschenbaum und der grüngestrichene Lattenzaun mit den weißen Köpfen. Dann wieder Gebüsch. Und dahinter eine Veranda unterm Pappdach. Nein, von dort kam das Brausen nicht. Von weither mußte es kommen. Es war kein Dampfer, es stieß und schob nicht und heulte nicht auf, wie die Schiffe an der Brücke zu Hause es taten. Ja, zu Hause und im vorigen Sommer in dem roten Hause, da hatte auch die Luft anders gerochen. Ich atmete ganz tief, bis mir fast die Brust zersprang. Ich leckte die Lippen. Etwas war da zu riechen, zu schmecken, zu hören – und doch nicht zu begreifen –, was war es?

»O Kind, komm herunter von dem Stuhl! Was wolltest du da nur? Wolltest du das kleine Mädchen von nebenan sehen? Warte, ich bringe dich hin. Martha heißt sie. Und ist ein sehr artiges Mariellchen!«

Ach nein, ich wollte gar nicht nach der artigen kleinen Martha sehen! Sie ähnelte ganz der blonden Anna, und ich hatte schnell von ihr fortgeguckt, als wir ankamen und sie ans Gartentor lief, um uns zu sehen. Aber ein schönes, gelbes Sandförmchen hatte sie gehalten, mit einem Rand dunkler Punkte. Ich nestelte mich ganz fest an Mutters Brust. So warm war's, so geborgen; ich hörte ihren Atem, ihren Herzschlag, spürte ihre Raschheit, ihre kleine Angst, ihr leichtes Lachen – und gar kein Brausen mehr. Und sagte leise: »Ja, ich will zu der Martha.«

Abends im Bett schlief ich gleich ein. Es war so herrlich, hier – nach dem fremden Garten, nach dem langweiligen Nachmittag mit der kleinen Martha in dem andern Garten, der im kümmerlichen Rasen nur ein sehr unangenehmes rundes Beet hatte, von dem Martha mir stolz sagte, es wäre ein »Teppichbeet« – nun hier im eigenen kleinen gelben Holzbett zu liegen, auf den vertrauten Kissen, die wie aufgebläht waren vom Sonnen und deren Leinwand so köstlich roch, so weich und glatt war, weil sie noch bei der guten Urgroßmutter gesponnen und gewebt war. Ach ja, hier war nichts Fremdes, die Stube war schon ganz vertraut mit Mutters bunter Decke auf dem Tisch und der gelben Eschenschlafbank, und als ich die Hände zum Beten faltete, da hing richtig überm Bett das drollige Bildchen von Mutter und Andreas als Kind – und machte die fremde hellgraue Tapete schon ganz heimatlich. Ich geriet nur mit Mutters Hilfe bis zum Amen. Aber dann, mit Lidern wie Blei, fragte ich doch noch: »Wann kommt der Vater? Wann kommt Tante Gretchen? Sonnabend? Ist das noch lange?« Aber dann gähnte ich und Mutter murmelte: »Behalt das süße Schlafchen!«, und ich spürte noch ein kleines leichtes Wehen, als sie sich über mich beugte.

Auf einmal wachte ich auf. Das war so ungewohnt. Mein Herz tat einen langen Schlag; es war, als riß etwas meine Lider auf, und es zog mich hoch. Einmal hatte Minna mich geweckt, im Winter, als ich krank war, und über den scheußlichen Krug mit dem heißen Dampf gehalten, in der Sofaecke am Ofen. Einmal war ich aufgewacht von Rasseln und Geschrei. Die Lampe brannte im Nebenzimmer, die Eltern waren auf, draußen klingelte es, Pferde und Wagen jagten, Menschen riefen, und es rasselte und klirrte. »Schlafe, schlafe, die Feuerwehr kommt schon! Schusche, schusche!« hatte Minna gesagt und mir die Decke über den Kopf gezogen.

Jetzt war keiner wach außer mir. Im dunklen Nebenzimmer atmete Mutter im Schlaf. Ganz leise flüsterte sie, und ich hörte sie rasch aufseufzen und sich herumwerfen. Ich hielt mich an dem Holzgitter des Bettchens, kniete auf dem Kopfkissen und sah umher. Es war schon hell – eine alles erfüllende, schattenlose Helle strömte durch die weiße Decke vorm Fenster, durch die Verandatür. Die Glasscheiben am Rand dort waren nur bunt. Sie funkelten nicht. Reglos standen dahinter die Linden. Ganz still hingen die Blüten.

Zu meinen Füßen schlief Minna in der ausgezogenen Schlafbanklade. Ich starrte auf den blaugewürfelten Zudeck, auf ihre dunklen Zöpfe, die so schwarz da in der schummrigen Nische des Holzschranks lagen. Ein bißchen Stirn war zu sehen, ihre feste, braune Hand unterm Kinn. So vertraut war das. Ich wagte nicht, fortzusehen. Ich wagte aber auch nicht, sie oder die Mutter zu rufen. Sie hatten mich ja nicht geweckt. Etwas hatte gerufen, ich wußte es. Ich horchte. Ja, nun hörte ich es in der toten Stille des Frühmorgens: ein ganz gleichmäßiges, sanftes, eintöniges Brausen. Es kam, schwoll an, schwoll ab – aber es war immer da.

Ich konnte nicht atmen; ich mußte aufblicken von dem dunklen Kopf fort durch die Tür, durch das Verandafenster.

Kühle Bläue stand überm Lindengrün. Keins der Blätter bewegte sich. Aber da draußen war es, war immer da. Rief, rief nach mir.

Ich wollte aufstehen, wollte hinaus, es suchen gehen. Aber plötzlich, wie eine Wollpuppe, sank ich vornüber auf das Kissen und schlief weiter.

Ein langweiliger Tag kam und noch einer. Mutter und Minna hatten immer noch zu tun. Ich durfte ihr Netz tragen helfen, in dem Salat lag und Kohlrabi. Ich mußte mit der kleinen Martha spielen auf einem Sandhaufen mit schneeweißem, rieselndem, körnigem, gläsernem Sand.

Aber sie gab mir nicht das schöne Förmchen. Ich mochte sie nicht, und ich mochte Anna nicht und nicht ein rotlakkiertes Blecheimerchen, das Mutter mir kaufte. Ich saß herum und träumte vor mich hin und war unlustig. Und wartete nur, daß ich über Mittag auf die braune Steppdecke mit den Fliedersträußen gelegt wurde, in die Linden sehen konnte und zwischen Schlaf und Wachen deutlicher als sonst das Brausen hörte – gleichmäßig, immer gegenwärtig, wie einen Ruf, wie ein Herz.

»Du wirst doch nicht wieder krank werden?« sagte Mutter.

»Das ist die andere Luft; gewöhnen muß sich ein Kind!« sagte Minna.

»Das ist die Hitze!« sagte Tante Gretchen, als sie frisch und rosig und mit blanken, braunen Augen auf einmal auf der Veranda saß und Kaffee trank und eben erzählt hatte, daß der Vater nicht mitgekommen wäre. (Und der Vater der kleinen Martha war gekommen! Er war blondbärtig und dick und groß und ein sehr schöner Papa!) »Sie muß an die See mit!« Und Tante Gretchen steckte mir ein süßes Plätzchen zu, das nach Zitronen duftete. Sie hatte eine tiefe, glucksende Stimme und rote Wangen, und ich hielt mich an Mutters Knie und sah sie unverwandt an.

»Morgen, morgen, zum Sonntag!« sagte Mutter und streichelte mich. »Heute gehen wir allein, zum Sonnenuntergang. Das ist zu spät für kleine Kinder!« »Ja«, sagte ich. Und grübelte ein bißchen, was wohl die See wäre. Alle hatten davon gesprochen, Minna und Martha. Und das rote Eimerchen war für die See. Ob das eine Frau war? Oder ein Fluß?

Es war ein Fluß. Soviel stand fest. Am Abend gab's goldbraune, platte Fische, die köstlich nach Rauch rochen. »Oh, Flundern!« sagte Tante Gretchen. Wenn man die goldbraune fetttriefende Haut abriß, war unten weißrosiges Fleisch. Und ich bekam ein Stückchen davon in den Mund geschoben. Schmelzend süß war's und doch salzig, viel weicher als Weihnachtsmarzipan, schmeckte schöner als Kalbsbraten oder Erdbeeren ... »Oh!« sagte ich und sah mit gierigen Augen nach Mutters Teller. Und Mutter und Tante Gretchen lachten und streckten mir wieder einen Bissen zu. »Ja, so frisch aus der See! Da sind sie am besten!« sagte die Mutter. Zander, Hechte, Barsche – ich war immer mit Minna auf dem Markt gewesen, wenn sie das Fischgericht für den Freitag oder die Feiertage an den Buden der Gildefischer einkaufte –, die kamen aus dem Pregel. Also war's ein Fluß. Aber warum hörte ich keine Dampfer, kein Brückenrasseln!

So früh steckte Minna mich ins Bett. Ich sah noch den Abendhimmel in goldenen und roten Wolken über den Linden verglühen, die bunten Scheiben atembeklemmend strahlen, sah Minna mit platschendem Eimer rund um mein Bett rutschen und die weißen Dielen scheuern. Hörte noch, wie sie dazu ihr Lieblingslied sang: »An einem Bach, der rauschend schwoll« – und draußen schwoll auch ein Bach, ich hörte es ganz deutlich über dem Schrubben und Singen.

Es war ein recht eiliges Aufstehen und ein eiliges Frühstück. »Oh, wird das heiß!« stöhnten die drei Großen. Und Tante Gretchen holte ein großes rotbesticktes Badelaken hervor, eine feuerrote, weißgepaspelte Badehose und eine gelbe, rotgesäumte Wachstuchkappe, vor der mir schauderte, als ich ihre blanke Klebrigkeit anfühlte. Und dann durfte ich das rote Eimerchen nehmen und ein Holzschippchen, das Tante Gretchen mitgebracht hatte, und Minna umarmen, die schon in der Küche stand, wo es nach Kirschsuppe und Braten roch. Und dann trabte ich plötzlich an Mutters Hand zwischen ihr und Tante Gretchen die Straße hinab. Martha war im Garten mit dem Papa, der das Teppichbeet besah. Aber ich guckte fort. Weite Röcke trugen damals die Großen, da konnte man sich schon verstecken.

An Häusern und Gärten ging's vorbei. Und ich schnaubte und schnoberte, strich mit der Zunge über die Lippen. Ich roch, ich fühlte das Brausen. Aber zu hören war es kaum. Ganz leise, mit einem süßen, kleinen, klopfenden Klang, so gleichmäßig, so lieblich; es war, als drückte es jedesmal den Magen.

Der Weg wurde immer sandiger; ich stieß mit jedem Schritt gegen mahlende Sandhaufen, die hell und weiß und gläsern glänzend waren. Fremdes Gestrüpp stand da, grau und sperrig oder glänzend und dünn, mit blanken, schmalen, grünen Blättern. Schlingkraut wuchs darin mit lila und gelben Blüten und roch bitter und widerlich. Feines, dünnes Gras glänzte. Bläuliches Gras, hart und breit wie Bänder, starrte aus dem Sand. Halbverweht tauchten grauverwitterte Planken daraus hervor. Schwatzen, Lachen, Schreien, Kreischen, Plätschern. Eine lange Reihe hellgrün gestrichener Buden, grell in der Sonne, nach Harz und Leinen dünstend, stand plötzlich vor uns auf hohem Sand, vor dem hitzeflimmernden blauen Himmel.

Eine dicke, barfüßige Frau mit ganz gelben Haaren und einem Gesicht, blank, flach und braun wie eine Flunder, entriß uns Tante Gretchen und ihr Badezeug. Mutter trug mich ein steiles Holztreppchen hinab, durch den mahlenden Sand, an schwatzenden, lachenden Frauen und Kindern vorbei, die in roten und blauen Badeanzügen dasaßen oder auf blendend grellen Laken lagen. Ein paar alte Damen hielten Sonnenschirme aufgespannt. Ein paar Frauen, ein paar Kinder waren in Unterröcken. Ich hing auf Mutters Arm, sah Sonne, Menschen und Sand.

150

Und sah dahinter Frauen und Kinder halbnackt oder glänzend blank und bunt, kreischend und plätschernd in einem kleinen Bezirk, eingefriedet wie ein Fohlengarten, in etwas, was viel blauer war als der Himmel, glänzend blank und glitzernd wie ein Fisch, unendlich groß, hoch wie eine Wand, gebreitet wie ein Tuch, wie eine Wiese. Etwas, was aufglänzend mit kleinen verfließenden Glasstreifen auf den Sand schlug, immerfort.

»Die See!« sagte ich leise. Mutter nickte. Und ich sah fort von dem lockenden Blauen, Blanken in ihre großen, klaren, blauen Augen, als sie mich langsam niedergleiten ließ in den warmen, weichen Sand. Und der Sand, rieselnd, gleitend, immer wieder alle Lücken füllend, sonnenheiß oben und knisternd trocken, eiskühl und feucht unten, wenn man mit der heißen Hand darin wühlte, spielte mit mir und lenkte meine Gedanken ab wie ein fremdes, spieleriges, warmpelziges Tier. Mutters kleine, feste Hände warfen einen Berg auf, höhlten eine kleine Kaule aus. Immer wieder wollte er weiß und rieselnd zugleiten mit glitzernden Sandwellchen. Immer wieder warf Mutter kleine, graudunkle, gekrümmte, nasse Sandflocken heraus. Ganz dunkel wurde es in der kleinen Kaule, über die wir uns beugten. Es zitterte da unten, es atmete, es glänzte. Ein kleiner Wasserspiegel strahlte mich an.

Und ich folgte Mutters Blick von dem winzigen, scheibenrunden, glänzenden Wasserfleck auf die glänzende, riesige Bläue vor mir. Kinder kreischten am Seil, lagen auf dem Rücken, schlugen mit den Füßen. Weiß und sprühend rauschte es auf. Naßblanke Gesichter mit gelben Kappen tauchten prustend empor; Tante Gretchen, feuerrot und glänzend, winkte mit nassen Armen. Ein kleiner, brauner, nackter Junge lief klatschend dicht vor uns über den festen, nassen Sand. Klapp, klapp. Spannenhoch, gläsern, grün, mit einem Silberperlenrand, glitt das Wellchen vorüber, lief aus im Sand, überspülte seine Füße. Kleine Steine lagen unter flutender Helle, weiße, bläuliche, rötliche.

»Möchtest du in die See?« fragte Mutter. Und während sie fragte, zog sie schon mein rotbuntes Kleidchen über den Kopf, streifte graue Schuhe und klare, weiße Strümpfe ab. Mit einem leisen Schwindel spürte ich die Wärme, das Gleiten, das Scheuern des warmen Sandes an den nackten Sohlen, zwischen den Zehen.

Irgendwo kreischte ein Kind, entsetzt und maßlos. Ich drehte den Kopf fort und sah starr nach Tante Gretchen, die nun rauschend und ein bißchen schwerfällig aus dem Wasser kam, fremdartig, ohne die vielen Kleider, flammend und glänzend. Nun stand sie über mir. Schön roch sie, salzig wie Fische und so kühl. Ja, so roch es hier überall. Aber ich zitterte doch, als mein kleiner, heißer Körper plötzlich in ihren glatten Armen war. Und ich sah auf einmal Mutter an der kleinen Sandkaule knien, mit dem roten Lackeimerchen neben sich. Ihre Lippen hatten sich geöffnet, ihre Zähne waren zu sehen. Aber sie lachte nicht und sah mich ganz fest an.

Es rauschte um Tante Gretchens Füße, sie atmete ein bißchen schwer, stieß einen leisen Schrei aus: »Oh, die Steine!«

Ich sah hinunter. Und ich sah, daß die Bläue plötzlich grün war. Von einem tiefen, bläulichen, lichtflimmernden Grün. Und daß sie atmete wie eine Brust. Kühler als Schnee, lieblicher als Kornblumen wehte es zu mir empor. Es glänzte blendend in zitternd verlaufenden Ringen. Ganz nah waren bunte Kiesel, fein geharkter, seidiger Sand, wie das kühle Atmen sich mir entgegenhob. Jähes Entsetzen überkam mich. Ich wollte fortlaufen durch den Sand, durch's Gestrüpp, die Linden sehen,

Minna, den Pregel! Schreien, laut schreien wie der Junge dahinten.

Todeskälte zerschnitt mich, Grauen, Versinken in Eiseskühle und weicher Feuchte, entsetzliche Angst, die mich in schnellendem Stoß wieder hochtrieb.

Und als mein kleiner nasser Kopf wieder emportauchte, gurgelnd in halbersticktem, in schallendes Lachen ausklingendem Schrei – ehe Tante Gretchens kräftige Arme mich hastig herausgezogen, ehe ich auf den weißen Sand flog, in ein sonnengewärmtes Badetuch geschlagen und von Mutter auf der heißen, daunigen Wärme hin und her gerollt wurde, bis ich nichts war als ein glühendes, kreischendes, zappelndes Bündelchen – ja, in diesem Augenblick sahen meine vom Salzwasser brennend klargespülten Augen über der flutenden Feuchte die Herrlichkeit von Blau und aufstrahlendem Grün, von gleißendem Silber, von purpurnem Saum. Sahen den strahlenden Sand am Ufer, die muschelrosige Schwingung der Dünenküste, hinter silbrig grauem Glaskranz weiches Moosgrün der Kiefernkronen, dunkelnde Erlen. Sah ich – während meine kleinen Glieder zappelnd sich breiteten, das Feuchte teilten und schoben, das mich schaukelnd trug – über mir die flimmernde, vor Licht und Wärme bebende Unermeßlichkeit des Sonnenhimmels. Fühlte mein kleiner, fast zerspringender Körper einen Herzschlag lang die Wonne des Schöpfungsmorgens!

Agnes Miegel wurde 1879 in Königsberg geboren. Für die von vielen ihrer Landsleute über ihren Tod hinaus verehrte Dichterin war die Verbundenheit mit der ostpreußischen Heimat, die sie in Lyrik und Prosa immer wieder dargestellt hat, von prägender Bedeutung. Auch ihr blieb der Verlust der Heimat nicht erspart; sie lebte seit 1948 in Bad Nenndorf und starb 1964 in Bad Salzuflen.

Ostpreußen

Ringsherum lag die unfreundliche, rauhe Riesenstadt
Berlin, ohne Gestalt und Figur, um diese her das gähnen-
de, gleichförmige Land, in das dann und wann eine Gelegenheit, einmal im Sommer ein monatelanger, dumpfer
Aufenthalt führte. Mein Vater war ein vielbeschäftigter
Kaufmann, der abends heimkehrte, wenn in der Kinder-
stube zu Nacht gegessen wurde, und sich fast immer
dann erst für Gesellschaft umzog, der Monate des Jahres
im Auslande verbrachte, während deren die auf fünf, auf
sechs Köpfe angewachsene Kinderschar mit einigem
Trosse hier- und dahin verbracht wurde. Darunter bleibt
mir die See und die erste Reise dahin unvergeßlich. Ich
durfte während der stundenlangen Bahnfahrt einmal in
das Coupé hinübersitzen, in dem der Vater – der uns diesmal geleitete, um dann nach Rußland weiterzureisen –
gerade mit jemandem gesprochen hatte und nun reise-
müde vor sich nickte. Da ich wohl eine Stunde ihm gegenüber hockte, indes er schlief, konnte ich ihn zum
ersten Male in meinem Leben solange ich wollte betrachten, denn sonst verbot es mir die Scheu und sogar die
Furcht vor dem groß aufgebauten, dröhnend schreiten-
den, dröhnend sprechenden, tiefernsten, ja bitterstren-
gen Manne. Wie er nun vor mir saß, überwog das Mildere
in dem schönen, kräftig in Farbe abgeteilten, vollbärtigen
Männergesichte, in dem über den schlafenden Augenli-
dern ein sonderbarer Müdigkeitsglanz lag, den ich nicht
wieder vergessen habe. Das links gescheitelte Haupthaar
war seit einem schweren Jahre, in dem die Ruchlosigkeit

eines gaunerhaften Verwandten die Geschäfte des erst Dreißigjährigen an den Abgrund geführt hatte, von einem makellosen Silberweiß, der blonde viereckige Bart hatte graue Grannen, um Nase, Augen und Nüstern begannen sich in dem noch nicht vierzigjährigen Gesichte strenge Furchen zu schreiben, unter dem starken Halse atmete die athletische Brust des alten Turners und Schwimmers in regelmäßigen Zügen. Ich sah mit Scheu vor meiner eigenen Dreistigkeit abwechselnd auf ihn und auf die draußen vorüberfliegenden Stationen. Unbegreiflich erschien es mir, daß die Maurer an dem Häuschen, an dem wir vorbeigestoßen waren, nun während wir längst weg waren, gewiß dort an der gleichen Stelle neue Ziegel legten, daß der Stationsvorsteher, der während unserer Passage auf den Perron getreten war, jetzt wieder etwas ganz anderes tat und daß es hinter uns vielleicht regnete, während wir durch Sonnenschein stürmten. Gleichzeitigkeit verschiedener Räume, erlebt durch reißende Bewegung, ist mir als unheimliche Kindervorstellung von dieser Reise her mit ihr verbunden. Meine Phantasie verband mit dieser Unerklärlichkeit, deren Problem mir auftauchte wie ein dämmerndes Hochgebirge dem Menschen der Ebene, Zaubervorstellungen von Schwanenflügeln, Perseus, und einem unaufhörlichen Hier und Da, um überall aufzutreten und einzugreifen, die Feinde zu überraschen – die Prinzessin zu befreien. – In Königsberg wurde die Gesellschaft in einer Art altmodischen Landwagen verladen, die man »Journalièren« nannte. Die Bahn nach Cranz ist erst später gebaut worden. Während man stundenlang durch die heidige Steppe fuhr, schon übermüdet von der endlosen Reise, machte ein Ruf alles emporschnellen: hinten am Rande bebte ein schwarzblauer Streif, die Schneide der See. Die Kinderfrau hat noch lange erzählt, wie ich, mit den Geschwistern bei

155

einigem Seegange am Strande ausgeführt, durch heftige
Reden die Wellen zu übertönen oder gar zu besprechen
versuchte, von welcher demosthenischen Frühreife des
Sechsjährigen ihm selber nichts in der Erinnerung geblieben ist. Dagegen weiß er von daher, daß eine Leidenschaft ihn zum ersten Male fremdartig und ehrfurchtsvoll durchschauert hat. In den letzten Tagen jenes Auf-
enthaltes wurde ein Ausflug unternommen, der von
Cranz weiterab an Teile der Bernsteinküste führte, von
anderem Charakter als jenes flache Gestade. Dort bei
Warnicken trat eine zerklüftete Steilküste mit Sand-
schrunken, über der wetterschwerer Buchenwald und
gepeitschter zuckender Eichenheister mit den Stürmen
rang, halb vorhängend ins Meer, und ein regnender
Sturmtag erhöhte die Wirkung der Weite und Erhabenheit. Auch daß ich am Hange herunter zum Strande kletterte um Bernstein zu suchen, und dort zwischen den
purpurbraunen Lockenbündeln des triefenden Tangs
herzklopfend etwas in die Höhe hob, was ich nie gesehen
hatte, wahrhaftig einen goldgelben Wecken-Bernstein,
harzdunkel außerhalb, milchig wächsern im Bruch, und
den geheimnisvollen Fund keuchend vor Aufregung ver-
schleppte, weiß ich gewiß. Dieses aber war dann die
Landschaft, die auf Jahre hinaus den Hintergrund meiner
Phantasie bildete – auf diesem Sturmberg über den Kämmen heulender Wogen, die wütend zwischen Steinblök-
ken zerprallten und sich zerschmissen, brannte das
Schloß, aus dem ich die Prinzessin rettete – hier spielte
Uhlands blinder König und hier war nach des Sängers
Fluch das Paradies geworden, das der blutige Tyrann ver-
wirkt hatte, zugleich aber auch war dies jenes Gebirge
über Troja, von dem ich es so erstaunlich fand, daß es
hieß wie die Frau des Gärtners; Thetis, Achill, Nereus
waren hier zu Hause; und der Bernsteinbrocken im dü-

156

steren Berliner Hofzimmer, immer wieder abergläubisch betrachtet und gewogen, schien mir ein Pfand auf die ewige Unerschöpflichkeit jenes sagenhaften Meeres.

Berlin hatte für mich nur eine einzige Gestalt, diese aber hatte es. In einem altmodischen Herrschaftshause des damals noch von den Adelspalais der dreißiger und vierziger Jahre umstandenen Leipziger Platzes gegenüber den Denkmälern Wrangels und des Grafen Brandenburg mit ihrer toten bronzenen Pompgeste, bewohnte die Mutter meines Vaters als Witwe seit langen Jahren ein mit verjährtem Hausrate stattlich aber still versehenes Stockwerk. Wir mußten allsonntäglich dort auftreten um unsere Reverenz zu machen, und von sehr früh an ist mir das eigene Gefühl erinnerlich, mit dem ich diese Stufen in dem Bewußtsein erstieg, in eine ganz bestimmte, abgesonderte Atmosphäre einzutreten. Die alte Justine, ein ostpreußisches, geradscheitliges Mütterchen im Häubchen, öffnete, und in einem der großen saalartigen Zimmer stand, mir begegnend, mit so viel Güte wie das greisenhafte, verfallene Gesicht aufbringen konnte – die hochaufgerichtete, fremdartige Frau, ungebeugt im immergleichen schwarzen Spitzenkleide, aus dessen offenem Ausschnitte der verwelkte Hals unverhüllt anstieg. Sie soll sehr schön gewesen sein, durch Wuchs und das seltene Braun ihrer Haare sowie durch den milchweißen Teint ausgezeichnet, und wenigstens straften die wohlgebildeten und zum Teil schönen Kinder ihres Schoßes den Ruf nicht Lügen. Aber die Züge des hohen Alters verrieten davon nichts mehr, und das Haar, das ihre Schrulle vom Tage des Ergrauens an entschlossen in einer Farbe konservierte, wie sie die Natur keinem ihrer Objekte – außer der frisch gebrochenen Roßkastanie – mitteilt, lag in dünnen Fadengruppen aufgezogen auf der knitterigen Schale des Kopfes. Sie war weit davon entfernt, aus dem,

was sie grundsätzlich tat und proklamierte, Toilettenge-
heimnisse machen zu wollen, sondern schalt vielmehr
offen den vorzeitig weiß gewordenen Sohn wegen der,
wie sie meinte, Absonderlichkeit, sein Haar weiß zu tragen: sie liebte das Melierte nicht und sie trage es auch
nicht. Die gleiche Grundsätzlichkeit übertrug sie, und
zwar mit der immer gleichen peremptorischen Sicherheit
im Verkehrten auf die kleinsten Umstände des Lebens,
sie war überzeugt, daß Erdbeeren unverdaulich seien,
und warnte uns vor ihnen mit der Begründung, sie wüch-
sen zu nah an der Erde: »Die Erdbeere«, schloß sie ver-
nichtend, »ist eine Gurrke«, wobei es keine phonetische
Möglichkeit gibt, das ganze Todesurteil über dies harm-
lose Obst auszudrücken, das das sekundenlange
ostpreußische »rr« diesem botanischen Versehen mitteilte. Alle Räume, die die alte Frau bewohnte, waren von einem wunderlich bitteren Aromgeruch erfüllt, den ich
erst später auf die Myrrhentinktur zurückführen lernte,
an deren Heilkraft und Ersprießlichkeit zu allen erdenkli-
chen Zwecken sie mit der Unerschütterlichkeit hing, die
sie in allem auszeichnete. Und so wäre kein Ende, wenn
ich alles aufzählen und ausmalen wollte, was jenen Haushalt und die Besuche in ihm zu einer wunderlichen Insel
in der kalten Berliner Wüste machte.
Auch ist es durchaus nicht meine Absicht, die ehrwürdige
Gestalt an den harmlosen Seltsamkeiten zu verkleinern,
die im Grunde nur dort sichtbar wurden, wo ihre seltenen und ausnehmenden Eigenschaften die Form über-
schritten. Sie stammte allerdings aus einer ferneren und
größeren Zeit und war das erste, ja für lange das einzige
Wesen, das sie mir, dem Blutsverwandten und Nachkommen, mehr noch als von Mund zu Mund, von Wesen
zu Wesen übermittelt hat. Solche Übermittlungen, die zu
den Urformen einer volksgeschichtlichen und land-

schaftlichen Überlieferung gehören, beginnen nachgerade so selten zu werden, daß es nicht müßig erscheint, ihrer, wo man sie erfahren hat, mit aufbewahrender Dankbarkeit zu gedenken. Meine Großmutter Emilie Leo stammte aus Königsberg von angesehenen Eltern, deren Urgroßvaterbilder, stattlich in Löckchenhauben und Frackbäuschen von bester Provinzhand in Öl gemalt, lebensgroß in ihrem Saale hingen, gegenüber der rührenden Historie von Rahel am Brunnen, von der Hand Onkel Mosers, des Präraffaeliten, eines edlen und handwerkgeschickten Schülers von Philipp Veit – ein ostpreußischer Perugino. Ihre Jugend war in die Zeit gefallen, in der das gelehrte Königsberg sich der Poesie zuzuwenden begann, und sie pflegte nicht ohne Genugtuung zu berichten, wie es die nach Königsberg verheiratete Jugendliebe Heines, die zur bildschönen Frau herangereifte Cousine der »Jugendlichen Leiden« gewesen sei, die sie, die von so viel Ehre fast niedergedrückte, auf ihrem ersten Ball der Gesellschaft vorgestellt habe. Aber mit bloßer Familienanknüpfung wird es dieser Darstellung nicht gelingen auszudrücken, worauf sie hinstrebt, die Bedeutung des Königsbergischen und Ostpreußischen für alles, was entscheidend auf meine erste Jugend gewirkt hat. Es ist mir durch Mittelbares zugekommen, aber dadurch verstärkt und nicht geschwächt, wie es dann verstärkende Medien ebenso wie aufhaltende gibt und alles was Atmosphäre genannt werden darf, nicht nur zwischen der Sonne und zwischen der Erde der Träger und der Bewahrer erwärmender Kräfte ist.

Die große königliche Provinz im äußersten Ozean jener preußischen Monarchie, deren Erinnerung der heute lebende Preuße bewahrt, um sie seinen Söhnen als Pflicht der Wiederherstellung zu übergeben, stand in den Jahren, denen meine Großmutter die entscheidenden Einflüsse verdankte, mit vollem Stolze auf dem eroberten Postamente des glorreichen Halbjahrhunderts. Daß in der Stadt, von der aus Kant die reine Vernunft, die praktische Vernunft und die Urteilskraft determiniert – Hamann das Geheimnis des Dichterischen erahnt und Herder es befreit und verkündet hatte; daß in der Stadt, die in

12   *Königsberg in der Zeit zwischen den Weltkriegen*

entschlossener Verwerfung des Berliner feigen Knechts-
sinnes die Monarchie gegen alle Wahrscheinlichkeit ver-
wegen gerettet hatte, am deutschesten gedacht, gefühlt,
geforscht, geschrieben, gelehrt, gelebt wurde, war allen
die aus der Provinz stammten, eine heilige und unbezwei-
felbare Wahrheit, bei banaleren Figuren ein närrisches
Spießbürger-Axiom, bei wertvollen und kernigen Maxi-
me des ganzen Bewußtseins. Eine in allen übrigen deutschen Landschaften unbekannte Fusion der Stände und
der Klassen, der Geschlechter, der Bekenntnisse war die
Folge der beiden erhabenen Faktoren gewesen, die an
dieser äußersten Gemarkung des heldenhaften Kolonial-
dranges Deutschland statuiert und verteidigt hatten: der
Universität, die die Geister gleichzeitig züchtigte und zog
und mit Löwenmark speiste und von Flittern fegte, und
der Burg überm Pregel, durch die Luise dem Tode entge-
gengeschritten war, bevor die Jugend, um jene Burg ge-
schart und zu ihrem Geiste aufblickend, die erschlaffte
Hauptstadt in den Krieg für die Freiheit mitriß. Daß die
Freiheitskriege aus einer ostpreußischen Geisterempö-
rung entstanden und zu einer Bewegung geworden waren, in die jedes ostpreußische Haus seinen eigenen kleinen Privatsturm gesteuert hatte –, ein Vermögen, ein
Menschenleben, eine geopferte Gesundheit, eine tiefer-
gehende Tätigkeit, waffenfähige Söhne, den Schmuck
der Frauen, die kunstvolle leidenschaftliche Rede der
sprachenmächtigen sachgelehrten Männer, – dies war
nicht, wie in anderen Landschaften, bereits der Registrie-
rung und der Schulstunde verfallen, sondern es bestimmte auf Menschenalter hinaus als heilige Überlieferung das
gesamte höhere Leben hauptsächlich Königsbergs, es
färbte das geistige, es formte das politische; das geistige
machte es im Sinne jener geistesgeschichtlichen Antriebe
der Freiheitskriege glühend-dichterisch, lenkte alle For-

schung und Betrachtung zur Poesie und zum reinen Geiste; das politische bestimmte es im Sinne der berühmten
Spannungen jener kriegsentlastenden Jugend auf die
klassische Demokratie, nicht auf die soziale, sondern auf
diejenige der konstitutionellen Doktrinen. Es wäre ein
unbesonnener Irrtum, die ostpreußische Demokratie, die
in den Jahrzehnten vor meiner Geburt ihre Typen ausge-
prägt und ihre Märtyrer gehabt hatte, mit der rheinischen
Heines und Marxens oder der badisch-hessischen Hek-
kers und Büchners durcheinander zu werfen. Vornehm
bis zur lehrhaften Unbeugsamkeit der Linie, begrifflich
und begriffsstolz bis zur Dürre des reinen Thesenkamp-
fes, ideentreu bis zur Selbstverleugnung in Haft, Flucht
und Exil, mit dem vollen geistigen Hochmute der aristo-
kratischen Bildung, aus der sie stammte, und dem vollen
republikanischen Hochmute einer Ideologie ausgestat-
tet, zu der alle ihre Urbilder lateinisch, griechisch oder
englisch sprechen, wie Plutarch oder wie Landor und
John Bright, besaß diese höchst eigentümliche Geistesla-
ge eines kleinen geschichtsalten Landes in bestimmten
Jahrzehnten alle Voraussetzungen dafür, sich eine so besondere Kultur, eine so besondere Verfassung, so charak-
tervolle Vorformen zu Gesellschaft und zu Staat zu geben, daß wenigstens der Liebhaber landschaftlicher Sin-
gularitäten es wohl einen Augenblick lang beklagen mag,
wenn er so reiche Ansätze bald genug in der Gleichför-
migkeit der großpreußischen Entwicklung verkümmern
und sterben sieht, keineswegs der staats-, sondern gerade
der parteipolitischen Misere.

Ich habe die englische Componente in dieser Gesamtver-
fassung mit Fleiß schon in dem Zusammenhange der
Freiheitskriege erwähnt, in den sie wie im übrigen
Deutschland mitgebettet ist, aus dem aber sie hier weit
entfernt ist zu stammen. Wir haben viel früher, schon seit

dem Anfange des achtzehnten, vielleicht schon dem Ende des siebzehnten Jahrhunderts, eine englische, genauer gesagt eine schottisch-englische Ader im ostpreußischen Volksleibe neben dem reichen flämischen, die uns die gute Hälfte des Blutes zuführen, und Motherby und Pickering, Foster, Duglas (so geschrieben) und Hobson, Oldsloe und Kant sind alte ostpreußische Namen. Der Pillauer Handel, sofern er nicht nach Schweden ging, ging nach England, die großen Reederfamilien tauschten Blut, Waren und Sitte her und hin, die jungen Leute, vor allem älteste Söhne, hatten ihr englisches Faktoreijahr, wenn nicht deren mehrere, zurückzulegen, und kehrten mit offenen Halskrägen, Schifferknoten und Byron in die Welt der Pregelspeicher, Kneiphof und Hufen zurück. Zu welchem anderen Kulturkreise hätte denn auch die Provinz gehören sollen? Wenig konnte sie nach Westen mit dem so anders geschichtlich aufgebauten Pommern, nichts mit dem Weichsel-, Oder-, Warthe-, Netze-Lande verbinden, das gerade erst langsam aus toter Erde Polens zu deutschem Geschichtsboden aufgereichert wurde. Und wie denn überhaupt nach Westen blicken, von wo man gekommen war, statt im Gleise der Geschichtssendung nach Osten und Norden? Ich war ein kleiner Knabe, als meine Großmutter mir zuerst die preußische Landkarte erklärte, oder die deutsche, die ihr immer so viel wie die preußische galt. »Es ist ein Löwe, wie du siehst«, sagte sie, »er marschiert nach Osten, nur nach Osten hat er ein Gesicht und Glieder; hinten siehst du, nach Westen, ist er ganz grade abgeschnitten, das haben die Franzosen gemacht, am Rhein entlang, und da geht die Linie ganz kahl und tot, weil sie auch noch immer falsch geht; aber rechts, siehst du, nach Osten, da hebt er den Kopf, sein Kopf heißt Ostpreußen; und da hebt er auch seine Pranke in die Luft hinein, die Pranke heißt Schlesien. Von Kopf und Pranke, Ostpreußen und Schlesien, sind die Freiheitskriege gekommen, sonst wären wir noch Rheinbund und könnten keinem Ehrenmann ins Auge sehen; um den ostpreußischen Kopf herum, die vielen Meerlinien hier, das ist die Löwenmähne; Ostpreußen ist ein Meerland, ein freies Land wie Schweden und England, die anderen Meerländer; wir dürfen uns nichts Ungehöriges zumuten lassen, niemals; wenn du erst groß bist, wirst du das einsehen.« Und andere solche Ahnenlehre mehr.

So gehörte denn die Provinz mit den anderen nordbaltischen und nordatlantischen Völkern in einen eigenen Kulturkreis, und gewann gleichzeitig durch ihre Grenzlandstellung die ihr ganz eigentümliche blitzende Schneide des Geistes und des Trotzes. Man stand nicht nur an der deutschen Mark; man stand auf europäischem Vorposten, mit dem vollen Gefühle, daß jenseits schon das Unaussprechliche aufgähnte, unabsehbar. Die baltischen Provinzen Rußlands wurden als nicht existent empfunden; ihre Wirtschaft war viel zu gering, ihre Menschheit viel zu unbeständig, ihre Landbreite viel zu saumartig um neben den asiatisch amorphen Riesenverhältnissen des Slawenvolkes mitzusprechen, an das man grenzlängs stieß, vor dem man mit zusammengefaßten Kräften, mit gespannten Nerven, gesammelt dasaß, entschlossen, jeden Augenblick zu zeigen, was Deutsch in seinem höchsten Sinne ist, bedeutet, leistet, vermag, zu sein verordnet ist. Nicht daß die Spannung eine kriegerische gewesen wäre: auch darin wirkte die Konstellation der Freiheitskriege noch weiter, daß die Leipziger Schlacht Zorndorf und Kunersdorf verschlungen hatte; und jene seelische Verfassung der hochgespannten Spätromantik, aus deren Erbe man lebte, schwang über die Landesgrenze in die germanisierenden Lehnsformen der russischen Literatur weiter, wie sie bis zum Auftreten der großen Erzähler durch Shukowsky, Puschkin und Lermontow das Publikum beherrscht hatten. Der politisch geistige Grenzgegensatz war vielmehr ausschließlich der geschichtsbewußte des Kulturganges, den man genommen hatte, und daher weder einzuschläfern noch zu täuschen; in Süddeutschland, in Mitteldeutschland, mochte man Polenlieder singen, in Schwaben, in Düsseldorf Russendramen dichten. Hier, in jahrhundertelangem Wechsel zwischen Kampf und Waffenstillstand, hatte man den Völkern, in die man sich, von Geschlecht zu Geschlecht die Marksteine vorwärtssetzend, hineingewühlt hatte, endgültig Maß genommen, bis ans Ende aller Zeiten, und war weder mehr zu verrücken noch zu bestechen ...

Der bedeutende Schriftsteller Rudolf Borchardt wurde 1877 in Königsberg geboren, aber schon nach wenigen Wochen von den Eltern in russische »Fremde verbracht«. Auch wenn er streng genommen keine Jugendjahre in Ostpreußen, dem Land der Vorfahren, erlebte: Ostpreußisches hat ihn, wie der vorstehende Text belegt, nachhaltig beeindruckt und beschäftigt. Er starb 1945.

KÄTHE KOLLWITZ

Kindheit in Königsberg

Ich bin als fünftes Kind der Eltern geboren. Wir lebten damals auf dem Weidendamm Nr. 9 in Königsberg. Ich erinnere mich dunkel an eine Stube, in der ich tuschte, deutlich aber besinne ich mich auf Höfe und Gärten. Durch einen kleinen Vorgarten kamen wir auf einen großen Hof, der bis zum Pregel reichte. Dort hielten die flachen Ziegelkähne, und die Ziegel wurden auf dem Hof abgeladen und geschichtet, so daß Hohlräume blieben, in denen wir Kind und Mutter spielten. Links an den Hof schloß sich ein ebenfalls bis zum Pregel reichender Garten. Er hatte einen über das Wasser hinausgebauten runden Pavillon. Einmal, weiß ich, sang meine damals noch so junge Tante Lina wunderschön, aber traurig in diesem Pavillon. Rechts an den Hof, durch niedrige Gebäude getrennt, nur an einer Stelle offen, schloß sich ein anderer Hof. An diesen knüpften sich lebhafte und starke Erinnerungen. Unten am Pregel war ein Floß zum Wäschespülen. Da wurde einmal ein totes Mädchen angespült und mit dem Armen-Leichenwagen abgeholt, einem schauderhaften Leichenwagen und Sarg.
Dann wohnten da Ratkes, mit denen wir spielten, der Max, die Lene, die Lise. Sie waren alle älter als ich, vor allem spielten Konrad und Julie mit ihnen, ich wurde gerade noch so mitgeschleppt. Die Ratkeschen Kinder hatten ihre Mutter verloren. Der Vater war Kaufmann und hie und da betrunken. Einmal war ich mit den Mädchen oben in ihrer Wohnung und sah den angetrunkenen Vater, wie er taumelte (entweder habe ich damals darüber

sprechen hören oder im späteren Erinnern daran habe ich verstanden, was mit ihm los war in den letzten Jahren unseres Dortseins, wie ich wußte, was das war »betrunken«).

In den niederen langgestreckten Gebäuden, die die beiden Höfe trennten, wohnte ein Gipsgießer. Da stand ich oft und sah zu, wie er formte. Ich rieche noch die feuchte Gipsluft da unten. Bis zu meinem neunten Jahre wohnten wir auf dem Weidendamm. Immer haben wir Kinder mit Sehnsucht daran zurückgedacht. Es gab unendliche Spielgelegenheiten und viele Abenteuer auf den Höfen. Das Bild der Eltern aus jener Zeit ist mir nur dunkel. Der Vater war wohl sehr viel in der Arbeit. Wahrscheinlich hatten wir schon damals den Baukasten, den Vater hatte machen lassen. Es waren große, solide Klötze, und wir bauten viel damit. Von seinen gezeichneten Bauplänen in seiner Arbeitsstube fielen lange Streifen Papier ab. Die bekamen wir zum Bezeichnen. Konrads Phantasie ließ darauf immer Verfolgungen von Schlittenfahrten durch Wölfe oder ähnliches erstehen. Der Vater ließ all dies nicht unbemerkt. Er hob sich bald manche Streifen auf, die wir bekritzelt hatten. Auf die Mutter besinne ich mich aus jener Zeit gar nicht. Sie war da, und das war gut. In ihrer Luft wuchsen wir Kinder auf. Die Mutter hatte zwei Kinder vor Konrad verloren. Es gibt ein Bild von ihr mit dem ersten Kind, das nach meinem Großvater Julius genannt war, auf dem Schoß. Es war das »Erstlings-Kind, das heil'ge«. Dies Kind verlor sie und das zweite danach. Wer das Bild ansieht, erkennt, daß sie als Rupps Tochter nie fassungslos im Schmerz gewesen ist. Aber das schwere Leid ihrer frühen Mutterzeit, dem sie sich nie hemmungslos hingegeben hat, hat wohl bewirkt, daß sie etwas von der Entferntheit der Madonna an sich gehabt hat. Vertraute, Kameradin, Genossin ist unsere Mutter

167

uns nie gewesen. Aber wir liebten sie. Nie war der Respekt, den wir vor den Eltern hatten, so groß, daß er der Liebe Abbruch tat.

Ein paar Minuten vom Weidendamm war dann der alte Pauperhausplatz. Nr. 5 wohnten die Großeltern. Was wir mit dem Wegziehen vom Weidendamm verloren haben, begriffen wir erst später ganz. Vorläufig freuten wir uns. Wir zogen jetzt nach der Königstraße in eines der schönsten neuen vom Vater gebauten Häuser. Im unteren Stock wohnten wir und daneben mein Onkel Julius Rupp, der sich damals verheiratet und als Arzt niedergelassen hatte.

Meine Liebe für die Mutter war in jenen Jahren besorgt und zärtlich. Immer fürchtete ich, sie könnte verunglükken. Badete sie, auch nur in der Wanne, so fürchtete ich,

13 *Königsberg zwischen den Weltkriegen: Blick auf die Dominsel*

168

sie könnte ertrinken. Einmal stand ich am Fenster, es war die Zeit, als die Mutter zurückkommen sollte, ich sah sie auf jener Seite der Straße kommen, aber ohne nach unserem Haus hinzusehen, mit dem ferngerichteten Blick, den sie hatte, ruhig weitergehen die Königstraße herunter. Wieder diese schwere Angst im Innern, sie könnte sich verirrt haben und nicht mehr zurückfinden. Dann Angst davor, die Mutter könnte wahnsinnig werden. Vor allem aber Angst um den Schmerz, den ich haben würde, wenn Vater und Mutter stürben. Manchmal war die so groß, daß ich wünschte, sie wären erst tot und ich hätte es hinter mir. Für diesen Fall hatte ich schon vorgesorgt. Ich wollte dann zu Prengels gehen und ganz bei ihnen bleiben.

Lise und ich gehörten unbedingt zusammen. Wir waren so verquickt, daß wir gar nicht mehr zu sprechen brauchten, um uns zu verständigen. Wir waren wirklich untrennbar. Wir konnten auch mit niemand anders spielen als zusammen, was wir beide Spielen nannten. Puppen hatten wir nicht und hatten auch gar kein Verlangen danach. Aber wir kauften uns nach und nach aus einem Papiergeschäft (bei Fräulein Sander in der Königstraße) die Bilderbogen mit Theaterpuppen zu sämtlichen Stükken. Diese Figuren tuschten wir an und schnitten sie aus, es waren über hundert, und mit denen spielten wir. In unserer Stube waren wir ganz unser Herr, da spielten wir durch die ganze Stube und mit umgekehrten Stühlen und Tischen nach momentan sich ergebenden Plänen. Die griechische Mythologie, aber auch Themen aus Schillerschen Stücken, ganz freie Erfindungen, wir waren nie verlegen. Bauklötze wurden zu Hilfe genommen, Paläste aufgeführt, Altäre, Opferungen mit Bernstein, des Sängers Fluch mit zusammenstürzenden Säulen, wir waren unermüdlich. Lise, obwohl drei Jahre jünger, hielt in allem Schritt mit mir und fügte sich mir. Ohne sie war kein Spielen.

In der Übergangszeit aus der Kindheit in die folgenden Jahre schwand langsam dies Spielen hin. Wir wollten es halten, begannen immer wieder, aber es hatte seine Zeit überdauert und erlosch in sich. Ich weiß, wie leer ich mir vorkam, ich fühlte deutlich einen Verlust. Wir glitten nun in andere Formen über, meist Lise und ich gemeinsam, sie mir folgend. Ich liebte sie sehr und hatte mir vorgenommen, nie zu heiraten, aber auch Lise sollte nie heiraten, sie sollte immer bei mir sein und gewissermaßen mir gehören. Sie war unendlich gutherzig und leicht zu verletzen. Mitunter reizte mich der Teufel, es zu tun. Hatte ich sie so weit, daß sie weinte, zerriß es mich fast innerlich. Wieviel verdanke ich Lise dadurch, daß sie mir unermüdlich Modell saß. Wenn ich zeichnete und bekam die Stellung nicht so heraus, wie ich sie haben wollte, dann machte sie die Stellung und machte sie immer gut und war unendlich geduldig.

Höhepunkt des Jahres waren die Sommerferien in Rauschen. Seit meinem neunten Jahr waren wir alle Sommer dort. Die Eltern machten einmal eine Reise durch das Samland und kamen nach dem Fischerort Rauschen, eine halbe Stunde von der See entfernt. Es waren vor kurzem mehrere Männer des Orts von einem großen Sturm auf See ertrunken. Die Witwe eines solchen, eine Frau Schlick, fanden die Eltern teilnahmslos vor sich hinbrütend auf der Schwelle ihres Hauses sitzen. Dies Haus hatte eine Lage, die die Eltern entzückte. Sie mieteten es erst und kauften es dann der Frau Schlick ab, so aber, daß diese mit ihren beiden Töchtern weiter im Hause wohnte. Der Vater nahm nun ein paar Veränderungen an dem

Haus vor, aber es behielt ganz den Charakter des Bauernhauses. Die Fahrt nach Rauschen dauerte fünf Stunden. Eisenbahn gab es nicht, wir fuhren mit einer Journaliere, das war ein großer, mit vier oder fünf Sitzreihen versehener bedeckter Wagen. Die hinteren Sitzreihen waren herausgehoben, und es kam da herein, was man für viele Wochen brauchte: Bettsäcke, Wäsche, Körbe, Bücherkisten, Weinkisten. Welche Wonne, wenn erst die Journaliere vor dem Hause stand, alles aufgeladen war, Mutter, Mädchen, wir Kinder (der Vater kam meist nach) auf den Vordersitzen verstaut waren, der Kutscher sich auf seinen vorderen Extrasitz schwang, die drei, manchmal vier Pferde anzogen, und es losging durch die engen Königsberger Straßen, durch das hallende Tragheimer Tor und dann quer durch das ganze Samland. Erst kurz vor Sassau konnte man zum erstenmal die See sehen. Da standen wir alle auf Zehenspitzen und schrien: Die See, die See! Die See ist mir niemals und nirgends mehr, auch nicht die Ligurische See, auch nicht die Nordsee, das gewesen, was die samländische See war. Diese unaussprechliche Erhabenheit der Sonnenuntergänge von der hohen Küste aus! Dies Ergriffensein, wenn man zum ersten Mal sie wieder nah sah, den Seeberg runterrannte, Schuh und Strümpfe auszog und die Füße wieder das Gefühl des kühlen Seesands hatten! Dieser metallische Schall der Wellen! Die schwärmerische Seeliebe wuchs, je mehr man in die empfindsamen Jahre hineinkam. Aber damals war Rauschen ein unbekannter Ort, nur aufgesucht von Naturschwärmern, da war man noch allein bei Sonnenuntergang, war die Küste unbebaut. Dies Kinderparadies ist gründlichst verloren.

Die Mutter blieb mit uns Mädchen bis in den September draußen, weil wir an keine Schule gebunden waren. Konrad durfte sich Freunde für längere Zeit mit rausbringen, wir hatten manchmal die Lisbeth Kollwitz draußen. Hier kann ich rasch noch von der Schule sprechen, die mir keine Freude machte. Großeltern, auch Eltern waren gegen die öffentlichen Schulen, so hatten wir Mädchen in kleinerem Zirkel Unterricht. Mit Julie und besonders Lise ist das wohl gut geglückt, zu meiner Zeit fand sich ein Zirkel zusammen, in dem wir Kinder nicht gut lernten. Die Leiterin war eine lungenkranke Dame, die Lehrerinnen waren, scheint mir, ohne Qualitäten. Nur den Literaturunterricht hatte ich gern und Geschichte. Im Rechnen war ich dumm und in den meisten anderen Fächern wohl auch mehr unintelligent als intelligent. In Rauschen unterrichtete ein Weilchen der Vater mich und Lise in Mathematik, die Lise begriff über Erwarten gut, ich über Erwarten schlecht.

Wofür ich den Eltern immer sehr dankbar gewesen bin, das ist, daß sie Lise und mich stundenlang nachmittags in der Stadt herumstreifen ließen. Auch hier wieder großzügiges Vertrauen und keine Nachspürerei. Nur wünschten die Eltern, daß wir nicht auf Königsgarten promenierten. Königsgarten entsprach etwa der Tauentzienstraße. Wir durften ihn nur überqueren, wenn der Weg so führte. Wir legten ihn meist so. Wir waren auf unsere Weise sehr eitle Dinger, ließen das Halstuch herauswehen und putzten uns zurecht, waren oft albrig und sehr kindisch. Das war der Teil Wegs, der über Königsgarten führte. Dann aber wurde es besser. Erst kauften wir Kirschen oder was es gab und dann ging das los, was wir Bummeln nannten.

Wann ich zum ersten Mal in die Freie Gemeinde kam, weiß ich nicht . . . Der geistige Inhalt der Religionsstunde sowohl wie vor allem der Sonntagspredigt wurde wohl in der Religionsstunde von Rupp durchgesprochen, er

172

wünschte dann aber in der nächsten Stunde wenigstens
etwas daraus, am besten einen Überblick des Ganzen,
von uns wiedergegeben. Das war mir sehr schwer. Solange ich folgen konnte, war es mir auch möglich, wiederzugeben, aber das Folgen eine volle Stunde hindurch war
sehr schwer, selbst dem Konrad. Nach einem Vortrag
erzählte der Großvater, wie Konrads Gesicht vor ihm
aufleuchtete, als er sagte: »Zum Schlusse . . .«
Nach dem Sonntagsvortrag versammelten sich einige
Gemeindemitglieder, und die Kinder und Schwiegerkin-
der Rupp mit den älteren Enkeln bei den Großeltern im
alten Pauperhausplatzhaus. Der Großvater, der zuerst
zum Ausruhen in seiner Stube war, kam dann zu uns herüber in die Wohnstube. Wenn er durch die kleine weißge-
strichene Tür hereinkam, kam er mir groß und ehrfurcht-
erweckend vor. Wir alle standen auf und begrüßten ihn.
Ob er groß war, weiß ich nicht, jedenfalls erschien er mir
so. Groß, schmal, ganz in Schwarz bis zum Kinn, die Brille leicht bläulich gefärbt, das blinde Auge durch ein
matteres Glas gedeckt. Sehr schön waren Großvaters
Hände, meiner Mutter Hände erinnern an sie, sie waren
groß und ausdrucksvoll geformt. An dem einen breiten
Fenster, das die Stube hatte, standen zwei alte Lehnstühle
einander gegenüber, da saßen die Großeltern, das ganze
Fenster war im Halbbogen umschlossen von Efeu. Hier
wurde meist noch über den Vertrag, aber auch über Politik und sonst Interessierendes gesprochen. Hier war die
Atmosphäre, die, nicht mehr ganz geistig, für mich
gemütlicher war. In der dunklen Wandecke rechts vom
großen Fenster, hinter Großvaters Stuhl, stand ein Tisch
mit einer großen Mappe mit Kupferstichen, an der
schmaleren Seitenwand links hinter Großmutters Stuhl
war ein kleines Wandbrett mit Büchern. Da holten wir
uns die Grimmschen Hausmärchen heraus. Meist aber

saßen ich und Lise an der Bildermappe. Wir verhielten uns mucksstill, hörten halb dem Gespräch zu, waren mehr bei den Bildern. In der Stube hing noch Großvaters Bild aus den Mannesjahren, von Gräfe gemalt. Wenn meine Erinnerung richtig ist, war es ein sehr gutes Bild.

Aus dieser Nach-Vortragsstunde in der warmen, hellen Großelternstube ist mir der Großeltern Bild unendlich freundlich, gütig und geistig in Erinnerung geblieben, dann aus den festlichen Sonntagnachmittagzusammen-künften bei uns zu Hause und aus der Weihnachtsfeier am ersten Feiertag. Darüber muß ich noch besonders sprechen. In den Vorträgen jedoch und auch in den Reli-gionsstunden war der Großvater mir nur ehrfurchtgebie-tend. Wenn wir, seine Enkel, in die Religionsstunde ka-men, waren wir für ihn nicht die Enkel, sondern Gemein-dekinder, genauso nah, genauso fern wie die übrigen. Schon das machte mich scheu. Nicht die geringste Scheu aber hatte der Konrad vor ihm. Wenn der Großvater bei uns war und im größeren Kreise Allgemeines besprochen wurde, der Großvater stets der verehrte und respektierte Mittelpunkt jedes Gesprächs war, setzte der Konrad sich auf seinem Fußbänkchen dicht an Großvaters Füße und fragte unbefangen mitten herein. Er machte sich auch gar nichts daraus, in der Religionsstunde zu spät zu kommen und dann, während er hinten an der Stubenwand seinen Überzieher von der Armen schlenkerte, schon von da aus zu antworten, während der Großvater vorn an jemand eine Frage stellte. Konrad war aber nicht im geringsten frech, nur naiv und zutraulich und für alles Geistige so interessiert, daß er in Rupps geistiger Atmosphäre gedieh und alle Poren öffnete. Er hat von uns Kindern die stärk-ste Einwirkung durch Rupp erfahren. Später hatte ihn der Großvater oft bei sich, half ihm nach in Latein und Grie-

chisch, sprach mit ihm Gelesenes durch, wies ihn hin auf
das, was er lesen sollte. Besonders manches kurze Wort
ist in Konrad haften geblieben. Der Großvater war immer
bereit, ihm zu geben, immer gütig und mitteilsam, und
auch seinen kurzen Humor lernte er kennen. Konrad war
schon Student, als der Großvater starb, er ist also in seinen empfänglichsten, richtunggebendsten Jahren noch
von ihm beeinflußt. Ich war siebzehn Jahre, als der Großvater starb. Rupp ging fast ausschließlich auf das Matthäus-Evangelium zurück. Die Wunder erklärte er nicht
rationalistisch, sondern er überging sie. Der Auszug der
vier Evangelien, den die Kinder der Freien Gemeinde besaßen, war gewissermaßen die reine Morallehre, wie
Rupp sie durch Jesus der Welt offenbart glaubte. Das
Matthäus-Evangelium lernten wir gründlich kennen und
die wichtigsten Aussprüche lernten wir auswendig.
Diese Religionsstunden waren sehr gehaltvoll, die geistig
entwickelten Kinder hatten außerordentlich viel davon.
Die Eltern der Kinder (ein Beiwohnen war erlaubt) ebenfalls. Ich habe später bedauert, nicht reif genug gewesen
zu sein zu diesem Unterricht. Gewiß verdanke ich ihm
viel, doch fühlte ich mich erleichtert, als mein Vater an
Großvaters Stelle die Religionsstunde übernahm. Der
Vater paßte sich mehr dem Durchschnitt der Kinder an
und lehrte mehr eine schlichte Ethik. Vom Vater bin ich
dann auch eingesegnet. Die Großmutter war neben dem
Großvater klein, wie alle ihre Geschwister Schiller. Sie
trug eine Haube mit blaßlila Bändern. Ihr Gesicht war gut
und freundlich. Ihr Temperament war ein ganz anderes
als Großvaters. Der Großvater stand über den Dingen
und dem, was der Tag brachte. Die Großmutter mitten
drin.
Das älteste Ruppsche Kind war unsere Mutter, in Gestalt, geistiger Haltung, Temperatmentsveranlagung

dem Großvater ähnlich. Sie heiratete mit 23 Jahren den
um zwölf Jahre älteren Vater. Zwischen Großvater und
Vater ist immer herzliche Freundschaft gewesen. Da die
jüngsten Rupps, Julius und Lina, heranwachsende Kinder
waren, als der Vater in die Familie Rupp trat, ist unser Vater wohl genauso beteiligt gewesen an deren Erziehung
wie der Großvater, der, von Arbeit überlastet, dankbar
war, vom jüngeren Freund sich im Erziehungswerk helfen zu lassen.

Käthe Kollwitz war Königsbergerin des Jahrgangs 1867. Die
»große Mitleidende« in der deutschen Kunst des späten 19. und
frühen 20. Jahrhunderts prangerte in ihrem Werk immer
wieder soziale Mißstände und den Krieg an. Die »Erinnerungen« der 1945 Verstorbenen erschienen 1923.

WILHELM WIEN

Ein Rückblick

Am 13. Januar 1864 bin ich in Gaffken bei Fischhausen in
Ostpreußen geboren. Meine Eltern stammen beide aus
Mecklenburg, woher in damaliger Zeit viele Landwirte in
Ostpreußen einwanderten, wo das Land noch billig war.
Wie der bis in den Anfang des 18. Jahrhunderts zurückge-
hende Stammbaum aufweist, waren fast sämtliche Vorfahren Pächter von Gütern in Mecklenburg und die Landwirtschaft der überlieferte Familienberuf. Der Name meiner Familie hat nichts mit der österreichischen Hauptstadt zu tun. Ob er die niederdeutsche Bezeichnung für
Wein sein soll oder wie von manchen behauptet wird,
Wiese bedeutet, kann ich nicht entscheiden. Unser Fami-
lienwappen enthält die Weintraube und die Getreideähre
und soll wohl auf den Namen und gewöhnlichen Familienberuf hinweisen. Der Name Wien ist ziemlich selten,
kommt aber vereinzelt in ganz Norddeutschland vor und
die Abarten Wiens, Wieneken, zeigen, daß ihm eine bestimmte Bedeutung zugekommen ist. In Westfalen kommen Ortsbezeichnungen wie Wienhausen vor.
Während die meisten meiner Vorfahren als Gutspächter
ein bescheidenes Leben führten, gelang es einem noch in
Mecklenburg ansässigen Zweig der Familie, einen größeren Landbesitz zu erwerben und zu größerer Wohlhabenheit zu gelangen. Von dem überlieferten Beruf des Land-
wirts wichen zwei Brüder meines Vaters ab, die Kaufleute
wurden. Da sie sehr tüchtig waren, wurden sie schon in
jungen Jahren Teilhaber eines großen Getreideexportge-
schäftes in Königsberg in Ostpreußen, das sie bald ganz
übernahmen.

Da sie rasch zu Wohlhabenheit gelangten, so ermöglichten sie es ihren drei Brüdern, die Landwirte geworden waren, sich in Ostpreußen eine selbständige Existenz zu verschaffen. Der älteste der Brüder und mein Vater kauften mit dem ihnen geliehenen Gelde Güter, während der jüngste eine große Staatsdomäne pachtete. Leider war das Gut, das mein Vater kaufte, Gaffken, zu groß und außerdem in schlechtem Zustand, so daß er zu große Geldmittel von seinen Brüdern leihen mußte, um das Gut in Ordnung zu bringen. Es mußte sehr viel gebaut werden und die meisten Wirtschaftsgebäude des Gutes stammen von meinem Vater. Es war ihm aber nicht möglich, die geliehenen Summen rechtzeitig zurückzuzahlen, und so kaufte, als ich zwei Jahre alt war, mein Onkel Gaffken, während mein Vater ein kleineres Gut, Drachenstein bei Rastenburg in Ostpreußen erwarb. Mein Vater hat diesen Wechsel niemals ganz verwunden, da er anderthalb Jahrzehnte seines Lebens auf die Einrichtung und das Ausbessern von Gaffken verwendet hatte und nun von neuem beginnen mußte. Es kam hinzu, daß er zu Anfang in Drachenstein Mißernten hatte und schwer kämpfen mußte. Obwohl er ein ausgezeichneter Landwirt war, von dem die Leute in Drachenstein noch heute sprechen, war er doch in seiner Tätigkeit durch ein körperliches Leiden behindert, das ihm das Gehen erschwerte. Er war als kleines Kind gestürzt und hatte eine Rückgratverletzung erlitten, die mit den Jahren schlimmer wurde, so daß er nur im Rollstuhl gefahren werden konnte. Diese Behinderung meines Vaters brachte es mit sich, daß meine Mutter sich mehr um die Landwirtschaft kümmern mußte, als gewöhnlich Landfrauen zukam. Sie war eine tüchtige und energische Frau, konnte aber doch nicht die Tätigkeit eines Mannes vollständig ersetzen. Mein Verhältnis zu meinen Eltern war immer ein sehr gu-

178

14 *Nicht weit war es von Gaffken nach Pillau. Wahrzeichen der bekannten ostpreußischen Hafenstadt war der Leuchtturm mit dem Denkmal des Großen Kurfürsten*

tes. Mein Vater pflegte, da er weder gehen noch reiten konnte, in einem kleinen Wagen herumzufahren und die Arbeiten zu beaufsichtigen. Ich fuhr sehr häufig mit und lernte da von Jugend auf den landwirtschaftlichen Betrieb kennen. Mein Vater sprach dann von seinen Erfahrungen namentlich bei der Ausführung landwirtschaftlicher Bauten und von Drainagen, da er sowohl in Gaffken wie in Drachenstein viel gebaut und drainiert hatte. Er war einer der ersten, der erkannte, daß die früher üblichen, aus Stein gebauten Getreidescheunen unpraktisch waren, weil sie zu viel kosteten, und der Luft zum Trocknen des Getreides nicht genug Zugang gestatteten. Er baute eine der ersten, ganz aus Holz errichteten Scheunen mit Bretterverschalung. Auch hatte er großes Verständnis für die Baukonstruktionen und hat, ohne eigentliche technische Schulung zu besitzen, die Entwürfe zu seinen Bauten selbst gemacht und ausführen lassen. Dann war er ein ausgezeichneter Pferdekenner, der den Wert und die Leistungsfähigkeit eines Pferdes mit einem Blick beurteilen konnte. Die Fahrten mit meinem Vater auf den Feldern unseres Gutes gehören zu meinen liebsten Erinnerungen. Meine Mutter besorgte die ganze Hauswirtschaft und die Molkerei. Außerdem besaß sie große Kenntnisse des Gartenbaus und hatte nicht nur einen großen Teil des Gartens neu bepflanzt, sondern sorgte auch ohne eigentlichen Gärtner nur mit Hilfe von Taglöhnern für den Gemüsegarten. Sie hatte ein wunderbares Gedächtnis und hatte die ausgebreitetsten Kenntnisse in der Geschichte und Literatur. Von Natur schwerblütig, nahm sie landwirtschaftliche Sorgen ernster als für diesen Beruf zweckmäßig ist. Die Unsicherheit in den Ernten, die eine Folge des rauhen ostpreußischen Klimas ist, brachte häufig finanzielle Schwierigkeiten, die meine Mutter bedrückten. Sie ging ganz in ihrer Tätigkeit auf und gönnte sich nur selten eine kleine Reise. Ihr Aufwand für Kleider und Luxus war überraschend gering. Meine Mutter und ich standen uns besonders nahe und als ich älter war, pflegte sie mir ihr Herz auszuschütten. Ich selbst war mehr nach der Art meines Vaters und mehr geneigt, alles in mir selbst zu verarbeiten. Meine Jugendzeit war deshalb eine einsame, da ich auf den Nachbargütern, mit denen wir verkehrten, keine Altersgenossen fand.

So kam es, daß ich in früher Jugend neben den Vorteilen und Reizen des Landlebens auch die Schwierigkeiten und Sorgen miterlebte. Zwar liebte ich das Landleben über alles und mochte niemals in der Stadt sein. Mit einem Knaben aus dem Dorfe, der mein Spielkamerad war, streifte ich durch die Felder und Wiesen und kannte jeden Fleck in der ganzen Umgegend. Ich beobachtete die Tiere und Pflanzen, aber nicht wie in ein Zoologe oder Botaniker, da ich wenig Sinn für Systematik hatte und auch niemals ein Sammler war. Ich lernte früh Schwimmen, Schlittschuhfahren und Reiten und ritt schon als kleiner fünfjähriger Knabe in die Stadt, um die Post zu holen. Aber ich wurde nie ein schulgerechter Reiter und mein Vater war immer unzufrieden mit meiner Reitkunst.

Bevor ich noch zur Schule ging, hatten meine Eltern eine französische Schweizerin ins Haus genommen, damit ich französisch lernte. In der Tat konnte ich sehr früh französisch sprechen. Da ich aber noch nicht schreiben und lesen konnte, so hatte ich von diesen französischen Kenntnissen nur den Vorteil, daß ich das Französische verhältnismäßig gut auszusprechen vermochte. Den ersten Unterricht erhielt ich in der Dorfschule. Da dieser Unterricht nicht genügte, so nahmen meine Eltern einen Hauslehrer ins Haus. Dieser Unterricht war sehr unregelmäßig und mangelhaft, ich lernte wenig und meine Eltern entschlossen sich, mich auf das Gymnasium in Rastenburg zu schicken. Da die Entfernung zu groß war, um sie zu Fuß zurückzulegen, so ließen meine Eltern einen geschlossenen Wagen bauen, mit dem ich jeden Tag zur Schule fuhr. Mittags aß ich bei dem Direktor des Gymnasiums. – Die Erinnerungen an diese Schulzeit sind für mich keine angenehmen. Die Lehrer waren unzufrieden mit mir, weil meine Vorbildung eine sehr lückenhafte war. Besonders in der Mathematik war ich ganz ohne Kenntnisse und ich konnte dem Unterricht deshalb auch nicht folgen. Die Schüler betrachteten mich mit Mißgunst, weil ich mit einem Wagen zur Schule fuhr, was den demokratischen Grundsätzen der Schule widersprach. Mir selbst war die Schule in der Stadt verhaßt, und ich wollte lieber durch die heimatlichen Fluren und Felder streifen und das freie Leben führen, das ich von Jugend an gewohnt war. Mit zwölf Jahren lernte ich ein Gewehr führen und auf die Jagd gehen und wurde bald zu Jagden mitgenommen, wodurch aber mein Interesse für die Schule nur vermindert wurde.

In den Schulferien kam ich mit meinen Vettern zusammen, die etwas jünger waren als ich und in Königsberg lebten. Ihr Vater war der Besitzer von Gaffken und ich ging meistens in den Sommerferien nach Gaffken, während die Vettern in den Osterferien nach Drachenstein zu kommen pflegten. Wir benahmen uns, wie es Knaben in dem Alter zu tun pflegen, und führten zusammen viele Knabenstreiche aus. In Gaffken war das Baden in der See immer das schönste, wir fuhren in einem besonderen Badewagen ans Meer, wo die Küste ganz einsam ist und jede Badeeinrichtung fehlte. Obwohl wir alle schwimmen konnten, war das Baden in der See nicht ungefährlich, weil bei starkem Winde außer dem Wellenschlage starke Strömungen vom Lande fortzogen. Ich erinnere mich, daß wir einmal zu weit hinausgeschwommen waren und nur mit größter Anstrengung und sehr ermüdet die Küste wieder erreichten.

Es wird jedem Menschen vorkommen, daß gewisse Augenblicke im Leben sich im Gedächtnis festsetzen und von allen anderen unterscheiden. So erinnere ich mich, daß ich an meinem Geburtstage, als ich 15 Jahre alt wurde, mit Schlittschuhen allein auf das Eis der an der Deine überschwemmten Wiesen ging und lange in Betrachtungen über mein zukünftiges Leben versank, das ich so tüchtig wie möglich gestalten wollte, ohne natürlich über den Weg im klaren zu sein.

In diesem Jahr trat eine wesentliche Veränderung in mein Leben ein. Der Direktor des Gymnasiums in Rastenburg, der mit meinem Vater befreundet war, wöchentlich einmal zum Kartenspiel mit ihm zusammenkam und manchmal die Ferien bei uns verbrachte, riet ihm, mich aus der Schule zu nehmen und Landwirt werden zu lassen, was ja doch das Naturgemäße sei. Da ich das einzige Kind meiner Eltern war, so war es ja natürlich der Wunsch meiner Eltern, daß ich später einmal das Gut übernehmen und ihr Lebenswerk fortsetzen sollte. Wegen meiner lückenhaften Vorbildung waren meine Leistungen auf der Schule keine guten und besonders in der Mathematik unzulänglich. Aber meine Eltern waren der Meinung, daß es für meine Ausbildung unbedingt nötig sei, das ganze Gymnasium durchzumachen. Sie nahmen mich daher aus der Schule, ließen mir aber von den besten Lehrern des Gymnasiums Privatunterricht geben, um die Lücken meiner Ausbildung auszufüllen. Bei diesem Unterricht gelang mir dieses schnell. Besonders lernte ich in kurzer Zeit bei einem ausgezeichneten Lehrer der Mathematik, Switalski, nicht nur die erforderlichen Kenntnisse erwerben, sondern auch großes Interesse an der Mathematik gewinnen. Ich begann mich schon bald mit der Infinitesimalrechnung zu beschäftigen, die eigentlich außerhalb des Bereichs der Schule lag. Nachdem ich ein Jahr lang diesen Unterricht genossen hatte, beschlossen meine Eltern, mich wieder auf die Schule zu schicken, aber nicht wieder nach Rastenburg, sondern nach Königsberg auf das Altstädtische Gymnasium, wo auch meine Vettern waren. Dort machte mir die Schule keine Schwierigkeit mehr. Ich brauchte nur wenig mehr zu Hause zu arbeiten und hatte keine Schwierigkeiten, die Schulaufgaben zu lösen. Ich trieb vieles andere, las Goethe, konnte bald den Faust auswendig und spielte während der Schulstunden Schach. Morgens kamen meine Vettern und ich häufig zu spät zur Schule und drangen dann, da die Tür verschlossen war, durch die Fenster, um noch gerade unsere Plätze zu erreichen. Trotz dieser Unregelmäßigkeiten beendete ich die Schule früher als eigentlich vorgeschrieben war. Da mein Interesse sich hauptsächlich der Mathematik und Naturwissenschaft zugewandt hatte, so beschloß ich diese Wissenschaften zu studieren, obwohl der Wunsch meiner Eltern nach wie vor der blieb, daß ich Landwirt werden sollte. In der Hauptsache war es allerdings der Wunsch meines Vaters, während meine Mutter dem Gedanken, daß ich studieren wollte, mehr und mehr zuneigte.

Der berühmte Physiker Wilhelm Wien, Nobelpreisträger 1911, wurde 1864 auf Gut Gaffken bei Fischhausen geboren. Er studierte Mathematik und Naturwissenschaften, mußte zwischendurch mehrere Jahre den kranken Vater bei der Verwaltung des Gutes unterstützen und lehrte später als Professor in Aachen, Gießen, Würzburg und München. In München ist er 1928 gestorben.

FRITZ SKOWRONNEK

Landleben und Ferien eines ostpreußischen Jungen

Wie reich meine Jugendzeit gewesen ist, habe ich erst begriffen und empfunden, als meine Kinder heranwuchsen. Als mir das zu Bewußtsein kam, habe ich alles darangesetzt, um ihnen wenigstens einen Abglanz der Herrlichkeiten zu verschaffen, die mir die Kindheit geschenkt hat. Ich machte mit ihnen Ausflüge in die Umgebung Berlins, ich fuhr mit Frau und Kindern jedes Jahr auf vier Wochen nach Masuren, durchstreifte mit ihnen die Johannisburger Heide, wo sie am tiefsten ist, segelte und angelte mit ihnen auf dem Spirding, dem größten Binnensee Norddeutschlands. Aber das alles war doch nur »Ersatz«. Den größten Teil ihrer Jugend verlebten sie doch in dem steinernen Häusermeer, spielten statt auf weichem Moosboden auf hartem Steinpflaster.

Meine Jugendzeit wäre ja auch nicht halb so schön gewesen, wenn ich sie in der Stadt in einer Pension hätte verleben müssen. Nein, ich kam 20 Minuten nach vier zu Hause an, trank hastig einen Topf Kaffee aus, nahm ein Stück Grobbrot in die Hand und »versammelte« mich auf dem Dorfanger, um mit einer Schar gleichgesinnter Altersgenossen in den Wald zu ziehen, wo wir im Fichtendickicht aus Stangen und Moos einen Wigwam errichteten und Szenen aus dem »Lederstrumpf« aufführten. Sogar die Friedenspfeife wurde geraucht, natürlich mit dem bei achtjährigen Helden üblichen Erfolg. Der Sybbaner Wald ist schön. Er wird von den Tatarenbergen durchzogen, zwischen denen, von hohen Fichten und

Kiefern umrauscht, zwei verträumte kleine Seen, die Tataren-Seen, liegen. Den Namen führen Berge und Seen zur Erinnerung an die Einfälle der wilden Horden im 16. Jahrhundert. Auf jedem See stand ein Kahn, der dem Vater gehörte und den wir ohne Einschränkung benutzen konnten. Mein Vater hatte den Grundsatz, daß Jungens nicht ängstlich am Schürzenbande der Mutter hängen dürften, sondern sich austoben müßten, und diesen Grundsatz habe ich getreulich befolgt. Der Vater nahm mich auch gern auf seinen Gängen durch den Wald mit, als ich noch klein war, er badete mit mir, setzte mich auf seine Schultern und schwamm mit mir weit in den See hinaus. Später, als ich schon selbst die Flinte führte, war ich sein unzertrennlicher Begleiter, sein Schatten. Und alles was mir die Natur lieb und wert gemacht hat, habe ich von ihm gelernt.

15 *An einem der masurischen Seen: dem Niedersee*

Mit dem naturwissenschaftlichen Unterricht war es in der Schule jämmerlich bestellt. Ich habe auf Quinta ein halbes Jahr Naturgeschichte gehabt, Botanik ausgerechnet im Winter! Sehr viel bin ich auch mit dem »Professor« im Walde herumgestrolcht. Das war ein alter Junggeselle, den der Alkohol aus seiner Laufbahn als Privatdozent der Naturwissenschaften geworfen hatte. Nun lebte er in seiner Vaterstadt Lyck von den Zinsen eines kleinen Vermögens und verdiente nebenbei durch Zusammenstellung von Sammlungen. Er sammelte Käfer, Schmetterlinge, Pflanzen, vor allem Moose, und verkaufte sie ins Ausland. Meine flinken Beine und meine Kletterkünste, die von einer hirschledernen Hose unterstützt wurden, konnte er sehr gut brauchen und holte mich regelmäßig ab, wenn er in den Sybbaner Wald ging. So lernte ich spielend, was mir die Schule schuldig blieb.

Vom Vater lernte ich auch das Angeln. Er fertigte sich selbst vorzügliche Angelruten. Die untere Hälfte bestand aus einer dünnen, leichten Fichtenstange, die mit Glas glattgeschabt wurde, der obere Teil aus einer Haselrute, die im Winter geschnitten worden war. Die Schnur wurde aus weißen Haaren eines Roßschweifs ohne jeden Knoten geköpert. Der Zufall fügte es, daß ich als Junge von sieben oder acht Jahren im Tatarensee einen schweren Hecht fing. Zwar brach der Stock, aber die Schnur hielt aus, und ich schleppte den Hecht ans Land. Von dem Tage an wurde das Angeln bei mir zur Leidenschaft und ist es geblieben bis auf den heutigen Tag. Ja ich kann sagen, daß ich schon seit Jahren dem Angelsport den Vorzug vor dem Waidwerk gebe.

Als ich mit dreizehn Jahren nach Untersekunda versetzt wurde, erhielt ich zur Belohnung die mir bereits gehörende Flinte, Hund und Jagdtasche und durfte die Jagd öffentlich ausüben. Das Geld für die reichlich gebrauchte

Munition mußte ich mir freilich selbst verdienen. Ich war natürlich der Meinung, daß ich diese Aufgabe aus dem Erlös des von mir erlegten Wildes würde bestreiten können. Nachdem ich jedoch mehrere Hasen auf dem Anstand und eine ganze Anzahl Märzenten erlegt hatte und die Mutter um Geld zu Pulver und Schrot ansprach, wurde ich energisch abgewiesen. Da klagte ich eines Abends, als wir in die finstere Oktobernacht zum Fischen hinausfuhren, Stomber mein Leid. »Ach Fritzku, sei man ruhig, wenn Pan Jesus heute ein bißchen Glück gibt, werden wir viele Fische fangen.« Ich zuckte die Achseln: »Was habe ich davon?« – »Wirst schon sehen.«

Von Hoffnung getrieben zog ich kräftig die Ruder. Schon nach kurzer Fahrt warf Stomber die vier aneinandergebundenen Staknetze aus. Nie vergaß er, dabei den frommen Wunsch auszusprechen: »Herr Jesus, gib uns Segen.« Ich zog die Schlagruder ein und nahm den Trimp zur Hand. Das ist eine lange dünne Stange, an der sich unten eine ausgehöhlte Glocke aus Holz befindet. Mit starkem Stoß wird sie ins Wasser getrieben und damit die Fische zum Netz gescheucht. Gleich der erste Fang war überreich. Wie ein weißschimmernder Berg lag das nasse Netz im Kahn. Während uns der schwache Wind leise auf den See hinaustrieb, lasen wir im Finstern die Fische aus dem Netz. Das ist eine mühsame Arbeit. Als wir mit dem zweiten Zug wieder so viele Fische gefangen hatten, sagte Stomber: »Jetzt setz die Ruder ein und fahr nach der Stadt zu Pfitzner. Der kauft uns die Fische ab.« »Aber Stomber, wir müssen doch Fische nach Hause bringen?« – »Ach, die fangen wir noch in zwei, drei Zügen, mehr als die Frau Förster brauchen kann.«

Mit Freuden nahm uns der Kaufmann die Fische ab. Er zahlte für den Zentner Plötzen 20 und für den Zentner Barsche 25 Mark und fügte aus freien Stücken noch eini-

ge Würstchen, Zigarren und eine halbe Flasche »Doppel-
neunkraft« hinzu. Wir fingen wirklich noch viele Fische,
daß die Mutter über den Fang erstaunt und erfreut war.
Stomber bekam 5 Mark, wofür er sich am nächsten Tag
heftig betrank. Ich teilte redlich den Verdienst mit Vater,
bei dem ich schon eine Anleihe von Pulver und Schrot gemacht hatte.

Die Mutter ahnte wohl, woher der Verdienst stammte,
von dem Stomber sich einen Riesenaffen kaufte und der
Vater sich einen ausgedehnten Frühschoppen leistete.
Aber sie schwieg. Sie gönnte mir den Verdienst, und
außerdem war ich schon damals ihre Hauptstütze. Der
Vater war in jenen Jahren sehr stark und schwer geworden und hatte wenig Lust, nachts sich abzuarbeiten,
nachdem er sich tagsüber müde gelaufen hatte. Ich hatte
manchmal auch wenig Lust, in die finstere Nacht hinaus-
zufahren und bei starken Winden den schweren Kahn
durch die hohen Wellen zu schleppen. Es war auch etwas
Gefahr dabei. Deshalb schickte Mutter manchmal Stomber fort, wenn er kam, mich zur Fahrt aufzufordern. Doch
der Schlauberger wußte sich zu helfen. Er nahm einen
Bohnenschacht und klopfte damit an das Fenster unserer
Bude im Giebel. »Junger Herr, heute nacht werden wir
viele Fische fangen.« Dann gab es kein Besinnen mehr. In
einer Viertelstunde war ich zum Fischfang angezogen
unten am See, wo Stomber schon die Netze verlas und
aneinanderknüpfte. In solchen Nächten saß die Mutter
manchmal, von der Angst um ihren Ältesten getrieben,
stundenlang unten am See, bis sie die Ruderschläge des
zurückkehrenden Kahns vernahm.

Nicht immer war das Fischen mit Anstrengungen und
Gefahr verknüpft. An windstillen klaren Herbsttagen
fuhr ich mit Stomber, den Hecht im Geläge zu jagen. Ich
nahm auch die Flinte mit. Langsam fuhren wir am Ufer

189

dahin und horchten, ob sich nicht irgendwo ein starker Hecht durch einen Rumpler bemerkbar machen würde. Dann wurde er mit einem Staknetz, das mit langer Stange ausgeschoben wurde, umstellt und mit derselben Stange aufs Netz getrieben. Ab und zu erspähte Stomber auch einen Lampe, der am steilen Ufer im Lager saß und den ich mit sicherem Schuß herunterholte. Auch Enten kamen mir vor die Flinte.

Zu Vaters Geburtstag, am 10. Oktober, gab es stets eine große Gesellschaft, zu der die Mutter Fische, Hasen und Enten brauchte. Deshalb mußte in den ersten Tagen des Oktobers sehr fleißig gefischt werden, denn es mußten mindestens zwei Hechte von 14, 15 Pfund beschafft werden. Für eine gemeinschaftliche Tafel war die Gesellschaft stets zu groß und die Försterwohnung zu klein. Aber man behalf sich mit dem damals allgemein beliebten »Trampeltisch«, auf dem die Gerichte aufgetragen wurden. Gespeist wurde an kleinen Tischen. Mir fiel das Amt zu, jedem, der an den Tisch trat, einen Teller, Mundtuch, Messer und Gabel zu überreichen.

Von dem Reichtum meiner Jugendzeit habe ich noch viel zu erzählen. Die Kolonie Sybba, die so dicht bei der masurischen Hauptstadt gelegen war, bot auch dem Handwerk einen goldenen Boden. Deshalb siedelte sich dort ein Radmacher, Böttcher, Schuster, Schneider, Drechsler, Brunnenbauer, Töpfer usw. an. Bei allen war ich sehr häufiger Gast. Der junge Böttcher, der noch keinen Gesellen hatte, rief mich zur Hilfe, wenn er auf ein Faß einen Reifen auftreiben mußte. Im Takt singend und schlagend gingen wir um das Faß herum und trieben den Reifen auf. Das Drechseln machte mir das meiste Vergnügen. Ich durfte an einer leerstehenden Bank soviel schnitzen wie ich wollte, mußte mir jedoch das Holz dazu selber mitbringen. Nun, daran war ja im Forsthaus kein Mangel. Mit Ausdauer und Erfolg betätigte ich mich beim Töpfer an der Drehscheibe. Man müßte sie bei dem Unterricht einführen, der zur Ausbildung der Handfertigkeiten erteilt wird. Denn nichts übt so sehr Hand und Auge, als das Formen von Gefäßen auf der Drehscheibe. Die ersten gelungenen Versuche, eine Schüssel und eine Kanne, tat der Meister in seinen Brennofen. Stolz brachte ich sie der Mutter, die sie getreulich bis an ihr Lebensende aufbewahrt hat.

Sehr gern saßen wir Jungens auch beim Schuster Saborowski, einem drolligen alten Kerl, der neben der Ausbesserung von Schuhwerk auch die Anfertigung von Holzpantinen betrieb. Das dazu erforderliche Ellernholz stahl er sich aus der königlichen Forst, das Leder erbettelte er sich in Gestalt von alten Stiefeln. Er erzählte drollige Geschichten oder hielt tiefsinnige Monologe, die uns ebenso amüsierten. Er hatte eine Marotte. Er behauptete, nirgends gäbe es ein so gutes Schusterpech als in Marggrabowa, und wanderte fast in jedem Monat zu Fuß nach dem etwa vier Meilen entfernten Städtchen. Später erfuhr ich, daß dort eine Witwe, eine Jugendfreundin wohnte, die er so regelmäßig besuchte. Das Schmieden habe ich erst als Hauslehrer gelernt und es darin soweit gebracht, daß ich nicht nur ein brauchbares Hufeisen, sondern auch einen Hufnagel aus einer Glut schmieden konnte. Wie oft ist es mir in meinem Leben zustatten gekommen, daß ich mit Hammer, Hobel, Säge, Bohrer und Stemmeisen umzugehen wußte.

Im Sommer fuhr ich sehr gern und oft mit unserem Knecht Fritzu Sareyka abends in den Wald. Nicht weit vom größeren Tatarensee lagen ausgedehnte Kiefernschonungen mit üppigem Graswuchs. Dort wurden die Pferde gekoppelt und zur Weide losgelassen. Wir sammelten einen Haufen dürres Reisig, zündeten ein Feuer an und lagerten uns daran. Der alte Knecht, der fast ein Menschenalter meinen Eltern diente, war ein drolliger Kauz, der mir unermüdlich Märchen erzählte. Einige davon waren ohne Zweifel masurischen Ursprungs. Die meisten jedoch waren deutsches Geistesgut, wenn auch oft umgeformt. Er hatte wie alle Masuren eine große Vorliebe für den Alkohol; wenn er dann betrunken nach Hause kam, entschuldigte er sich damit, »eine Ameise habe ihn in die Zunge gebissen«. Dann bekam er seine Tracht Prügel, die er als wohlverdiente Strafe ruhig hinnahm, und ging ernüchtert wieder an seine Arbeit.

Noch ehe der Tag graute, ging ich mit der Flinte bis zum Torfbruch, wo die Birkhähne balzten, und setzte mich in einen der von mir selbst erbauten Schirme. Fritzu nahm seine Sense und ging in die Schluchten, wo ein Wald von halbmannshohen Nesseln stand, die er abmähte und auf den Wagen lud. Sowie ich zurückkam, spannten wir die Pferde ein, die sich voll und rund gefressen hatten, und fuhren an den See, wo wir noch eine Menge Rohr mähten, das, in der Häckselmaschine kleingeschnitten, dem Vieh als Futter gegeben wurde. Im Winter, der in meiner Jugendzeit stets tiefen Schnee und harten Frost brachte, richtete Vater die Lauerhütte her. Am kleinen Tatarensee stand im Sommer ein Gerüst aus Stangen, dessen Zweck manchem Spaziergänger Kopfzerbrechen verursacht haben muß. Sobald die Seen zugefroren waren, wurden Rohr und Binsen gemäht, und nun stand statt des Gerüsts ein harmlos ausschauender Streuhaufen da. Aber er hatte es in sich! Denn es war unsere Lauerhütte. Der Boden des leeren Raumes zwischen dem Stangengerüst war mit Heu und einer alten Pelzdecke belegt. Nach vorn war eine Schießscharte aus Brettern eingelegt, hinten befand sich der Ausgang, der mit einem Bündel Heu verschlossen wurde. Dreißig Schritt vor der Schießscharte

kam das Luder, ein Pferdekadaver, zu liegen. Der Abdek-
ker wohnte in Vaters Revier und war verpflichtet, den
Förstern die Kadaver zu liefern, wofür er durch Holz ent-
schädigt wurde. In mondhellen Nächten wurde einer von
uns im einspännigen Schlitten an die Lauerhütte gefahren. Über das herausgezogene Bündel schlüpfte man in
die Hütte hinein und machte es sich dort bequem. Die
Schießscharte wurde mit dichtem Tuch behängt und eine
Laterne angezündet. Ich hatte stets einen Schmöker mit,
in dem ich eifrig las. Von Zeit zu Zeit löschte man die Laterne und spähte hinaus. An Füchsen war dort an der
Grenze kein Mangel; manchmal rissen zwei, drei an dem
Kadaver. Dann schob man vorsichtig die Flinte in die
Schießscharte und erlegte die hungrigen Räuber ...
Im Herbst kam erst die Hühnersuche, dann der Anstand
auf Hasen und der Entenzug. Der Vater bewirtschaftete
den an die Forst angrenzenden, dem Gutsbesitzer Strehl
in Mrosen gehörigen Wald. Dafür hatten wir die Erlaubnis, auf seinem Gut und in seinem Wald alles Wild zu
schießen, das natürlich redlich geteilt werden mußte. Da
war es erklärlich, daß kein Abend verging, an dem ich
nicht mit der Flinte hinauswanderte, um einen Krummen
zu erlegen.
Zum Entenzug mußten wir fast eine Meile fahren, bis dahin, wo der Lyckfluß in das zur Forst gehörige große
Torfbruch eintritt. Wenn der Himmel einen klaren Sonnenuntergang mit schönem Abendrot versprach, schickte der Vater den Wagen zur Schule. Sobald der Wagen
anrasselte, schickte der Direktor, der sich schon zur Jagd-
fahrt gerüstet hatte, den Pedell in meine Klasse und ließ
mich herausholen. Vor dem Elternhaus erhielt ich Gewehr und Jagdtasche und trank hastig einen Topf Kaffee,
denn wir mußten uns beeilen, um nicht zu spät zu kommen. Die Enten waren damals in Masuren das häufigste

Wild. In gewaltigen Scharen lagen sie tagsüber auf den Seen, und abends stiegen sie auf und zogen auf die Flüsse und Brücher, um dort zu buddeln.

Einen großen Raum nehmen in meiner Erinnerung die Ferien ein. Ich hatte die Auswahl unter drei Orten, die mich anzogen, und zwar gleichermaßen. Der erste war Poseggen, wo der ältere Bruder meines Vaters, Samel, ein Bauerngut von 700 Morgen besaß. Er war ein gewaltiger Jäger vor dem Herrn und hatte alle Jagden weit und breit gepachtet. Er jagte den Hasen noch mit Jagdhunden. Da lernte ich die aufregende Erwartung kennen, wenn die Hunde Singer und Schumlas im Walde laut wurden und mit hellem Geläut einen Hasen oder Fuchs heranbrachten. Der Onkel sprach nur gebrochen Deutsch und bediente sich lieber des Masurischen. Unermüdlich fragte er mich aus. So erinnere ich mich, daß wir eines Abends bei klarem Himmel vor der Tür standen und ich ihm einen Vortrag über die Sterne und andere Himmelskörper halten mußte. Was für eine Weisheit mag ich da als elf- oder zwölfjähriger Junge zum besten gegeben haben!

Meine Vettern waren mehrere Jahre älter als ich. Sie ritten jeden Abend mit den anderen Burschen des Dorfes auf die noch nicht aufgeteilten Weidegründe des Dorfes. Jeder brachte etwas Kien, einen Sack Torf und Kartoffeln mit. Dann wurden am Feuer Märchen erzählt und Kartoffeln gebacken. Einer mußte mit Gewehr bewaffnet und von mehreren Hunden begleitet Wache gehen. Denn es kam damals nicht selten vor, daß Wölfe die Pferde überfielen. Dann ergriffen die Burschen Kienspäne, die am Feuer angezündet wurden, und liefen fort, um die Räuber zu verjagen. Die Stuten sammelten sich, mit den Hinterfüßen nach außen, zu einem Kreis, in dem die Fohlen standen, die Hengste umkreisten mutig schnaubend die Herde.

Der zweite Ort war Bagdohnen, wo die Schwester Adele meiner Mutter an einen Förster Bauszus verheiratet war. Das Forsthaus lag tief im Walde an der dort noch jungen Inster. Der Weg nach Bagdohnen war weit. Ich fuhr bis Goldap mit einem der Wagen, die die Schüler abholten. Von dort bis Pillkallen marschierte ich zu Fuß. Meistens fand ich dort Fuhrgelegenheit bis zu meinem Ziel. Dort strolchte ich mit den jungen Forstaufsehern durch die wunderbar schöne Schoreller Forst. Sie hat gemischten Bestand; neben Kiefern und Fichten gewaltige Eichen und Buchen und viele Wiesen. Mein Hauptvergnügen jedoch war das Fischen, Angeln und Krebsen in der Inster. Mit Netztellern, auf die ein gehäuteter Frosch gebunden war, fing ich täglich mehrere Schock der schmackhaften Kruster, von denen der Onkel den Löwenanteil nach Größe und Zahl verspeiste. Das Fischen besorgte ich mit vielem Geschick und Glück bei dem Gutsnachbarn Riedelsberger, durch dessen Land die Inster floß. Er war nicht reich, aber klotzig wohlhabend, wie er selbst zu sagen pflegte, und hatte immer etwas sehr Gutes im Keller, was ich ziemlich früh schätzen gelernt hatte.

Der dritte Ort war die kleine russische Grenzstadt Grajewo. Dort befehligte ein Vetter meiner Mutter, Onkel Eduard Kleckel, als Kordonmajor die Grenzwache. Ein Freund meines Vaters, Grafenberger, war der oberste Telegraphenbeamte. Und wer den Papst zum Vetter hat usw. So kam es, daß ich mich in der Kaserne herumtreiben durfte und nicht nur den Dienstbetrieb beim russischen Militär, sondern auch das Leben im Offizierskasino kennenlernte. An Jagd fehlte es auch nicht. Dicht bei der Stadt wohnte der polnische Graf St., der russenfreundlich gesinnt war und seine große Besitzung ungeschmälert behalten hatte. Außerdem konnten die russischen höheren Beamten mit dem Gewehr so weit herumspazieren,

195

wie der Himmel blau war. Da es in Rußland keine Schonzeit gab, wurden schon Anfang August die ziemlich ausgewachsenen Hühnervölker und die damals noch zahlreichen Wachteln bejagt und geschossen. Im Winter fuhr der Vater sehr oft mit mir zur Jagd nach Grajewo. Ohne Praschport (Grenzpaß), mit Gewehr und Hunden fuhren wir mit dem Wagen, der mit verbotenen Dingen beladen war, über die Grenze. Der Kammerdirektor war selbst ein Deutscher und eifriger Jäger, begrüßte uns und fuhr mit zur Jagd. Für die Rückfahrt wurde uns selbst nachts, wenn Rußland hermetisch verschlossen war, die Grenze geöffnet. Dann nahmen wir Lebensmittel als Rückfracht mit, die wir mit deutschem Silbergeld für einen Spottpreis eingekauft hatten. Ja, damals waren doch noch andere Zeiten!

So ausführlich ich auch meine Jugendzeit geschildert habe, das Bild würde nicht vollständig sein, wenn ich nicht unserer Beziehungen zu der Villa Böhm gedenken wollte. Mein Vater war noch in Schuiken, als sich dort ein Bauinspektor Springer zur Vermessung der Ländereien einfand und für einige Wochen Aufnahme fand. Daraus entwickelten sich freundschaftliche Beziehungen, die sich auch auf die Schwägerin Springers, die Frau Oberamtmann Böhm in Göritten, erstreckten. Ihr Mann hatte Jahre hindurch die größte Domäne Ostpreußens, die nicht weit von Schirwindt liegt, in Pacht. Er erlag einem Gehirnleiden, das aus einem Schlag auf den Kopf entstanden war, und starb in geistiger Umnachtung. Seine Witwe, noch in ihrem hohen Alter eine blendend schöne Frau, fuhr oft am Forsthaus mit einem Schimmel-Viererzug vorbei.

Ihre einzige Tochter verheiratete sich an einen Kreisrichter Böhnke, der sein Amt aufgegeben und sich in Masuren die Güter Andreaswalde und Rakowen kaufte. Bei

196

der Geburt seines zweiten Sohnes starb ihm die Frau im Wochenbett. Die beiden Jungen Adolf und Franz kamen nach Lyck aufs Gymnasium und zu ihrer Großtante Springer, bei der ich als kleiner Knirps Freitisch hatte, in Pension. Die beiden Jungen waren mehrere Jahre älter als ich, aber in der Schule nicht sehr weit über mir. Als die Frau Oberamtmann die Domäne abgab, bezog sie das Herrenhaus von Andreaswalde. Zu den Ferien und auch manchmal zum Sonntag erschienen ihre beiden Enkelsöhne und brachten ihre intimsten Freunde, Franz Schmidt und mich, mit.

Was haben wir in dem alten geräumigen Gutshaus, in Park und Wald für Streiche vollführt! Frau Oberamtmann hatte einen Diener, einen Zwerg, Georg Adelshöfer. Der urdrollige Kerl war kaum ein Meter hoch, aber ein sehr geschickter Diener und Tafeldecker. Mit schwärmerischer Liebe hing er an Adolf und Franz, die er auf seinen Armen getragen, und duzte sie noch, als sie schon Männer in Amt und Würden waren. Er ließ sich alle Neckereien gutmütig gefallen. Nur einmal wurde er böse, als wir ihn mit seiner Schlafschachtel unter ein Bett schoben und er beim Aufwachen nicht wußte, wo er sich befand. Als nach einigen Jahren Andreaswalde verkauft werden mußte, sah sich Frau Oberamtmann nach einem neuen Wohnsitz um. Ich war gerade bei Frau Bauinspektor Springer, die ich Tante Ida nannte, zum Freitisch und erlaubte mir den Vorschlag, nach Sybba zu ziehen und das Hoppsche Haus zu kaufen, das der Besitzer veräußern wollte.

Mein Vorschlag fand Beifall. Schon am nächsten Tag war das Haus gekauft und auch eine daneben befindliche alte Chalupp, die sofort abgerissen wurde. Zu dem Hoppschen Haus gehörte auch ein massiver Stall. Nun wurde zwischen Haus und Stall ein Flügel hergerichtet und da-

durch eine Flucht von fünf Zimmern hergestellt. Daran
schloß sich die Küche und dahinter eine Veranda, nach
der Seeseite mit Fenstern versehen, die das Zelt genannt
wurde.

Der große Garten wurde mit Obstbäumen bepflanzt.
Kurzum, es wurde ein sehr behaglicher Wohnsitz. Der
Bauinspektor Springer war inzwischen gestorben, und
Tante Ida zog zu ihrer Schwester nach Sybba. Die andere
Seite des Hauses bewohnten zwei ebenso alte Damen,
ebenfalls Schwestern und Kusinen der beiden.

In vollster Harmonie lebten die vier alten Damen, die einen gemeinschaftlichen Haushalt führten, miteinander
und in engem Verkehr mit meinen Eltern, die ihnen Gemüse, Milch, Butter, Eier, Fische und Wildbret lieferten
und das Fuhrwerk stellten. Wir Jungen gingen gern zu
den freundlichen alten Damen. Mein Bruder Richard war
der Liebling der Frau Oberamtmann, ich war der Liebling
der Tante Ida, ihr *tingi chlop* (starker Mann), wie ich mich
einmal mit Selbstbewußtsein bezeichnet hatte, als sie
mich einen kleinen Jungen nannte. Die alten Damen nahmen noch reges Interesse an der Welt und hatten viel Verkehr. Sehr oft und stets zu den Ferien kamen Adolf, der
Jura studierte, und Franz, der als Jägerleutnant in Braunsberg stand, zu Besuch. Wenn die alten Damen sich zur
Ruhe begeben hatten, stellten wir uns ein Achtel Bier in
der Veranda auf und ließen von Georg, genannt Oku,
fleißig einschenken.

Ja eines Abends zogen wir unter Vorantritt Okus, der die
brennende Lampe trug, zum Giebel des Hauses und
brachten einem oben schlummernden holden Mädchen
ein Ständchen. Als wir in das Zelt zurückkehrten, war das
Achtel Bier spurlos verschwunden. Frau Oberamtmann
hatte es heimlich weggeschafft. Doch wir kamen dadurch nicht in Verlegenheit. Ich wußte, daß Mutter Sauer

mehrere Fäßchen in unserem tiefen kalten Brunnen auf-
bewahrte. Ich stieg in die grausige Tiefe hinunter und
schleppte auf schwankender Leiter ein Fäßchen herauf.
Als wir es näher besichtigten, ergab es sich, daß es meiner
Mutter gehörte und mit sauren Gurken gefüllt war. Also
nochmal hinunter und herauf, und nun hatte ich das
Richtige erwischt. Timo, der auch dabei war, holte von
seiner Mutter einen Kran, und bald setzten wir das Ze-
chen mit neuen Kräften fort.
Frau Oberamtmann hatte in jüngeren Jahren mit ihrem
Gatten weite Reisen gemacht und dabei viele hervorra-
gende Männer kennengelernt, mit denen sie noch in
ihrem Alter in regem Briefwechsel stand. – Nun muß ich
einschieben, daß Lyck damals seinem Ruf als Hauptstadt
Masurens alle Ehre machte. Es hatte sich ein Verein gebildet, der alle geistigen und musikalischen Größen, die
nach Königsberg kamen und meistens nach Petersburg
weiterreisten, zu einem Abstecher nach Lyck einlud. Sehr
viele folgten dem von einer namhaften Einnahme unter-
stützten Ruf, und fast jeder fand die Zeit, in der Villa
Böhm einzukehren. So kam es, daß ich in dem weltfernen
Dörfchen an der russischen Grenze Männer wie Hart-
mann, den Philosophen des Unbewußten, Alfred Brehm,
Schlagintweit-Sakünlinksi, Gerhardt Rohlfs usw. kennenlernte. Alfred Brehm habe ich als zwölfjähriger Junge
viel von unserer alten Hühnerhündin Diana erzählen dürfen.
Noch heute denke ich mit Rührung und Freude an die
vielen frohen Stunden zurück, die ich in der Villa Böhm
verlebt habe. Sie haben mir viel auf den Lebensweg mitgegeben. In sehr hohem Alter erst legten sich die lieben
Altchen zum ewigen Schlummer nieder. Sie schlafen auf
dem kleinen Waldkirchhof von Sybba, wo ihnen die alten
Kiefern das Schlummerlied singen.

Aus den vielen lieben Erinnerungen an die Jugendzeit möchte ich hier noch eine anfügen. Den Kindern der Großstadt ist das Wort *Pferdemarkt* ein leerer Klang. In mir ruft es eine Fülle lustiger und ernster Erinnerungen wach. Bilder erscheinen vor meinem Auge, in denen ein Stückchen Kulturgeschichte steckt. Die Voraussetzung dafür ist allerdings, daß man *Ostpreußen* zur Heimat hat, die große Remontekammer des preußischen Staates. Nur dort ist es begreiflich, daß der Volkswitz jeden Pferdemarkt als »Peerdsheiligedag« bezeichnet, der energisch gefeiert werden muß.

Auch die Schuljugend konnte an dieser Feier teilnehmen, denn am Tage des Pferdemarktes fiel der Unterricht aus. Der Zweck der Maßregel war ja freilich ein anderer. Die zarten Knaben und frischen Jünglinge sollten vor jeder Gefahr behütet werden. Deshalb wurde ihnen regelmäßig die dringende Mahnung erteilt, sich nur ja nicht in dies Gewühl von Menschen und Tieren zu begeben. Natürlich war am andern Tage das ganze Gymnasium auf dem Pferdemarkt, mit Ausnahme der wenigen Stadtjungen, die keinen »Pferdeverstand« besaßen und sich vor dem Gewühl fürchteten. Die anderen aber waren alle sachverständig, denn sie waren auf dem Lande geboren. Und sie durften doch nicht fehlen, wo es galt, so hochgeschätzte Kenntnisse zu betätigen! Viele mußten ja den Vater unterstützen, der kaufen oder verkaufen wollte! Und sich vor einem Pferd fürchten?! Wie wenig kannten doch die Lehrer die Anlagen und Fähigkeiten dieser rotbackigen, strammen Bengel, denen am Montag, wenn sie vom Besuch des Elternhauses zurückgekehrt waren, die Gedanken noch immer zu den glatten Fohlen zurückliefen. Und wenn ich als Hauslehrer meinen Zögling, einen prächtigen Burschen von dreizehn Jahren, zur Arbeit holen mußte, fand ich ihn stets bei seinen Pferden, einem

Ponygespann und einem Reitpferd, die er eigenhändig fütterte und putzte.

Eines Tages kam er vom Felde zurück, der ganze Anzug mit einer Kruste von nassem Lehm bedeckt.

Er war in der Fohlenkoppel gewesen, wo die zwei- und dreijährigen Remonten weideten, hatte eins der jungen wilden Tiere, wie schon öfter, mit Zucker an sich gelockt und ihm beim Füttern einen Strick ins Maul geschoben.

Im nächsten Augenblick hatte er die Enden des klafterlangen Strickes dem Tier um den Hals gelegt und sich auf seinen Rücken geschwungen. Wie wahnsinnig war das Tier davongestürmt – vergeblich! Der Schlingel saß wie eine Klette auf dem Pferde. Schließlich hatte es sich in einer dickflüssigen Wasserlache hingeworfen, um sich zu wälzen. Aus solchen Buben werden gute Reiteroffiziere.

Mit dem Pferdehandel ist es eine eigene Sache. Bei anderen nutzbaren Haustieren wird der Kauf und Verkauf nur von der Zweckmäßigkeit oder dem Bedürfnis veranlaßt. Mit dem Pferde handelt man, weil es oft Liebhaberwerte entwickelt. Bei Rind und Schwein gibt das Gewicht und der Fleischpreis einen festen Anhalt für die Bewertung. Beim Pferde gibt nur das Alter, das Aussehen, das Vorhandensein kleiner Fehler usw. einen gewissen Anhalt. Aber der Spielraum in der Bewertung ist groß. Man kann ebensogut für ein Pferd 800 wie 900 Mark fordern und – erhalten! Es kommt nur auf das Verhältnis von Angebot und Nachfrage an.

Man kann den Pferdehandel daher mit Recht als ein Glücksspiel bezeichnen. Daraus erklärt sich wohl auch der in Ländern mit starker Pferdezucht überall auftretende Hang zum Pferdehandel. Und wenn man den zahlreichen Sprichwörtern, die dies Thema behandeln, glauben darf, dann wird nirgends soviel gelogen und betrogen, wie beim Pferdekauf.

In drastischer Weise hat es Reuter in einem Läuschen geschildert, wie ein Landpfarrer frühmorgens auf dem
Markt seinen Braunen verkauft und spät abends bei La-
ternenlicht ein neues Pferd ersteht. Es geht so gut zu Paß
und zeigt sich mit dem Heimweg so vertraut, daß der
Knecht schließlich abspringt.

> »Un weiten S'wat, Herr Pastor, wat ick mein?
> Wi hewwen makt en schön Geschäft,
> Wi heww'n den ollen Brunen wedder köfft.«

Ja, so was soll vorkommen beim Pferdehandel. In
Ostpreußen stehen die polnischen Juden in dem Ruf, daß
sie es verstehen, ein Pferd »ganz neu zu machen«. Sie mai-
lachen es, d.h. sie putzen dem alten Gaul die schwärzli-
chen Zähne und feilen die Striche ein, an denen man das
Alter erkennt. Dann füttern sie es auf, wobei ein Zusatz
von gelöschtem Kalk sehr gute Dienste leisten soll. Eine
kleine Beigabe von Arsenik macht das Fell glatt und glänzend. Und am Markttag erhält der Gaul öfter einige Bissen Brot, die in Branntwein getaucht sind. Dann wird er
mutig und feurig. Das heißt, in Wirklichkeit ist er etwas
angesäuselt.
Schon am Vorabend kamen die Juden über die Grenze.
Ihre eigentümlich schmalen, langen Korbwagen waren
mit einem Stangengerüst umgeben, an denen die Pferde
angebunden waren. Schöne, glatte, mutige Tiere, denen
die Mähne und Schweife mit Bändern und Stroh festge-
flochten waren, damit sie am andern Tage üppig und
wellig aussahen. Natürlich waren nicht alle Pferde »ge-
mailacht«, sondern es waren sehr schöne Tiere darunter,
besonders die Ukrainer, die von Händlern eifrig begehrt
wurden und sofort eine weite Reise nach dem Westen
antraten.

202

Aber die Nähe der Grenze begünstigte den Pferdedieb-
stahl. Deshalb konnte man an jedem Markttage Russen
sehen, die jedes der aufgetriebenen Tiere stark muster-
ten. Ebenso fuhren masurische Grundbesitzer, denen
Pferde von der Weide oder sogar aus dem Stall abhanden
gekommen waren, zu den russischen Märkten, freilich
meistens ohne Erfolg.

Verhältnismäßig am ruhigsten ging es dort zu, wo die
Gutsbesitzer mit ihren Pferden standen. Die Händler gingen umher, besahen jedes einzelne Tier und ließen sich
vom Knecht den Namen des Besitzers und den Preis sagen. Sie suchten meistens Paßpferde, d.h. solche, die
nach Farbe, Größe und Alter ein passendes Gespann oder
gar Viererzug abgaben. Dann boten sie ansehnliche Preise und handelten nicht lange, weil sie das Pferd eben
brauchten und sicher waren, beim Verkauf des Gespanns
einen Gewinn zu erzielen. Und die Besitzer ließen auch
nicht viel mit sich handeln, denn sie verkauften ja nicht
aus Not.

Voll Geschrei, aber auch voll drastischer Komik war der
Standplatz der Bauernklepper. Dort wurde nicht nur gekauft, sondern auch getauscht. Bereits in den ersten Mor-
genstunden standen die Bauern unter der erregenden
Wirkung des Alkohols. Da hielt es keiner auf seinem
Platz aus. Den Zügel des Gauls über den Arm gestreift, so
wanderten sie ruhelos umher, das heißt, sie drängten sich
mühsam aneinander vorbei. Im Frühjahr und Herbst war
der Platz meistens durch Regengüsse aufgeweicht, so
daß man in einem Schmutzbrei watete, der tatsächlich bis
über die Enkel ging. Viele zogen es dann vor, den Gaul zu
besteigen und umherzureiten. Da konnte man groteske
Gestalten sehen! Der Masur ist meistens hoch gewachsen, aber hager. Damals trug fast jeder einen unbezoge-
nen Schafspelz, der seinem Alter entsprechend in leuch-

tendem Weiß prangte oder verschiedene Schattierungen eines schmutzigen Grau aufwies. Die Füße steckten in Holzschuhen, die man ihrer Form wegen auch Gänserümpfe nennt. Nun denke man sich solch eine Gestalt auf einem kleinen struppigen Gaul, der so klein ist, daß die Füße des Reiters beinahe den Erdboden berühren.

Hier begegnen sich zwei Bauern. Sie haben bereits die Erfahrung gemacht, daß wenig Kauflust vorhanden ist.

»Na, Bruder, wie geht's? Willst verkaufen?«

»Man möcht ja . . . willst du auch verkaufen?«

»Verkaufen . . . vielleicht auch tauschen . . .«

»Na, denn können wir ja ein Geschäft machen. Wie alt ist deine Kobbel?«

»Zujahr ist sie acht . . .«

»Ja, auf einer Seite . . .«

Das Mißtrauen ist auf beiden Seiten groß, aber noch größer die Lust, zu schachern. Sie reiten aus dem Gedränge hinaus auf den freien Platz, wo die Käufer sich die Pferde in allen Gangarten vorführen lassen. Darin sind die Juden Meister. Sie sollen es mit Hilfe von weißem Pfeffer, der an der geeigneten Stelle appliziert wird, erreichen, daß das Pferd beim Antraben stolz den Schweif hebt. Ein schwarzgelockter Jüngling, dem der Kaftan um die Beine fliegt, führt das Pferd am Zügel; der eigentümlich scharfe Schrei, den er dabei in kurzen Zwischenräumen ausstößt, soll es so erregen, daß es den Hals wölbt und die Nüstern bläht . . .

Da saußen die beiden Bauern vorbei. Sie arbeiten mit Händen und Füßen, um ihre Gäule anzutreiben, denn der Sieger im Wettlauf kann dann von dem anderen die Zuzahlung einiger »Dahler« verlangen. Sie werden natürlich sofort zum »Begießen« des Geschäfts verwendet . . . Es ist vieles anders geworden in meiner Heimat, Gott sei Dank besser! Der Fusel hat mit der Besserung der wirt-

204

schaftlichen Verhältnise seine Macht verloren. Der masurische Bauer ist in den letzten dreißig Jahren ein sparsamer, nüchterner Wirt geworden. Nur eines kann er nicht lassen, und das ist das Schachern und Tauschen mit den Pferden. Aus den unansehnlichen, struppigen Gäulen, die bei äußerst kargem Futter nicht nur schwer arbeiten, sondern auch wöchentlich einmal, nämlich an jedem Markt, von des Morgens bis in die Nacht frieren und hungern mußten, ist durch Zuführung edlen Blutes eine Rasse entstanden, die sich durch Zähigkeit und Ausdauer besonders auszeichnet.

Und masurische Kunter wurden deshalb von unsern braven Reitern in Südwestafrika vor allen andern hochgeschätzt. Man hatte auch die Besten der Besten auswählen können, denn in dem ganzen Landstrich blieb wohl kaum ein Gaul im Stall, der nicht der Kommission vorgeführt wurde. Das waren doch wirkliche Festtage für die Bauern, »Peerdsheiligedage«. Denn neben dem offiziellen Markt wurde gehandelt und geschachert nach Herzenslust. Freilich – die Händler hatten den »Schmand« abgeschöpft. Sie hatten von Pferden aufgekauft, was sie bekommen konnten. Glücklicherweise ist der masurische Bauer mit einem grenzenlosen Mißtrauen gegen alle Händler erfüllt, die zu ihm auf den Hof kommen. Er vermutet sofort einen außergewöhnlichen Anlaß und schlägt mit dem Preise auf.

Außerdem läßt er sich nur ungern das Vergnügen nehmen, das er auf dem Markt findet, obwohl er namentlich als Käufer in der greulichsten Weise übers Ohr gehauen wird. Denn auf den Märkten treibt sich stets eine Anzahl von Händlern herum, die man dort »Koppscheller« nennt. Was der Name bedeutet, ob er etwas mit dem »Koppen« oder »Krippensetzen« der Pferde zusammenhängt, habe ich nicht ergründen können. Jedenfalls bezeichnet er eine Klasse von Händlern, die durch Kauf oder Tausch einige »Dahler« zu ergattern bemüht sind. Es wäre vergeblich, die Beredsamkeit, die Tricks, die Kniffe dieser Leute mit Worten zu schildern. Wie sie nacheinander demselben Bauern ein immer niedriger werdendes Angebot machen, erinnert an den Ulk der Studenten, die dem Bauern einreden, daß sein Kalb, das er zu Markt führt, eine Gans sei. Nun gibt es ja auch unter den masurischen Bauern manche, die aus Dombrowken stammen. So heißen alle Orte, die man anderswo Schilda, Schöppenstedt oder Köpenick nennt. Und ein allbekannter masurischer Schildbürgerstreich erzählt von einem Bauern, den seine Frau mit einem Pferd und einem Hahn zum Markt schickt. Unterwegs verwechselt er den Kaufpreis der beiden Tiere und verkauft das Pferd für fünfzehn »Dittchen«.

In der Zeit, aus der ich schildere, wurde natürlich auch der Alkohol von den Händlern zu Hilfe gezogen. Die Bauern und noch mehr ihre Weiber wurden mit süßen Schnäpsen solange traktiert, bis der Verstand zum Teufel war. Daß die gekauften Pferde sofort zum Verkauf mit allerlei Mitteln aufgeputzt wurden, erscheint durchaus glaublich. Denn am Nachmittag mußten die Bauern, die vormittags verkauft hatten, unter allen Umständen kaufen, wenn sie nicht den Wagen selbst nach Hause ziehen wollten, also zu einer Zeit, in der sie schon sehr bedenklich unter der Wirkung des Alkohols standen.

Der interessanteste und amüsanteste Teil des Marktes war entschieden derjenge, wo die Zigeuner ihre Wagenburg aufgeschlagen hatten. Kein Landstrich des Deutschen Reiches ist so reich an diesem fahrenden Volk, wie Ostpreußen. Sie sind zum größten Teil in Dörfern fest angesiedelt. Aber die Festigkeit hält nur für den Winter vor. Sowie das erste Gras sprießt, erwacht in ihnen die

Wanderlust. Dann lassen sie das Haus, worin sie die kalte Zeit überdauert haben, leer stehen und ziehen davon mit Sack und Pack, mit Kind und Kegel. Man darf aus der Zerlumptheit ihres Aufzuges keineswegs auf Armut und Entbehrungen bei ihnen schließen. Es ist nur das Milieu, in dem sie sich am wohlsten fühlen. Und wenn der Anlaß geboten ist, dann entwickeln sie einen Aufwand, namentlich im Essen und Trinken, der erstaunlich ist. In neuerer Zeit ist ja manches darüber bekannt geworden, weil eine große Zigeunerbande, die unter der Leitung eines Hauptmanns stand, auf den Pferdemärkten in der Umgebung der Reichshauptstadt eine rege Tätigkeit entfaltete.

Dort hinten an der Grenze war der Pferdehandel wohl der Nebenzweck. Die Hauptsache war, daß die Weiber mit Wahrsagen und die Männer mit dem Verkauf von Salben und Mixturen, die gegen jede Krankheit bei Tier und Mensch unfehlbar halfen, gut verdienten. Der Aberglaube der Bauern, der den Ziganis noch jetzt wundersame Kräfte und Kenntnisse beimißt, kam ihnen dabei zu Hilfe. Er wurde an Ort und Stelle durch die Vorführungen unterstützt, die von den Zigeunern mit ihren Gäulen veranstaltet wurden. Ob es dabei auf einen Verkauf abgesehen war, erscheint mir jetzt zweifelhaft. Denn die mageren, elenden Klepper, die vor den verblüfft gaffenden Bauern ihre Kunststücke machten, auf einen Pfiff sich niedertaten wie ein gehorsamer Hund, oder gar allerlei Dinge apportierten, hatten als Zugtiere wirklich keinen Wert. Man mußte sich nur wundern, daß solch ein Gestell aus Haut und Knochen überhaupt noch imstande war, sich zu bewegen. Wenn die Zigeuner aus Not als Käufer auftraten, dann machten sie nur dem Abdecker Konkurrenz, der namentlich auf den Herbstmärkten die Todeskandidaten aufkaufte. Einen ganz anderen Charakter trugen von jeher die Pferdemärkte in Litauen. Dort hat der große, starkknochige Schlag bekanntlich die Unterlage für die staatlich geförderte Remontezucht abgegeben. Und jeder Bauer zieht von seinen Stuten Fohlen, die kurz nach dem Absetzen zu wirklich guten Preisen Abnehmer finden. Kein Wunder, da die Fohlen einen tadellosen, über jeden Zweifel erhabenen Stammbaum aufzuweisen vermögen. Nur sehr selten findet man noch Mutterstuten, die nicht auf dem Schenkel die eingebrannte Krone, das Wahrzeichen des edlen Halbbluts aus königlichem Gestüt, tragen. Deshalb erscheinen auf den litauischen Fohlenmärkten Händler, nicht nur aus ganz Deutschland, sondern auch aus anderen Ländern. Der größte und bekannteste Fohlenmarkt wird in Wehlau abgehalten. Das Menschengewühl, das sich dort während einiger Tage entwickelt, ist geradezu unbeschreiblich. Und die Preise, die gefordert werden, nehmen natürlich einen guten Teil der Zukunftshoffnungen, die auf ein Fohlen von guter Abstammung gesetzt werden, vorweg.

Die Hauptkäufer sind und bleiben naturgemäß die Großgrundbesitzer der Provinz. Es ist eine gesunde Entwicklung, daß der Kleinbesitz seine Absatzfohlen zum Verkauf bringt und das Risiko von sich abwälzt, das mit der Aufzucht verbunden ist. Das Fohlen kann zu Schaden kommen, es kann kleine Fehler ausbilden, die es zur Remonte untauglich machen. Und die Remonte-Ankaufskommission ist sehr wählerisch und wird immer wählerischer, seitdem auch in Westpreußen, Pommern, Posen und Brandenburg Warmblüter ostpreußischer Herkunft gezüchtet werden.

Dann bleiben nur die Sachsen und Bayern oder die großstädtischen Händler. Aber auf sie ist sozusagen kein Verlaß. Die Händler sind Feinschmecker, die meist nur nach

Paßpferden mit ganz bestimmten Abzeichen suchen, und die Kommissionen aus Sachsen und Bayern suchen, wahrscheinlich weil sie keine öffentlichen Märkte ausschreiben können, die großen Privatgestüte auf, in denen sie genügende Auswahl finden. Und was die preußische Remontekommission verschmäht hat, wird ihnen durch Händler zugeführt.

Auf dem Jahrmarkt in Lyck, Bialla, Johannisburg, Arys, Nikolaiken, Widminnen, Lötzen usw. war vor Jahren regelmäßig ein Mann zu finden, der auf eine merkwürdige Art seinen Unterhalt erwarb. Er besaß die Fähigkeit, wie man so zu sagen pflegt, seinem Nebenmenschen ein Loch in den Kopf zu reden. Vom frühen Morgen bis zum späten Abend wanderte er auf dem Markt umher. Wo ernsthaft um ein Pferd gehandelt wurde, war er dabei. Den Händler hatte er auf das Pferd aufmerksam gemacht und sich für seine Beihilfe einen »Dahler« versprechen lassen. Dem Bauern hatte er dieselbe Bedingung gestellt. Und stets kam der Kauf zustande. Das Tragische an der Sache war, daß er als Erbe eines großen, ziemlich schuldenfreien Rittergutes all sein Hab und Gut durch die Leidenschaft für Pferdeschacher vertan hatte. Ich habe ihn gekannt, als er noch mit sechs forschen Kraggen zu Markt fuhr, ich habe ihn gekannt, als er mit zwei elenden Kleppern ankam, um mit zwei noch elenderen nach Hause zu fahren, ich habe ihn gekannt, als er zu Fuß angewandert kam. Und ich bewahre ihm noch heute ein freundliches Andenken. Denn jedesmal, wenn er in meinem Elternhause einkehrte – er war so ein Verwandter, den man Ohm nennt –, erfreute er uns Jungen durch die Spende eines Achtehalbers.

Er würde staunen, wenn er heute einen masurischen Pferdemarkt sehen würde. Die komischen Gestalten von ehedem sind verschwunden. Nüchtern wird gehandelt, und die Tauschgeschäfte, die keinen anderen Zweck hatten als den Kauftrunk, sind sehr selten geworden. Die Zeiten und die Menschen sind eben anders geworden. So steckt auch in der Entwicklung des Pferdemarktes ein Stückchen Kulturgeschichte.

Fritz Skowronnek wurde, wie sein Bruder Richard, zu einem der ersten und auch von heute aus gesehen wichtigsten literarischen Gestalter der masurischen Landschaft und ihrer Menschen. Fritz, der Ältere, wurde 1858 geboren und veröffentlichte seine »Lebensgeschichte eines Ostpreußen« 1925. Er starb 1939.

HERMANN SUDERMANN

Weibliches, Allzuweibliches

Und wiederum tat eine neue Welt sich vor mir auf.*
Was dort in Elbing bei allem Gedeihen dumpfe Gewis-
sensnot und wachsende Revolte gewesen war, wurde
hier zu Behagen, Gutwilligkeit, Sich-umhegt-Wissen
und dem täglich erneuerten Glück, am rechten Platze zu
sein.
Ein Haus, in dem Frieden, Herzensbildung und zarteste
Rücksichtnahme herrschten, tat sich mir auf. Kleinbür-
gerlich in seinen Formen, doch verklärt durch die Güte,
die jeder dem anderen entgegenbrachte und von ihm als
selbstverständlich zurückempfing.
In der Klasse stand ich meinen Mann. Zwar fehlte mir
viel, und die Sinus- und Kosinusscherze waren so einfach
nicht, wie ich sie mir vorgestellt hatte. Aber die deutschen Aufsätze dienten als Rückhalt und hatten mir bald
den Platz erobert, den ich mir wünschte. Als einer davon
bei der Rückgabe zur Verlesung gelangt war, sagte ein
Kamerad nach Schluß der Stunde: »Mensch, wo hast du
das her? Das war ja beinah wie aus der ›Gartenlaube‹.«
Ich glaube nicht, daß ein Lob mich jemals so stolz gemacht hat wie dieses.
Die Stelle des Musterschülers, die in Elbing Claaßen I
innegehabt hatte, war einem ehemaligen Heydekrüger
zugefallen, dem Sohn eines Steuerkontrolleurs, der einst
die Maische der väterlichen Brauerei überwacht hatte

---

* In Tilsit. Zuvor hatte Sudermann ein Gymnasium in Elbing besucht
und in einer Apotheke in Heydekrug gelernt.

und meinen Eltern gut Freund gewesen war. Gustav Schulz hieß er und war ein stiller, anspruchsloser kleiner Bursche, von jedem Kneipenwesen, aber auch von jedem Strebertum gleich weit entfernt. Daß er die besten Extemporalien machte, verstand sich von selbst, und niemand neidete sie ihm, ebensowenig wie er mir den deutschen Aufsatz neidete.

»Wenn er nur wollte, würde er uns alle in die Tasche stecken«, hat er später einmal zu meiner Mutter gesagt, als ich durch die Prima auf dem Blumenboot junggrünender Libertinage segelte.

Oh, ich wollte schon! Ich bin niemals ein Faulenzer gewesen, aber der Verführungen waren zu viele. Zu viele der süßen Mädelchen, die auf dem Trottoir der »Hohen Straße« ihren Abendspaziergang machten, hätten meine Abwesenheit als eine Kränkung betrachtet. (Sie promenieren noch heute, wie ich unlängst festgestellt habe, und sie sind noch genauso süß wie damals, aber keine mehr schaute sich nach mir um). Und dann: Wären die nächtlichen Bierreisen ohne meine Führung vonstatten gegangen, wie hätte ich – nein, davon später.

Fürs erste saß ich bieder in der Ecke des schmählich kalt werdenden Ofens und büffelte Nacht für Nacht, denn das Examen, das vor dem Übergange nach der Prima von uns gefordert wurde, wollte auch von mir, dem Außenseiter, in Ehren bestanden sein.

Ich glaube nicht, daß für die Wissenschaft sehr viel dabei herauskam. Es war wohl mehr das Verlangen, mich des vom Himmel gefallenen Glückes würdig zu erweisen, das mich in den Kleidern hielt bis an den Morgen. Und dazu gesellte sich der Lebensdrang, der so lange mühsam unterdrückte, der, alle Regeln des Vernünftigen sprengend, den ordnungsgemäßen Bettschlaf zum überflüssigen Ballast warf.

Zwischen zwei und drei Uhr morgens gab es für die Fleißigen eine Extrabelohnung, um derentwillen allein das Aufbleiben sich lohnte. Dann, wenn vom Bäcker die Butterwecken glühheiß aus dem Ofen geschoben wurden, fanden wir uns zu fünfen oder sechsen – nicht selten bei zwanzig Grad Kälte – vor dem geschlossenen Bäckerladen ein und polterten so lange, bis ein verschlafener Lehrjunge uns das noch kaum anzufassende Gebäck zum Guckfenster hinausschob. Und so verschlangen wir es, ohne daß der Magen sich wehrte. Zum Nachspülen daheim noch ein Wasserglas mit eben aufgebrühtem Kaffee, und dann sollte es weitergehen.

Aber der Kopf wollte nicht mehr. Zwischen Wand und Ofen gab es eine immer heiß bleibende Stelle – dieselbe Stelle, von der in anderen Fällen die Dackel ohne ausgiebige Haue nicht zu vertreiben sind –, da wurde er hineingesteckt und durfte Ausruh halten, zuerst bis um halb fünf die Dragoner ihren Weckruf in die Finsternis hinaustrompeteten – und dann immer so weiter, bis in der Winterdämmerung das Frühstück plötzlich auf dem Tische stand.

Das nannte sich dann: Die Nacht durchgearbeitet haben. Aber so reckenfrisch war der jugendliche Körper, so sprungfederleicht der unverbrauchte Geist, daß selbst dieser Unfug keine schädigenden Folgen hatte. Und die Schulstunden verrannen in flotter Regsamkeit, als hätte ich die Nacht über geruhsam in den Federn gelegen.

Meine Mitschüler hatten im allgemeinen nichts gegen mich einzuwenden. Ich war kein Augendiener und kein Spielverderber und half und ließ mir helfen, wie das Gesetz der Gegenseitigkeit es mit sich brachte.

Nur zwei gab es, die mich von der Stunde meines Eintritts an mit scheelen Augen betrachtet hatten und kein Mittel unversucht ließen, die Klasse gegen mich aufzuputschen. Das waren die, die mir aus alten Zeiten nahestanden, meine Heimatgenossen, die Gespielen meiner Kindheit, mit denen ich so nach Jahren wieder zusammentraf: Louis Damerau und Albin Dobinsky.

Offenbar hatten sie erwartet, daß von neuem eine trübe Flut des Hänselns und Verhöhnens über mich ausgegossen werden könnte, und waren tief enttäuscht, als niemand sich willens zeigte, mit ihnen gemeinsam gegen mich loszugehen.

Und dann versuchten sie es auf eigene Faust. Als es mir eines Nachmittags geglückt war, mich bei irgendeiner Versteinerungsfrage in der Vorgeschichte der Bärlappgewächse bewandert zu zeigen – ich glaube, der »Kosmos« trug wie an vielem, auch hieran die Schuld –, da erklärte Dobinsky, das gehe nicht mehr so weiter, ich müsse geduckt werden, und wenn niemand sonst Spaß daran habe, dann werde er selber sich der Mühe unterziehen.

Nach Schluß des Unterrichts ließ er mich auffordern, noch ein Weniges dazubleiben.

Ich wußte, was das bedeutete, und daß es nun aufs Ganze ging. Wenn ich auch kein Knirps mehr war, wie einst auf der Tertia, als ich jede Keile hilflos in Empfang nehmen mußte, sondern ein geschmeidiger und langgestreckter Bursch, der sich im Notfall wohl zu wehren vermochte, so war doch nicht daran zu denken, daß ich einem baumlangen Muskelmenschen, wie jener es war, würde standhalten können. Die Klasse leerte sich; nur wenige, die auf das Schauspiel neugierig waren, blieben zurück.

Dobinsky trat mir entgegen und strich sich die Ärmel hoch wie ein Fleischer.

»Was willst du eigentlich von mir?« fragte ich.

»Das wirst du gleich sehen«, sagte er, kriegt mich an der Brust zu packen und warf mich der Länge nach über den nächststehenden Schultisch.

Ich zappelte, und er versuchte, mich mit den Knien niederzudrücken. Da fuhr ihm von unten her meine Faust ins Gesicht und wieder und immer wieder. – Warmes Blut rann mir über die Augen – ob es meines war oder seines, das wußte ich nicht – ich stieß nur blindlings drauflos, als gälte es alle die Missetaten zu rächen, die ich seit undenklichen Zeiten von ihm erlitten hatte.

Und siehe, der eiserne Schraubstock seiner Fäuste lockerte sich, die Last seines Körpers hob sich von mir, und als ich die Augen wischend mich aufrichtete, sah ich ihn gegen das Fensterbrett gelehnt, wie er blasend und prustend und von den anderen betreut, das blutüberströmte Gesicht zu reinigen versuchte.

Von diesem Tage an hatte ich Ruhe. Auch Louis Damerau wurde betulich, und wenige Monate später verschwanden sie beide aus meinem Gesichtskreis. Der eine wurde Kaufmann und soll in Moskau gestorben sein, von dem anderen, der die sogenannte »mittlere« Gerichtskarriere einschlug, habe ich nichts mehr gehört.

Der dritte im Bunde – ich habe ihn Hallgarten genannt – war, als ich Ostern zur Prima kam, auf dem Gymnasium gerade mit dem Abitur fertig geworden. Als ich ihn bei der Heimfahrt auf dem Memeldampfer traf, trug er die rote Mulusmütze, stand also himmelhoch über mir.

Aber auch ich hatte mein kleines Examen nicht ruhmlos bestanden. *Eine* Begebenheit daraus gab mir Grund zu berechtigtem Stolze.

Wenn ich auch das meiste leidlich nachgearbeitet hatte – selbst die böse Trigonometrie barg keine Geheimnisse mehr –, so war ich doch zufällig in Geographie »Renonce« geblieben. So sagten wir, um der schrankenlosen, durch keinen Anflug von Wissen getrübten Ignoranz vollklingenden Ausdruck zu geben.

Eines Tages in der Geschichtsstunde sagte der Lehrer,

der wie üblich beide Fächer zugleich versah, ganz unverhofft: »Ich werde heute die Geographieprüfung abhalten.«

Der Schreck fuhr mir heiß durch die Glieder, denn ich hatte gehofft, in den vierzehn Tagen, die bis zu dem voraussichtlichen Zeitpunkt noch fehlten, auch diese Lücke ausfüllen zu können. Je näher die Fragemarter mir auf den Leib rückte, desto stärker fühlte ich mich von Angstfieber geschüttelt, und als ich ihr wirklich standhalten mußte, da saß ich stocksteif und stierte mit verschwommenen Blicken schweigend ins Leere.

»Da Sie sonst ein ordentlicher Schüler sind«, sagte der Prüfende, »so will ich annehmen, daß eine augenblickliche Verwirrung schuld ist, und werde Sie morgen mittag in meiner Wohnung erwarten, um Sie noch einmal abzufragen.«

In mir jubelte es. Von vier Uhr nachmittags bis acht Uhr früh – sechzehn geschlagene Stunden – da mußte sich so ein lumpiges Nebenfach doch erledigen lassen.

Also los! Mit Südamerika begann ich, denn in den Anden war ich einmal mit meinem Freunde Alexander von Humboldt sehr zu Hause gewesen. Um sieben ging ich zu den Vereinigten Staaten über, um zehn war Afrika abgetan, um eins fuhr ich in Turkestan und in Tibet spazieren, als hätte Sven Hedin, den es damals noch gar nicht gab, mich mit auf Reisen genommen. Die heißen Semmeln schenkte ich mir, und in das Ofenloch kroch ich noch weniger. Aber als die Dragoner Reveille bliesen, da gab es in den Ländern unserer heutigen und künftigen Feinde keinen Fluß und keine Stadt, die ich nicht herzählen konnte.

»So«, sagte ich um sieben und klappte den Atlas zu, »wenn nicht zufällig auch die Geographie des Mars von mir verlangt werden sollte, dann wird die Chose schon gehen.«

216

Und sie ging.

»Merkwürdig«, sagte der Oberlehrer nach halbstündiger Prüfung, »ich hätte es nicht für möglich gehalten, daß solche Zerstreutheiten wie Ihre gestrige vorkommen könnten.« –

Diese Geschichte erzählte ich – vielleicht noch etwas ruhmrediger als hier – auf dem Dampfboot meinem Freunde Hallgarten.

»Ich wette, du bist ein elender Schwindler, Sudermann«, sagte er, »und wenn du es nicht bist, dann laß dir von mir drei Fragen vorlegen.«

»Bitte schön«, sagte ich gelassen.

Da wurde er stutzig und sann nach, um sie recht schwierig auszugestalten.

Die erste lautete: »Wie heißt der Hafen von Mekka?«

»Dschedda«, sagte ich.

Die zweite lautete: »Welches ist die Südspitze des Plateaus von Dekhan?«

»Das Alidschiri- und das Neladschirigebirge«, sagte ich.

Da verzichtete er auf die dritte, und als ich vorschlug, daß er sich nun seinerseits von mir drei Fragen vorlegen lassen solle, fand er, auf dem Verdeck sei es im April noch recht kühl, und er wolle einmal in die Kajüte gehen, sich die Füße zu wärmen.

Daß ich dieses dumme Frage-und-Antwort-Spiel durch fast fünfzig Jahre in der Erinnerung behalten habe, beweist, wie wund mein Selbstgefühl und wie groß mein Triumph diesem Menschen gegenüber war, der mir noch manches Mal in hämischer Herablassung gegenübergestanden hat, bis er es vorzog, mir unverhüllte Feindschaft zu zeigen.

Nun folgten zwei glückliche Jahre, und das Herz wird mir weit, wenn ich ihrer gedenke. Jahre, nicht des Leichtsinns

– dazu drang allzuviel des Großen, Neuen, Erlebenswerten auf mich ein – aber Jahre sich streckender Kraft und frohbewußten Gedeihens, mit Lernen nur so weit ausgefüllt, daß die Seligkeit des täglichen Flanierens und des nächtlichen Bummelns dadurch nicht beeinflußt wurde. Wie eine Wiese im Juni, auf der die Glücksblumen so hoch stehen, daß man nicht nötig hat, sich nach ihnen zu bücken, so breitete die Jugend sich vor mir aus . . . Wohlwollen, Kameradschaft, Freundschaft und nicht zum mindesten verheißende Liebe, wohin das Auge sich wandte . . . Eine beträchtliche Dosis von bösem Gewissen war auch dabei, aber das galt nur als Würze, um dem Leben den geheimnisvollen Geschmack des Regellosen zu verleihen.

16 *Sudermann-Welt: Blick auf Tilsit. Die berühmteste Erzählung dieses »Balzac des deutschen Ostens« (Fechter), »Die Reise nach Tilsit«, wurde 1939 hier verfilmt*

Die Pension der neuentdeckten Verwandten hatte ich verlassen, weil deren zarte Gesundheit mit der Sorge um hoch aufschießende Unbändigkeit sich nicht vertrug. Aber ich blieb in Verkehr mit ihnen und fand in ihrem Hause stets eine vertraute Zuflucht.

Das Heim, in das ich übersiedelte, war das Pensionat, das die Witwe des früheren Realschuldirektors Tagmann für Schüler und Schülerinnen der Höheren Lehranstalten unterhielt. Hier hausten Männlein und Weiblein in Frieden und Freude dicht beisammen. Hier war das biblische Segenswort »Kindlein, liebet euch untereinander« ununterbrochen in Geltung. Wie Jungens und Backfische eben einander lieben können. In Scheu, in Unschuld, in Angst, sich zu verraten, von holden Anzeichen, denen niemals Gewißheit folgte, umgeben wie von rosenfarbenen Schleiern, untertauchend in ein Meer der Träume und der Hoffnungen, die in ein Nichts zerflossen, wenn man ihnen Resultate zu geben versuchte.

Zwei Zimmer waren den Jungen vorbehalten. In dem ersten – kleineren – wohnte ich mit meinem Stubenknochen, einem älteren Primaner des Gymnasiums, das größere war gefüllt mit einem Gekribbel von Kleinzeug, für das in der Stunde des Schlafengehens allerhand Bankenbetten aufgeschlagen wurden.

Dahinter begann das Reich der Mädchen, durch eine nie verschlossene Tür von uns getrennt. Die Mahlzeiten nahmen wir gemeinsam an dem großen Familientische. Er war nicht immer reich besetzt – im Gegenteil! Aber wer hätte so viel hungrige Mäuler satt machen können? Zudem halfen die Freßkober, die in ununterbrochener Folge – heut für den, morgen für jenen – vom Postboten abgegeben wurden, erfolgreich mit, das andere Bibelwort: »Was ist das unter so viele?«, ebenso *ad absurdum* zu führen, wie das christliche Wunder es tat.

219

Weniger als sie waren die Tischgespräche dazu angetan, die Mängel des Menüs vergessen zu machen. Sie bestanden im großen ganzen aus einem nicht immer sehr dringenden »Bitte, greifen Sie doch zu«, von seiten unserer Pensionsmutter und einem bescheiden ablehnenden »Oh, ich danke«, wenn unser Appetit sich gerade zu Höchstleistungen bereit fühlte.

Und doch hoben uns die Mahlzeiten zum Gipfel unseres Glückes, denn bei ihnen saßen wir unseren Flammen in vertrauter Nähe gegenüber und durften uns sattsehen an den heißgeliebten Zügen, die uns im Traum der Nächte umgaukelten.

Ich sage hier immer wieder »wir« und »uns«; doch eigentlich darf ich nur von mir selber sprechen, denn die Insassen der großen Stube waren noch viel zu grün, um für das Ewigweibliche Verständnis zu haben. Mein Stubenknochen aber liebte mehr das Reelle. Das Reelle, das mit der Kellnerin beginnt und mit dem Hang fürs Küchenpersonal noch lange nicht endet.

Er hatte auf diesem Gebiet schon erkleckliche Erfolge zu verzeichnen, und das kleine Haus mit den grünumrandeten Blinkfenstern, an denen wir mit scheuem Seitenblick vorübergingen, während sich hinter den glattgespannten Erbstüllgardinen morgens, mittags und abends die gleichen verheißungsvollen Pudermäntel zeigten, hatte für ihn keine Geheimnisse mehr. Und manchmal umstand ihn auch das Gekribbel des Nebenzimmers ehrfurchtsvoll lauschend, wenn er seine Erfahrungen im Liebesleben – wie *er* es verstand – mit der Würde unangefochtener Autorität belehrend zum besten gab.

Ich selber fühlte bei seinen Erzählungen stets einen kleinen Herzstich, denn mein nur theoretisches Wissen von diesen Dingen wäre auch dann beschämend gewesen, wenn er nicht oft mit einem halb höhnischen und halb ermunternden Seitenhieb auf meine jugendliche Ahnungslosigkeit geschlossen hätte.

Oh, meine Lieben, dies sind keine zweideutigen Scherze, und mancher junge Bursche, der sich jahrelang als ein Verworfener fühlt, weil Mannheit in ihm die Flügel regt, rast glatt in sein Verderben, wenn ihm nicht zu richtiger Zeit ein Kumpan begegnet, der beispielgebend seinen eigenen Instinkten derb und gesund die Zügel schießen läßt.

Aber meine Stunde hatte noch nicht geschlagen, und was auch fleischlich in mir vorgehen mochte, ich sublimierte es zu Empfindungen, die meine Seele segneten, während sie für mein Nervenleben eine Überempfindlichkeit schufen, die alle Wonnen und alle Qualen, alle Angst und alle Tollheit dieser Jahre in mir verdreifachten.

Tollheit vor allem. Denn nun war ich nicht mehr der zaghaft mitzottelnde Jämmerling, als der ich früher an den Abenteuern meiner Genossen teilgenommen hatte. Jetzt wurde ich selbst eine Art Rädelsführer bei allen Gefahren, in die unser Lebensdurst uns hineintrieb.

Daß Kneipen mit Relegation bedroht war, das wußten wir alle. Es genügte, in der offenen Haustür eines Gasthauses gesehen worden zu sein, um in eine hochnotpeinliche Untersuchung verwickelt zu werden.

Aber das hinderte uns nicht, uns ein paarmal wöchentlich, am Sonnabend ganz sicher, in irgendeinem verborgenen Winkel zu jauchzendem Gelage zusammenzufinden.

Studentische Manieren nachzuäffen, wie es sonst üblich ist, vermieden wir. Und so war es uns vergönnt, ohne den öden Schematismus stumpfsinniger Trinksitten, der aus freien, frohen Jungen freche Sklaven und plumpe Despoten macht – ich werde noch später davon zu reden haben –, uns unseres aufblühenden Daseins zu freuen.

Hatten wir etwa um Mitternacht uns das nötige Quantum zu Gemüte geführt, um uns als Halbgötter zu fühlen, dann begann erst das eigentliche Fest, die Bierreise.

Rudelweise zogen wir von Wirtshaus zu Wirtshaus, von Spelunke zu Spelunke, taten schön mit den Kellnerinnen und prügelten uns mit den Gästen. Waren wir Sieger geblieben, so schloß sich daran oft ein großes Versöhnungsfest, bei dem wir uns mit Heringsbändigern und Barbiergesellen in den Armen lagen.

Da ich mich damals schon manchmal rasieren ließ, so konnte es sich ereignen, daß mich eines Tages der bedienende Bartkratzer mit einem traulichen »Du« anredete und mir den Vorschlag machte, mich bei seinem nächsten Ausgang auf meiner Bude zu besuchen.

Ich war so benommen durch das Glück der neuen Freundschaft, daß ich nicht den Mut fand, ihn mit einer Grobheit abzutun; und da er zum Überfluß auch meine Adresse erfahren hatte, trat er richtig kurze Zeit darauf mit silbernem Tändelstöckchen und frischgeschmalzten Locken bei mir an. Aber glücklicherweise hatte ich meinem Stubenknochen das neue Leid geklagt, und dank seiner Dazwischenkunft befand sich mein Gast bald wieder im Vollgenuß der frischen Luft.

Doch nicht immer liefen unsere Begegnungen in jähe Freundschaft aus. Waren wir rabiat gesonnen, dann galt auch für uns die alte Revolutionsparole: »Blut muß fließen knüppel-, knüppeldick.«

Und dann geschah es wohl, daß der Wirt nach der Polizei schrie.

Zwar kannte uns der alte Wachtmeister Ploksties schon, und wenn wir ihm eine Seidel und eine Zigarre spendierten, so kam es ihm auf einen kleinen Landfriedensbruch nicht an. Aber einmal geriet ein Neuer unversehens in so ein Blutbad hinein und erklärte uns sämtlich für arretiert.

Da war der Scherz am Ende, und die trotzigen Raufbolde verwandelten sich blitzschnell in winselnde Jammerlappen. So kamen wir noch mit dem blauen Auge davon, das wir dem Gegner geschlagen hatten, aber die Lust an solchen Rempeleien war uns für lange versalzen.
Zudem begannen zartere, wenn auch nicht minder verbotene Freuden, die herrlichen Offenbarungen der Bestialität alsbald sieghaft zu verdrängen.

Der Winter kam heran, und Herr Dubois machte den hohen Besuchern der höheren Schulen, wie auch einer verehrlichen jungen Kaufmannschaft die ergebene Anzeige, daß seine rühmlichst bekannten Tanzzirkel demnächst von neuem eröffnet werden würden.
Um Tanzstunden zu nehmen, bedurfte es der direktorialen Erlaubnis, und diese wurde in Anbetracht der verlorenen Lernzeit nur ungern und selten erteilt, auch später durch verdoppelte Strenge leicht wieder verleidet.
Da ich ohnehin im Taumel des Verbotenen dahinlebte, fiel es mir nicht schwer, auch das Tanzenlernen als Geheimbetrieb in Angriff zu nehmen – freilich auf die Gefahr hin, »geschaßt« zu werden, falls das Verbrechen ans Tageslicht kam.
Ihr Tangobeflissenen und Jimmykünstler werdet euch kaum vorstellen können, mit welch inbrünstiger Hingabe wir uns im Polkaschritt und im Rheinländer die Meisterschaft erkämpften. Die für Ballettleistungen ganz besonders Begabten wagten sich sogar an den »Galopp mit Touren«, und ich muß sehr bitten, nicht zu lächeln, wenn ich verrate, daß das Chassieren in der Diagonale quer durch den großen Kasinosaal eine Sache war, um die ich von den Mitstrebenden heiß beneidet wurde. Im übrigen war ja auch immer schon die alte holde Walzerwiege da, die, geschaukelt von den Sehnsüchten der Seele und des

Fleisches, uns verzückten Lehrlingen der Liebe den ersten Traum seligen Nahseins gab.

Die Sitte wollte es, daß die mit Vornehmheit und Glücks-
gütern Gesegneten unter den Eltern unserer Tanzschwe-
stern je einen Hausball veranstalteten, mit dem die ersten
gesellschaftlichen Erfolge der in die Welt hinaustreten-
den jungen Tochter gleichsam ihre Weihe erhielten.

Zu solchen Bällen wurden die besseren Herren aus der
Reihe der Tanzschüler, also vor allem die Primaner, regelmäßig hinzugezogen, und so fand ich alsbald meinen
Arbeitstisch nicht weniger mit gedruckten Einladungs-
karten bedeckt als etwa ein Gesellschaftslöwe des Berliner Westens während der Hochsaison. Und es konnte
vorkommen, daß ich an den sechs Morgen, die eine
Arbeitswoche leider nur hat, aus dem Frack in die
Alltagsjacke schlüpfte, ohne mein gutes Bett auch nur
mit einem Blicke gestreift zu haben.

Das menschliche Gedächtnis ist undankbar, und die meisten jener Feste sind mir daraus entschwunden; aber das
eine wird als Inbegriff aller irdischen Herrlichkeiten darin
wohnen bleiben bis an mein Ende.

Also, Kinder, also, Kinder, habt ihr eine Ahnung, was die
Konditorei von Decomin war? Nein, könnt ihr nicht. Ihr
wißt ja überhaupt nicht mehr, wie es in einer richtigen
Konditorei bis Anno 14 aussah. Nun denkt euch aber,
alles, was ihr bei Schilling, bei Kranzler, bei Rumpelmeier
– und wie die über Deutschland verstreuten Paradiese
sonst noch heißen mögen – je geschaut, begehrt und ge-
schleckt habt, ins Ungemessene, nicht zu Begreifende ge-
steigert. Lest meine schon zitierte »Reise nach Tilsit«.
Da habe ich sie zu schildern versucht. Ach, leider! Sie läßt
sich nicht schildern. Und die Tochter dieses Zauber-
reichs war meine Lieblingstänzerin, und eines Tages war
ich darin zu Gast geladen.

Ich besinne mich auf einen Turm aus Makronenmasse mit einer nicht näher zu definierenden Sahnefüllung, ganz und gar von Zuckerschleiern umsponnen. Ich besinne mich auf gewisse Törtchen, mit einer Creme von Süßmandelbutter überwölbt, wie ich sie später in Paris gegessen und für eine liebe Freundin über die Grenze geschmuggelt habe. Ich besinne mich dunkel noch auf tausend andere süße Dinge, für die in unserem Magen immer noch Platz war, ob wir uns gleich an den in ihrem Gefieder servierten Fasanen, an den Puten und Rehrükken und dem rosigen Yorkschinken, zu dem eine geheimnisvolle Purpursoße gehörte, längst schon satt gegessen haben mußten.

Und zu dem allen denkt euch liebe, liebe Jungmädelchen, bei denen man Hahn im Korbe war, mit denen man ulkte und koste – das vielverbergende Wort »Flirten« gab es noch nicht – bis an den mahnenden Morgen, und sagt, daß ich dazumal *nicht* im Schlaraffenland gewesen bin! – Daß unter diesen Umständen die pflichtgemäßen Schularbeiten Schund- und Schluderware werden mußten, liegt auf der Hand. In der Klasse benutzte ich die weniger belangreichen Stunden, um mich hinter der gedankenvoll zur Stirn geführten Hand nach Kräften auszuschlafen. Und wenn mich auch angesichts der Gewaltigen – selbst in kritischen Momenten – oft ein seliges Dröseln überfiel, in dem Walzerklänge mit Macaulay oder der Henriade um die Vorherrschaft stritten, schließlich schlüpfte ich immer noch durch. Aber die Präparationen waren jämmerlich und mußten durch kecke Stegreifleistungen notdürftig ersetzt werden.

In den lebenden Sprachen ging das ganz gut. Latein aber war meine Schwäche geblieben, und eine Seite Sallust hätte, wenn man von den Lettern absah, ebensogut Arabisch sein können.

Unser alter Lateinlehrer machte uns Gott sei Dank die Arbeit bequem. In jeder Stunde kamen regelmäßig drei Mann an die Reihe, und da er der Platzordnung folgte, so ließ sich der Tag, ja, die Minute genau berechnen, in der ein jeder zum Vortrag aufgerufen wurde.

Ich war entschlossen, wenn meine Stunde geschlagen hatte, vor Mit- und Nachwelt zu glänzen. Aber in den Sternen stand es anders geschrieben.

Um sieben Uhr früh war ich nach Hause gekommen, und als ich um acht in der Klasse saß, hatte ich noch nicht einen einzigen Blick in die »Pliete« getan.

Die erste Stunde aber war Latein. Eine noch nie erlebte Katastrophe stand mir bevor. Was in jener Geographieprüfung geschehen war, konnte sich schwerlich wiederholen, denn in einer Nacht läßt Latein sich nicht lernen.

Als einzige Rettung winkten mir noch die Minuten des Morgengebetes; halfen sie mir nicht, dann mußte das Unheil seinen Weg gehen. Hinter dem Rücken eines stämmigen Vordermannes versteckt, versuchte ich rasch des mir zufallenden Pensums Meister zu werden. Aber die hirnverwirrende, gedankenlähmende Hitze, die mich Zeit meines Lebens in den entscheidenden Augenblicken bedroht hat, warf mir rote Schleier vor die Augen und verwandelte die Buchstaben in tanzende Fratzen.

Der Gesang war vorüber, doch von dem Gebet hatte ich noch kein »Amen« gehört, da plötzlich schallte durch den weiten Saal – mein Name.

Mit einem kleinen Aufschrei fuhr ich hoch. Buch und Pliete entfielen meinen Händen.

Mein erster Gedanke war: »Jetzt blüht dir deiner Sünden Lohn, jetzt sollst du vor der ganzen Schule zur Rechenschaft gezogen werden.«

»Vortreten«, hörte ich vom Podium der Lehrer her etliche Stimmen.

Eine Gasse bildete sich, und taumelnd, halb bewußtlos, halb blind vor Entsetzen, schritt ich der Länge nach durch den Saal, bis ich vor dem Katheder stand, auf dem der Direktor meiner harrte.

Das Strafgericht konnte sich vollziehen.

Und es vollzog sich ungefähr mit folgenden Worten:

»Von den Werken unseres größten Dichters, die die Schillerstiftung alljährlich den Höheren Lehranstalten für ihre besten Schüler zur Verfügung stellt, ist in diesem Jahre ein Exemplar auf die Realschule zu Tilsit gefallen. Das Lehrerkollegium hat beschlossen, Ihnen, mein Lieber, dieses Exemplar mit Inschrift als Belohnung für Ihren treuen Fleiß und Ihre durch keinerlei Leichtsinn geschmälerten Leistungen zu überreichen. Fahren Sie so fort, damit Sie der Anstalt auch weiterhin zur Freude gereichen.«

Vier der bekannten goldgeschmückten Kalikobände senkten sich zu mir herab, dann noch ein Händedruck, und ich durfte zurücktreten.

Eine Viertelstunde später sagte der Oberlehrer: »Wir werden nun also von Ihnen erfahren, mein lieber Sudermann, wie sich nach den Worten unseres Sallust der glatte Catilina in einer so verzwickten Situation weiter verhielt.«

»O mein Gott«, dachte ich, »welch ein Wunder rettet mich vor dieser doppelten Schande?«

Aber das Wunder war schon da, und es war gar kein Wunder, sondern einfache Folge des eben Geschehenen.

»Nun, nun, ich sehe schon«, fuhr er fort, »wir werden heute nichts aus ihm herauskriegen! Lassen wir ihn in der Betäubung seines Glückes. Der Folgende!«

Und so war ich auch diesmal gerettet. –

Aber bald darauf ereilte das Schicksal mich doch.

Unser Direktor hatte mehrere hübsche Töchter, darunter

eine mit Namen Elise, der ich auf einer Anzahl von Tanzgesellschaften begegnet war und eine heiße Verehrung
entgegentrug.

Ein Gedicht von ihrer Hand, das ich auf verschwiegenen
Wegen von ihr eingefordert hatte, liegt neben mir in dem
»Poesiealbum«, das mich mit all den Erinnerungszeichen
an jene goldene Zeit treu durch das Leben geleitet hat,
und malt mir ein weiches, unregelmäßiges Gesichtchen
mit üppigem Munde und leidenschaftlichen Augen.

Diese meine geheime Flamme muß ihrem Vater wohl
von unserem gelegentlichen Zusammensein erzählt haben, denn als ich eines Tages in der Literaturstunde über
den großen Epiker Ernst Schulze und seine »Bezauberte
Rose« unerwartete Auskunft gegeben hatte – oh, meine
deutschen Dichter kannte ich! – da nickte er nicht in bei-
fälliger Genugtuung, wie es sonst wohl der Fall war, sondern sagte mit jäh aufblitzender Strenge: »Sudermann,
stehen Sie auf!«

Da wußte ich alles. Denn Aufstehen gab es auf der Prima
nur, wenn ein Gewitter sich austoben wollte.

»Haben Sie etwa Tanzstunden genommen?«

»Ja, Herr Direktor.«

»Wissen Sie nicht, daß dazu nach den Schulgesetzen
meine Erlaubnis erforderlich ist?«

»Ja, Herr Direktor.«

»Warum haben Sie sie also nicht eingeholt?«

»Weil ich mir denken konnte, daß ich sie nicht erhalten
würde.«

Es war mein Glück, das mir diese dumm-dreiste Antwort
eingab.

Über sein Gesicht huschte für einen Augenblick das
Schmunzeln gütigen Verstehens, das uns allen der Himmel war. Wie rasch es auch wieder von Strenge verschlungen wurde, ich hatte es wohl bemerkt, und der Alp

hob sich von meiner Brust. Ich würde nicht mehr »geschaßt« werden, das wußte ich nun.

»Ich will in diesem Falle von einer exemplarischen Bestrafung absehen«, sagte er, »denn Ihr freimütiges Geständnis entwaffnet mich; aber ich erwarte von Ihnen, daß Sie diese Verfehlung durch doppelten Eifer wiedergutmachen werden.«

»Jawohl, Herr Direktor.«

Gesegnet sei er im Grabe für seinen Großmut. Hätte er Ernst gemacht, meine Zukunft wäre doch noch in die Brüche gegangen.

Es kommt die Zeit im Jugendleben, da Unschuld ein Verschulden wird.

Schon lange konnte ich meinen glücklich erworbenen schlechten Ruf nur mit Mühe aufrechterhalten. Im Notfalle spielte ich den blasierten jungen Lebemann, dem nichts gut genug ist. Aber diese Rolle drohte an der hie und da aufsteigenden Skepsis meiner Gefährten zu scheitern, besonders, da ich mir bei argwöhnischer Prüfung das Stottern und Rotwerden noch nicht ganz abgewöhnt hatte.

Am meisten schämte ich mich vor meinem Stubenknochen, der behauptete, ich finge mittlerweile an, alte Jungfer zu werden. Um diesen Charakter zu betonen, hatte er mir zu Weihnachten ein Schoßhündchen aus Papiermaché geschenkt, und wenn einer aus dem Gekribbel zur Vesper das »Storchnest« benannte Schmalzgebäck heimbrachte, verlangte er, daß es sorgfältig vor mir versteckt werden müsse, da alles, was mit dem Storch zusammenhinge, mein jungfräuliches Schamgefühl gröblich zu verletzen geeignet sei.

Diesem bedrückenden Zustande mußte ein Ende gemacht werden. Und eines Sonnabendnachmittags trat

ich bei hellichtem Tage, begleitet von seinen Segenswün-
schen und denen der zwei größten des Gekribbels – die
anderen waren nicht ins Geheimnis gezogen worden –,
den schweren Weg nach dem kleinen Hause mit dem
Spionspiegel und den grünen Fensterrahmen an, dessen
Bild in den Geheimschränken meiner Seele schon längst
herumrumorte.

Das Herz klopfte mir sehr, und beinahe wäre ich im letzten Augenblick noch vorübergegangen; aber als ich mich
vorsichtig umdrehte, gewahrte ich, daß ich aus dem Fenster meines Zimmers heraus mit Sorgfalt beobachtet
wurde. Da gab es kein Zaudern mehr.

Mit Todesverachtung klopfte ich an.

In dem Spion erschienen zwei fressende Augen, und dann
wurde mir aufgetan.

»Immer 'rein, junger Herr«, sagte im Dunkel des Haus-
flurs die Wartefrau, die in der Nacht »Pscht, pscht« zu machen pflegte, wenn ein Männerschritt in der hallenden
Straße sich hören ließ.

Und sie fuhr fort: »Die Irma und die Gertrude sind mit
Madamchen in Jakobsruh zum Kaffeekonzert, aber die
Elvira ist da.«

Damit stieß sie die Tür auf, die nach der rechten Seite
führte.

Am Fenster saß in weißer, halboffener Nachtjacke eine
Frauengestalt, die mir beim ersten Anblick recht mütter-
lich vorkam. Aus einem blassen, hübschen, etwas ver-
quollenen Gesicht lächelten zwei wasserblaue Augen mir
ein gleichmütiges Willkommen. Und dann gab es einen
kleinen Schrei, über das runde Blondinengesicht mit der
behaglichen Stupsnase breitete sich Flammenröte – und
dann war sie draußen.

Ich hatte ein widriges Gefühl, als würde ich nun hinaus-
gewiesen werden. Vielleicht, weil ich noch auf der Schule

saß. Oder aus einem anderen Grunde. Wer konnte wissen?

Auf der Spiegelkommode stand ein porzellanener Mops mit weitgeöffnetem Rachen. Später einmal erfuhr ich, daß hier das »Handgeld« des Tages hineingeworfen wurde, das als glückbringend von allen gemeinsam verjubelt zu werden pflegte. Die Bilder des alten Kaisers und der Kaiserin hingen über dem Sofa und darunter ein gerahmter Spruch, der von irgendwelchen Zierden des deutschen Weibes handelte.

Mir wurde von Minute zu Minute bänglicher zu Sinn, und schon erwog ich den Gedanken, mich geräuschlos zurückzuziehen, da öffnete sich die Tür, und herein rauschte in schmelzübersätem Ballkleide die mütterliche Dame, auf die ich gewartet hatte.

»Ich habe mir bloß ein bißchen anziehen wollen, mein Härr«, sagte sie mit distanzschaffender Würde, »denn wänn man so sältenen Besuch hat, muß man ihn doch ein bißchen Ehre erweisen.«

Ich wußte nichts zu erwidern, und die Kehle wurde mir eng. Ich, der ich mit einem halben Dutzend Kellnerinnen auf Du und Du stand, der ich noch unlängst mit der blonden Ida im »Reichsadler« einen kolossalen Fez aufgeführt hatte, ich benahm mich wie ein schüchterner Schulknabe. Wie der kleine Hans Gehrt benahm ich mich, wenn die Frau Direktor ihn anredete. Vor keiner Fürstin hätte ich lächerlicher dastehen können als vor dieser Hetäre, die nicht einmal ein richtiges Deutsch sprach.

»Wollen wir uns nich ein bißchen bequem machen?« fuhr sie fort und ließ sich auf dem Sofa nieder, indem sie die Fülle des Schmelzkleides fächerförmig um sich her ausbreitete.

Ich setzte mich auf den Stuhl ihr gegenüber und legte die Mütze auf den Tisch.

Ihre Augen wurden schwärmerisch. »Achott«, sagte sie, »daß ich Ihnen mal kännenlärnen wirde, das hab ich mir char nich jedacht.«

»Warum gerade mich?« fragte ich erschrocken. Sollte mein Ruf als Bummler schon bis hierher gedrungen sein? »Na, Sie jehn doch alle Tage morjens, mittags und abends bei uns voriber . . . Härrchott, Härrchott, wo jehen Sie bloß immer mit die vielen Bicher hin? Sie jehn wohl aufs Biro?«

Sie wußte natürlich, daß ich ein Schüler war, aber sie wußte auch, daß wir bei Besuch ihres Hauses mit Relegation bedroht wurden, und darum hielt sie es für richtiger, sich dumm zu stellen.

»Und dann jehn Sie auch immer mit so nätten Meedchen auf die Eisbahn? Achott! Was sind das bloß fir nätte Meedchen!«

Und wieder wurden ihre Augen schwärmerisch.

»Auch im Theater hab' ich Ihnen schon jesehen . . . Sie jehn wohl sehr järne ins Theater?«

Ich bejahte, diesmal streng nach der Wahrheit.

»Ich jeh' *auch* järn ins Theater . . . Don Karlos und so . . . Achott, was is die Prinzessin Eboli fir ein nättes Meedchen! . . . Is nich wahr?«

»O gewiß.«

»Ich les auch järn in de Bicher . . . Ja, die ›Reiber‹, die hab ich auch jesehn . . . Aber das von die ›Kabale und die Liebe‹, das hab ich bloß jelesen . . . Achott, die arme Luise is so ein nättes Meedchen! . . . Ich kann *auch* Limonade machen. Ich bin ieberhaupt fir die sießen Sachen.«

In diesem Stil sprachen wir weiter über die deutsche Literatur. Noch manche Frauengestalt, die mir teuer war, behauptete vor ihrem Urteil den Rang als »nättes Meedchen«, und jedesmal erhielten ihre großen, blaßblauen Augen denselben feuchtschwärmerischen Glanz.

Und dann erst, als wir auch Irmas und Gertrudchens als »nätter Meedchen« teilnehmend gedacht hatten – »achott, was werden die bloß neidisch sein!« – wandten wir uns tapfer dem eigentlichen Zwecke meines Kommens zu. –

Ich habe im Verlauf des Winters auch Irma kennengelernt, selbst Gertrudens Vorzüge blieben mir nicht verschlossen; das Wesen des Weibes aber, und was es an Glück und Not, an Verwirrung und Gefahr einem Werdenden zu geben hat, wurde mir erst spät von meinem Schicksal kundgetan.

In dem Gärtchen meines Elternhauses, in dem von Fliederbüschen und Kirschbäumen halb beschattet buntgesprenkelte Blumenrabatten unter der Pflege meiner Mutter dankbar gediehen, stand nicht fern der Straße, dem Zaun des Nachbargrundstücks angelehnt, eine weiße Bank. Hier hatte ich mit Hilfe einer Getreideplane und eines Küchentisches mein Hauptquartier aufgeschlagen. Und mit so viel Wissensgier und Arbeitsdrang war ich geladen, daß die langen Junitage nicht ausreichten, um ihrer Herr zu werden. Des Morgens saß ich schon um sechs in meinem Winkel, und wenn des Abends gegen zehn die Buchstaben zu verschwimmen begannen, dann zog ich noch auf den Kirchhof, um in der Spätdämmerung, ausgestreckt auf irgendeiner fremden Bank – denn eine eigene Grabstätte hatten wir damals noch nicht – zu phantasieren und zu philosophieren und nebenher das Fürchten zu lernen – oder vielmehr das Nichtfürchten – denn um Mitternacht zwischen Gräbern zu liegen, war immerhin eine Kraftprobe.

Zu jener Zeit schrieb ich auch eine Novelle – oder »Arabeske«, denn dies galt mir als eine vornehmere Kunstgattung ...

»Was der Wind rauscht« hieß das Ding, und wenn ich es
heute lese, bin ich mehr als über die Unbehilflichkeit meiner Äußerungsart erstaunt über den Gefühlsüber-
schwang, der – nach meiner Erinnerung – aus jedem
noch so belanglosen Bildchen damals emporspritzte.

Mein ganzes Dasein war ein großer Hymnensang, ein
Taumel von Ekstase zu Ekstase, zugleich aber auch ein
höchst praktisches Vorwärtswollen, und was ich an Büchern verschlang, wurde restlos dem Assoziationsstrom
zugeführt.

Fürs Abitur zu büffeln, schien mir nicht mehr nötig. Und
so glaubte ich, mich ohne böses Gewissen an Literatur
und Philosophie und Religionswissenschaft – Strauß und
Renan waren modern – schadlos halten zu dürfen.

In diese glückliche Reifezeit fiel das Erlebnis, das mich bis
in die Grundfesten meines Wesens erschütterte.

Ein Freund unseres Hauses – ich will ihn unbenannt lassen – hatte ein Gut zu kaufen. Für sich oder einen anderen, das weiß ich nicht mehr genau.

Und weil ich zu jener Zeit in meinem Heimatorte wohl
gelitten war, so wunderte ich mich nicht, daß er eines
Morgens vor unserer Türe hielt und mich aufforderte,
ihn auf der Besichtigungsfahrt zu begleiten. Einen warmen Mantel müsse ich mitnehmen, denn wir würden
wahrscheinlich den größten Teil der Nacht unterwegs
sein. Zwei, drei, vier Meilen, fünf Meilen – durch Gegen-
den, die ich gerade vom Hörensagen kannte und die mir
so fremd erschienen, als lägen sie auf dem Monde.

Endlich, um die Vesperzeit, landeten wir auf einem Gutshof, stattlich, von tiefroten Scheunen und Stallungen
umstanden, mit einem Herrenhause, dessen einstöckige
Front in schneeweißer Gastlichkeit aus Weinspalieren
hervorsah.

Der Besitzer, ein älterer, breitbärtiger Recke, stand mit

seinen Hunden zum Willkommen vor der Tür. Und als die Männer sich die Hände geschüttelt hatten und mein Gönner einen abschätzenden Blick in die Runde schickte, der sein Wohlgefallen allzu lebendig verriet, da sagte der Hausherr mit spottendem Auflachen: »Sie denken wohl, daß *das* hier zum Verkaufe stehe? Nee, mein Lieber, so'n Schmuckkästchen kriegen Sie nicht in die Pfoten, aber hübsch ist das andere auch, nur brauchen wir noch eine Stunde, um hinzukommen.«

»Wenn man seit neun Uhr früh auf dem Wagen hockt«, sagte mein Gönner, »ist das nicht sehr verlockend – für mich nicht und für den jungen Mann auch nicht.«

Doch darin irrte er sich. Ich würde bis ans Ende der Welt gefahren sein, so gierig war ich nach neuem Erleben.

»Der Jüngling kann ja hier bleiben«, sagte der Hausherr, mir die Hand reichend, »aber *Sie* müssen mit. Kommen Sie 'rein. Unterdessen kann angespannt werden.«

Damit schob er mich in einen halbdunklen Flur, in dem eine buntmiedrige junge Magd sich meines Mantels und meines Hutes bemächtigte. Er sagte ihr ein paar litauische Worte, worauf sie knicksend mich bat, ihr zu folgen. Zuerst ging es eine Holztreppe hoch auf einen winkeligen Bodenraum, in dem es nach Rauch und nach Mäusen roch, und dann in ein schmales, weißschimmerndes Zimmer, vor dessen Fenster das grüne Gold sonnengetränkten Lindenlaubes sich ausspannte. Die junge Magd, deren rot- und blaudurchflochtene Zöpfe sich wie eine Krone über der Stirn aufbauten, hängte Hut und Mantel an die Tür und lächelte mich an.

»Was soll ich nun?« fragte ich.

»Zum Kaffee kommen«, erwiderte sie, und da sie bei meinem Nähertreten ruhevoll stehen blieb, nahm ich sie rasch in den Arm und küßte sie ab, wie sich's als Wegzoll gehört.

Unten tat ein lichtdurchfluteter Raum saalartig sich vor
mir auf. Der Samowar schickte wirbelndes Gewölk in das
Bereich der Sonnenbänder empor, und eine Frauenhand
streckte sich mir entgegen.

Die, zu der sie gehörte, stand dunkel und lichtumspon-
nen zwischen der Sonne und mir. Drum sah ich fürs erste
nichts von ihr. Erst als sie sich den beiden Herren zu-
wandte, erkannte ich ein noch ganz junges, längliches
Gesichtchen, das ein Rahmen von bräunlichen
Schmachtlocken, wie aus lauter glitzernden Schlangen
geflochten, bis zum Halse hinunter zierlich umgab. Und
dann sah ich in ein Paar schmale, dunkle Schleieraugen,
deren Schatten sich bis gegen die Schläfe hinzogen und in
denen beim Anblick meiner junggrünen Hilflosigkeit ein
Willkommen leutselig erblühte.

Es gab frische Waffeln, die sie uns mit einer Silberschippe
selber auf die Teller legte, und hinterher einen Kümmel
aus Mitau, dessen Flaschenhals von dicken Zuckerkri-
stallen blinkte.

Und dann wurde der Wagen gemeldet.

»Na – will der Jüngling nu mitfahren oder nicht?« fragte
der Hausherr.

»O Gott«, dachte ich, »wer hilft mir, daß ich hier bleiben
kann?«

Aber es war keine Hilfe mehr nötig. Mein bloßes Zögern
hatte genügt, um die Entscheidung zu bringen.

»Na schön«, sagte er, »dann leisten Sie meiner Frau so
lange Gesellschaft. Es wird sowieso ermüdend werden –
das Kacheln über die Felder.«

Und so fuhren sie von dannen.

»Wir wollen ein bißchen in den Garten gehen«, sagte die
Hausfrau, das Taschentuch einsteckend, mit dem sie
dem Wagen nachgewinkt hatte.

Und das taten wir auch.

»Nun mußt du eine Unterhaltung beginnen«, ermahnte ich mich. Im Unterhaltungmachen war ich Meister – das wußte ich nicht bloß von den Tanzstunden her – aber heute fiel mir nicht das mindeste ein.

Ein Glück war es, daß hinter dem Gutshause mitten in einem Grasrondell eine Banane stand, die ihre zerrissenen Blattwedel in die Lüfte streckte. Ich hatte gar nicht gewußt, daß eine so herrliche Tropenpflanze in unserem kalten Nordosten ihr Fortkommen findet, und das sagte ich ihr.

»Wir schneiden sie im Herbst ab«, erwiderte sie, »und legen den Wurzelstock in den Keller. Im Frühling lebt sie dann wieder auf, genau so wie die Menschen.«

Ich sagte, daß ich gerade im Winter ein doppeltes Leben führe.

»Ja, Sie vielleicht«, seufzte sie, »aber hier ist es sehr einsam.«

Und dann erzählte sie, daß sie auch einmal in Tilsit zur Schule gegangen sei und später sogar ein Jahr in Lausanne gelebt habe – wegen des höheren Schliffes.

»Aber jetzt brauche ich ihn nicht mehr«, fügte sie mit einem Achselzucken hinzu, »denn hier verbauert man doch.«

Nun hätte ich sie eigentlich trösten müssen, aber ich wagte es nicht. Je offener sie sich gab, desto beklommener wurde mir zumute. Es war, als ob ihr Zutrauen mir Klammern um die Seele legte und mir mit ängstlichen Mahnungen den Mund verschloß.

Darum geriet das Gespräch auch allmählich wieder ins Stocken. Ich würgte und räusperte mich, aber, wie sehr ich auch suchte, nirgends fand sich ein Thema, es in Fluß zu bringen. Ihre Schritte beschleunigten sich. Ich zottelte hinter ihr her wie ein Hündchen, und der Herzschlag saß mir im Halse; denn ich dachte, da ich doch nichts zu sagen wisse, lohne es ihr nicht mehr, höflich neben mir herzugehen.

Vor einem moorigen Wasserloch, um das herum Reste einer steinernen Einfassung verstreut lagen, machte sie Halt.

»Hier hat sich einmal ein junges Dienstmädchen hineingestürzt«, sagte sie. »Finden Sie nicht auch, daß sie ganz klug getan hat?«

»Es kommt darauf an«, erwiderte ich. Gescheiteres fiel mir nicht ein. Und ich lachte blöde dazu.

Auch sie lachte. Lachte so hell, als ob ich einen sehr guten Witz gemacht hätte. Und dann ging sie weiter.

Vor uns lagen nun im Rotfeuer des beginnenden Abends die weithin sich erstreckenden Koppeln, auf denen Remonten und Jungvieh in bunten Rudeln sich jagten.

»Ach, wie ist das schön!« rief ich, um doch etwas zu sagen.

»Es kommt darauf an«, erwiderte sie – gerade so wie ich vorhin –, und ich dachte: »Jetzt verhöhnt sie dich schon.« Dann machten wir kehrt und schritten dem Hause zu.

»Wäre diese Quälerei doch schon zu Ende!« dachte ich, während die Pausen des Gespräches sich dauernd verlängerten. Am liebsten wäre ich ihr davongelaufen, aber das ging wohl nicht an, und so trottete ich dümmlich neben ihr her und sah den Steinchen zu, die aus dem lockeren Kies vor mir hersprangen.

Es schien, als hätte sie meine Gefühle erraten, denn vor den Stufen der Gartenterrasse reichte sie mir abschiednehmend die Hand und sagte: »Ich muß Sie nun allein lassen, denn ich habe für den Abendbrottisch zu sorgen, und inzwischen werden ja wohl auch die Herren da sein.«

Damit war ich abgedankt für immer, denn wenn erst die beiden Herren wieder auf dem Plane waren, sank ich von selber ins Nichts zurück.

238

So sehr ärgerte ich mich ob meines Stumpfsinns, daß ich am liebsten geweint und getobt hätte. Ich wanderte unablässig vom Garten zum Hofraum und vom Hofraum zum Garten zurück, wohl volle zwei Stunden lang, und rief von Zeit zu Zeit vor mich hin: »Ach, ist das schön, ist das schön!« Wenn mich aber einer gefragt hätte, was mir eigentlich so schön erschiene, so hätte ich es nicht zu sagen gewußt.

Ein paar Hunde hatten sich eingefunden und zogen treulich hinter mir her. Da ich ihre Namen nicht wußte, so gab ich ihnen irgendwelche, die mir gerade einfielen, und sie hörten auch auf diese.

Und plötzlich – es war schon fast dunkel geworden – da tobten sie von mir fort und durch das Gartentor einem Reiter entgegen, der im Galopp auf den Hof gesprengt kam. Ein halbwüchsiger Junge, der sich Sporen an die nackten Füße geschnallt hatte. Er wolle die gnädige Frau sprechen, sagte er einem der Hofleute, und als sie, von diesem gerufen, auf der Anfahrt erschien, berichtete er ihr, der Herr ließe sagen, man würde mit der Besichtigung heute nicht mehr fertig werden, und sie möchte Bettbezüge schicken und eine Flasche Rum zum Abendgrog.

Ein heißer Schreck durchrieselte mich. Wenn ich zum Abendessen mit ihr allein blieb, dann mußte die Qual des Nichtredenkönnens aufs neue zermalmend über mich herfallen. Ich umklammerte die Staketen des Gartenzauns, zwischen die ich meine Nase hindurchgequetscht hatte, um dem Schauplatz näher zu sein, und überlegte, ob ich sie nicht um ein Pferd bitten solle, damit ich, von dem Jungen geführt, den Herren nachreiten könne.

Aber da war sie auch schon fort – fort, ohne sich auch nur nach mir umgeschaut zu haben.

Und eine Weile später kam die Dienstmagd – dieselbe,

die ich eben abgeküßt hatte – reichte dem Jungen einen Packen aufs Pferd, und während er eilends davonritt, wandte sie sich dem Garten und der Stelle zu, wo ich hinter dem Zaune lauerte.

»Die jnedje Frau läßt zum Abendbrot bitten«, flüsterte sie, die Augen nicht aufhebend, und ich schämte mich vor ihr, wie sie sich vor mir.

Als ich klopfenden Herzens das Gartenzimmer betrat, war es schon so dämmerig geworden, daß ich die Gestalt der Herrin gerade noch erkennen konnte.

Sie streckte mir die Hand entgegen und sagte, auf die Hängelampe weisend: »Ich fürchte, in dem Behälter wird kein Petroleum sein, denn wir essen im Sommer immer bei Tageslicht. Wollen wir uns Lichter holen lassen oder im Dunkeln essen?«

»Im Dunkeln essen!« stieß ich hervor, denn so hoffte ich meiner Befangenheit am ehesten Herr werden zu können.

»Na gut«, sagte sie, »und wenn Sie den Mund nicht mehr finden können, dann melden Sie's nur, und dann werd ich Sie füttern.«

In mir jubelte es hell auf, denn wenn sie so zutraulich mit mir scherzte, dann konnte sie mich unmöglich verachten. Aber zu reden wußte ich darum immer noch nichts.

Und dann merkte ich, daß ich vor Hunger zitterte und mir der Magen wehtat, denn ich hatte den ganzen Tag über noch nichts Rechtes gegessen.

Sie legte mir die Hälften der jungen Hühnchen auf den Teller und einen Berg Salat dazu, den dicke Sahne fest zusammenhielt. Auch Rotwein schenkte sie mir ein, von dem ich schon beim ersten Schluck einen heißen Kopf bekam.

Und plötzlich war die Lähmung fort. Lachend fragte ich sie, ob sie es mit einem so dummen Jungen noch länger aushalten wolle, und was sie sich wohl gedacht habe, als ich heute nachmittag so blöde gewesen war.

»Das will ich Ihnen sagen«, erwiderte sie ganz ernst, »ich dachte, ich langweile Sie.«

»Sie – mich?« Ich schrie es beinahe. »Wie kamen Sie bloß auf eine solche Idee?«

»Die liegt doch sehr nahe«, erwiderte sie, »da ich ja nur eine Landpomeranze bin.«

»Sie sind die – Sie sind – Sie sind – – –«

Weiter kam ich nicht.

»Nicht doch«, unterbrach sie mein Stammeln und legte ihre Hand abwehrend auf die meine. »Lassen Sie nur die Schmeicheleien, ich glaube ja doch nicht daran.«

Das gab mir noch mehr Mut.

Noch nie in meinem Leben sei mir eine Frau so gütig entgegengekommen, so sagte ich, und noch nie im Leben hätte ich zu jemandem so viel Vertrauen in mir gefühlt. Ich hätte mir bisher nur nicht erlaubt, ihm Worte zu leihen. Und wenn sie es sich gefallen lassen wolle, so möchte ich ihr am liebsten mein ganzes Herz ausschütten.

»Tun Sie das nur«, sagte sie, sich in ihrem Stuhle zurücklehnend, »ich höre Ihnen gern zu.«

Da zerbrachen in mir die letzten Dämme. Was ich noch nie einem Menschen zu bekennen gewagt hatte, selbst meiner Mutter nicht, das mußte ich bedingungslos vor dieser Fremden ausschütten, von der ich kaum mehr als einen Schatten sah.

Ein Dichter wollte ich werden, ein Dichter wie Goethe und Schiller. Aber da sich das nicht lernen lasse, so müsse ich irgendein gleichgültiges Brotstudium wählen. Und auch das sei so einfach nicht, denn Geld hätte ich nicht und würde es auch niemals bekommen. Wohl wolle ich mit Freuden hungern, aber um schließlich Lehrer zu werden, wovor ich ein Grauen hätte, lohne sich das ganze menschliche Leben nicht. Als Realschüler stünden mir auch nur die Naturwissenschaften und die neueren Sprachen offen. Zu Naturwissenschaften hätte ich wohl eine unbändige Lust, aber sie würden mich am Ende von meinem Dichterberufe so weit entfernen, daß ich den Rückweg nicht mehr fände. Und was die neueren Sprachen beträfe, so könnten sie mir gestohlen bleiben, aber sie gäben mir immerhin die Möglichkeit, mich mit den verschiedenen Literaturen zu beschäftigen, was mich der Dichterei wieder etwas näher brächte. Und darauf allein käme es an. Das alles berichtete ich ihr und trank den schweren Rotwein dazu in langen Zügen. So voll von seliger Dankbarkeit war ich, weil ich mich aussprechen durfte, daß ich am liebsten vor ihr in den Staub gesunken wäre, um ihr die Füße zu küssen.

Ein Schweigen entstand. Mein Atem ging schwer und stoßweise durch das Dunkel, und wenn ich ihn anhielt, dann konnte ich auch ihr Atmen hören.

»Also so werden Sie Dichter«, sagte sie dann und stand auf.

»Wer sagt Ihnen«, rief ich, »daß ich je einer sein werde? Ein Wahnsinn ist es und nicht mehr. Nur ein einziger Trost bleibt mir, daß mir im Leben schon mancher Wahnsinn gelungen ist. Vielleicht wird es auch dieser einmal.«

»So hat jeder sein Wünschen«, sagt sie. »Sie möchten Dichter werden, und ich möchte ein Kindchen haben.«

»Bloß *Ihr* Wunsch ist nicht so vermessen«, erwiderte ich.

»Vielleicht doch«, seufzte sie und wandte sich der offenen Gartentür zu.

Nun sah ich im Dämmer der Sommernacht endlich wieder ihr Gesicht. Die feinen Nasenflügel bebten, und die weit gewordenen Schleieraugen starrten zu den Sternen empor. Dann kehrte sie sie lächelnd wieder der Erde zu. »Ich werde die Erdbeeren an mich nehmen«, sagte sie, »und Sie nehmen den Wein; so können wir dann noch auf der Terrasse sitzen.«

Und das taten wir auch. Wir aßen die Erdbeeren, die gleichfalls in dicker Sahne steckten, und tranken den Wein dazu, der mir mit jedem Schlucke einen neuen Blutstrom durch die Adern goß. Meine Backen brannten, und durch den ganze Körper hüpfte das Blut.

»Schwer wird Ihnen das Leben ja werden«, hörte ich meine neue Freundin sagen, »und am schwersten wohl durch Sie selber; aber das schadet nichts, denn die Frauen werden Sie gerne haben.«

Ich erschrak. Wann hätte je eine Frau mich gerne gehabt? Wann hätte ich je daran gedacht, daß eine Frau mich gern haben *könnte*?

Und das sagte ich ihr.

»Oder vorläufig die Mädchen«, gab sie lächelnd zur Antwort, »und davon haben Sie ja auch wohl schon die Beweise.«

Ich dachte an Klara Hornig, an Hedwig Tagmann, an Magda Tagmann, an Elise Koch und alle die anderen, die ich der Reihe nach durchgeliebt hatte; aber ob ich je auf Gegenliebe gestoßen war – eine wirkliche und reelle Gegenliebe – wer konnte das wissen?

Und das sagte ich ihr auch.

Ein Schimmer von Rührung, den ich mehr fühlte, als ich ihn sah, hatte sich in ihren Zügen verfangen, während sie mich mit den wieder schmalen Schleieraugen von unten herauf gleichsam prüfend betrachtete.

Und dann plötzlich schoß sie hoch.

»Ich habe Kopfweh«, sagt sie, »und muß mich zurückziehen. Ich werde dem Mädchen klingeln, daß sie Sie auf Ihr Zimmer führt. Gute Nacht.«

Ich saß da, als hätte ich einen Axthieb erhalten. Kaum, daß ich die dargebotene Hand ergriff, die sich nach zuckendem Drucke rasch wieder zurückzog.

Und dann war sie verschwunden.

Die blondgekrönte junge Magd kam mit einer Kerze in der Hand und stellte sich wartend in der offenen Glastür auf. Am liebsten wäre ich in den finsteren Garten hinuntergestürmt, aber ich fand nicht den Mut dazu und folgte ihr gehorsam – die knarrende Holztreppe hoch – über den Estrich des Bodenraumes – in das Mansardenzimmer hinein, in dem eine verfangene Fledermaus, hier und da anstoßend, die lockere Tapete entlangglitt.

Die Magd stellte die Kerze auf den Tisch, und ohne mich eines Blickes zu würdigen, machte sie sich daran, das geängstigte Tier zu verscheuchen.

Aber das Zimmer war zu schmal, als daß sie an mir vorbeigekonnt hätte, ohne mich leise zu streifen. Und als ich den lieben, vogelnestigen Duft, den diese Naturkinder an sich tragen, über mich herströmen fühlte, überfiel mich eine Art von Raserei. Halb besinnungslos riß ich sie an mich und bedeckte Wangen und Hals mit meinen Küssen. Sie wehrte sich verzweifelt, aber das tun sie ja immer, auch wenn sie im Innersten willig sind. Und schließlich lag sie in Ermattung über meine Knie gestreckt, aber sie gab sich noch nicht gefangen.

»Ich muß ja 'runter«, flüsterte sie bittend.

»Dann komm noch einmal«, bat nun auch ich.

Sie sagte nicht Ja, sie sagte nicht Nein, sie lachte nur hell auf und glitt dann zur Türe hinaus.

Kaum war sie fort, da packte mich die Reue.

Unwürdiger, der ich war! Nicht allein, daß ich das Gastrecht des fremden Hauses schmählich verletzte, auch an seiner Herrin, der Edlen, der Hohen, der Großmütigen, die mir ihr Vertrauen gegönnt und das meine gnädig empfangen hatte, war ich zum Frevler geworden. Ich rannte umher wie ein Verrückter. Wenn die blonde Magd nun wirklich kam – würde ich die Kraft haben, sie ihrer Wege gehen zu heißen? Sicherlich nicht, denn jede Fiber in mir schrie nach ihr, schrie nach dem Erlöstsein, das sie dann brachte.

Bisweilen hielt ich an und lauschte. Nichts rührte sich mehr. Auch die letzten Lichter des Hauses schienen erloschen. Die Gartenseite wenigstens lag in Dunkel vergraben. – So auch der Wirtschaftsflügel, der sich dran schloß.

Und dann wanderte ich von neuem. Die Fledermaus und ich – wir durchmaßen den Raum um die Wette – hin und her – hin und her – ich weiß nicht, wie lange – stundenlang – Ewigkeiten lang.

»Nun kann sie nicht mehr kommen«, rief eine Stimme in mir voll schmerzenden Verzichts. Und eine andere rief dagegen: »Gott sei Dank, daß sie nun nicht mehr kommen kann.«

Aber trotzdem lauschte ich immer von neuem. Und immer von neuem rannte ich stampfend umher.

Die Fledermaus ruhte bisweilen, ich ruhte nie.

Und plötzlich – es mag gegen zwei Uhr gewesen sein – da war es mir, als hörte ich tief unten ein leises Knarren der Treppe, das sich verstärkte und wieder einschlief.

Ich lauschte, aber nichts ließ sich hören, bis nach einer Weile, als ich schon längst wieder wanderte, das Knarren von neuem begann. Aber diesmal dauerte es länger und hörte erst auf, als es am oberen Treppenrande angelangt war.

Sie kam. Sie kam also doch noch!

»Verschließe die Tür«, rief es in mir, »damit der Tag nicht entweiht werde, der dir das Frauenideal geschenkt hat, das dich fortan durchs Leben geleiten soll!«

Aber die Hand, die den Riegel vorschieben sollte, fand nicht die Kraft dazu.

Und dann war auch nichts mehr zu hören. Wie ertrunken in Nacht und Schweigen schien alles, was an Liebe und Sünde und Abenteuer gemahnte.

Eine Weile lauschte ich noch, das Ohr ans Schlüsselloch gedrückt, dann begann ich die Wanderung von neuem. Und die Fledermaus glitt immer an Wänden und Decken entlang.

Da, wie ich in der Gegend der Tür für einen Augenblick anhielt, war es mir, als hörte ich ein Rascheln draußen auf dem Estrich. Nicht lauter, als Mäuse rascheln, aber deutlich genug, um mich wissen zu lassen, daß ich hier oben nicht mehr allein war.

Ich riß die Türe auf. Da stand, keine fünf Schritte vor mir, eine Kerze in der Hand, mit finsteren Augen mich anstarrend – die Herrin des Hauses.

Mit einem Aufschrei fuhr ich zurück. Wie aus weiter Ferne hörte ich ihre Stimme hart und strafend, als sie sagte: »Wenn Sie die Nacht über spazierengehen wollen, warum ziehen Sie dann nicht wenigstens die Stiefel aus? . . . Ich hätte schon längst ein Mädchen zu Ihnen heraufgeschickt, aber die schlafen alle im Wirtschaftshaus, darum bin ich schließlich selber gekommen.«

»Verzeihung«, stammelte ich, »das habe ich nicht bedacht.« Und dabei muß ich wohl eine sehr klägliche Armesündermiene gemacht haben, denn während der Schimmer eines begütigenden Lächelns über ihr Gesicht hinglitt, fuhr sie in weicherem Tone fort: »Nun, nun, es ist ja noch nicht Morgen. Und ausschlafen können wir immer noch. Aber nun gehen Sie auch wirklich zur Ruhe, lieber Junge.«

Wie ich sie die Worte »lieber Junge« sagen hörte, da löste sich plötzlich die Spannung, die süß und quälerisch, abirrend und ahnungsvoll, seit vielen Stunden mein Wesen beherrscht hatte. Ich warf mich auf einen der beiden Stühle, die vor dem Tische standen, barg den Kopf in den verschränkten Armen und weinte bitterlich.

Hinter mir hörte ich etwas wie das Schließen der Tür und hörte langsam sich nähernde Schritte. Dann fühlte ich eine Hand schwerlastend in meinem Haar und fühlte, wie heiße Tropfen auf meinen Nacken niedersanken.

O mein Gott! Auch sie weinte! Weinte um mich!

Und dann setzte sie sich neben mich auf den zweiten Stuhl, lehnte ihren Kopf an meinen Kopf, und über meine rechte Backe legte sich das duftige Buschwerk der gelösten Locken.

»Geben Sie acht«, sagte ich, immer noch schluchzend, »es ist eine Fledermaus im Zimmer.«

»Sie ist schon draußen«, gab sie schluchzend zurück.

Und wie ich nun den Arm um ihren Nacken legte, da war es um uns geschehen.

Als ich am späten Morgen aus seliger Betäubung erwachte, sah ich die junge Magd mit verschämtem Lächeln in der offenen Türe stehen.

Da erst fiel mir ein, daß sie vielleicht immer noch hätte kommen können, und ein posthumer Schreck rieselte mir durchs Gebein.

»Die Herren sind wieder da«, hörte ich sie sagen, »und Sie möchten sich rasch anziehen. Es soll gleich gefahren werden.«

Ich kam herunter, von den beiden lachend begrüßt.

Aber die Hausfrau ließ sich entschuldigen. Sie habe schreckliches Kopfweh.

Lange und schwer habe ich an diesem Erlebnis getragen. Daß man die Ehe bricht, das wußte ich von meinen Romanen her, aber dann später, wenn die Scheidung vollzogen ist, heiratet man sich, oder man flieht schon vorher gemeinsam in die weite Welt.

Ich aber war noch nicht siebzehn, und was ich besaß, reichte als Reisegeld gerade bis Tilsit.

Ich selber durfte ihr natürlich nicht schreiben – die gebotene Danksagung ausgenommen – aber mit jeder Post erwartete ich einen Brief, in dem sie Verantwortung von mir verlangte und ihr Schicksal in meine Hände gab.

Doch dieser Brief ist nie gekommen.

Und dann begann ich, die Frauen um mich her mit anderen – frecheren – Augen anzusehen.

Die verschlossenen Heiligtümer, an deren Schwelle man sonst wunschlos vorübergeht, hatten lockende Pforten aufgetan. Hinter ihnen stand kein verhülltes Isisbild mehr, von dem den Schleier heben den Tod bedeutete, sondern ein Weib von Fleisch und Blut, das Begehren atmete, wie man es selber begehrte.

Eines neuen – noch schwerer wiegenden – Erlebnisses bedurfte es, um mich die Ehrfurcht vor dem Weibtum und seiner irdischen Sendung wieder zu lehren.

Doch bis dahin vergingen – ich glaube – sechs Jahre.

Hermann Sudermann, 1857 in Matziken im Kreis Heydekrug im Memelland geboren und 1928 gestorben, gehört, trotz mancher (und oft weit überzogener) Einwände vor allem gegen den weltberühmten Dramatiker der Jahrhundertwende, zu den bedeutendsten deutschen Schriftstellern der Jahrzehnte um 1900. Sein »Bilderbuch meiner Jugend« veröffentlichte er 1922.

Lovis Corinth

Kindheit

Ich schiebe den Vorhang beiseite, und wir sehen ein kleines ostpreußisches Städtchen. Kleine Leutchen gehen geschäftig ihrem Werkeltag nach; sie glauben, daß der liebe Gott das ganze Weltall expreß für sie allein gemacht hat.

Als Kind war ich für die Menschen, welche mit mir oder ich mit ihnen zu tun hatte – wie Kinder sein mögen – der Sonnenschein des Hauses gewesen. Die Arbeiter und Tagelöhner, welche von meinen Eltern gehalten wurden, gingen ihrem Tagewerk mit ernsten und düsteren Mienen nach. Sie erhellten sich aber, wenn sie mich auf dem Hofe hantieren sahen, und wenn sie mir zuriefen: »Na Luke, wat deihst Du denn da?«

Oft stand ich am Gehöft an der hinteren Haustüre auf einem Absatz, welcher mit drei kümmerlichen, ungleichen und steinernen Stufen in den Hof führte. Darauf wimmelten schnatternde Enten und gackernde Hühner, ab und zu balanzierte eine Katze vorsichtig über das feuchte Steinpflaster. Außerdem hatte der Hof fünf nahe aneinanderliegende Lohgruben, zwei Kalkgruben und mehr nach der Mitte zu eine große Sumpfgrube. Meistens stand vor jeder Grube ein Gesell, der Leder herausfischte, mit Lederschurz und langen bis zu den Hüften reichenden Transtiefeln. Er prüfte den Werdegang zum fertigen und gebrauchsfähigen Leder; denn mein Vater war Gerbermeister und gehörte zu den »Reichen«, was ich von meinen Spielkameraden oft genug höhnen hörte, deshalb hielt ich es damals noch für schimpflich, reich zu sein. Zuletzt war er sogar Ratsherr geworden, und als ich diesen Titel, von der Mutter, vielleicht heimlich in stiller Stunde prahlerisch ausgesprochen, gehört und ihn wiederholt hatte, erhielt ich von ihr eine solche Tracht Prügel, daß mir die Lust, diesen Titel weiter zu nennen, für immer verging.

War ich entlang den Gruben gegangen, so schwenkte ich rechts von der Sumpfgrube ab, am Kuhstall und Schafstall vorbei, und ich traf auf die allergrößte Grube, welche mit trockener Lohe bis oben herauf ganz zugeschüttet war. Hier hatte man mich hineingehoben, als sie ganz leer war und dieselbe gefüllt wurde mit je einer Schicht Lohe und einer Schicht Leder. Daran reihte sich ein baufälliger, grünbemooster Bretterzaun, mit einem großen viereckigen Holzstoß aufgeschichtet, der zum Heizen für den Winter dienen sollte.

17 *Tapiau, wo Louis Corinth herkam. Blick durch die Alt-Straße auf das Rathaus*

Die zweite Hälfte des Hofes war für die Landwirtschaft reserviert; mein Vater führte nämlich neben der Gerberei, wie dies oft in den kleinen Städten der Fall war, einen größeren Ackerbetrieb. Deshalb standen hier eingeengt Wagen bei Wagen; zur Zeit der Ernte war kaum Platz für die vielen langen Erntewagen, oder wie sie dort genannt wurden: »Austwagen«. Das Haus, welches den Hof flankierte, enthielt den Pferdestall und Kuhstall und dazu in einer Ecke einen großen Misthaufen.

Durch den vorher erwähnten Bretterzaun führte das schief in den Angeln hängende Tor zu dem hochgelegenen Ufer des Flusses, welcher hier zum Kurischen Haff vorbeitrieb. Auf ihm verkehrten viele Reisekähne, auf denen die Kahnschiffer, mit langen Stäben längs dem Ufer entlang schiebend, mit Schimpfen und Schreien ihre Kameraden anfeuerten. Dieses Ufer war grün von spärlichem Unkraut: Löwenzahn und graues Bilsenkraut mit ekelhaft duftenden violetten Blüten wuchs dort. Das Ufer der anderen Seite erschien grüner und wir konnten leicht mit einem Stein hinüberwerfen. Auch lag an abschüssiger Stelle des Ufers ein Floß, auf dem meistens ein Gerbergeselle fleißig die Felle von der beizenden Lohe oder vom Kalk durch Hin- und Herschwenken im Wasser sauber schälte. Im Winter haute er eine Wuhne in das dicke Eis, und steckte zur Warnung für offenes Wasser eine Stange mit einem Strohwisch hinein.

Oft beobachtete ich von dem früher geschilderten Treppenabsatz das »Leben der Natur«, wie es ungeschminkt von den Tieren in dem Hofe gepflegt wurde. Lachen erschallte aus der Küche, die ganz nahe an dem Treppenabsatz war, wenn ich um Hilfe rief, sobald der Hahn ein Huhn trat.

Manchmal tobte ich auf dem Hofe herum und fing Sperlinge. Die Salzbüchse in der Hand, versuchte ich mit aller

Geschicklichkeit und aller Mühe, Salz »auf den Zagel« der Sperlinge zu streuen.

Der Hof war meine kleine Welt. Mit den arbeitenden Gesellen unterhielt ich mich. Ich war immer an der Sumpfgrube zu finden, wenn ein Tagelöhner von den rohen Fellen die Schwänze, Klauen und Hörner herausschnitt, als erstes Stadium für den Werdegang zum fertigen Leder. Oft schnitt der Arbeiter Stücke rohen Fleisches heraus und warf es den gierig wartenden Katzen zu. Dabei entstanden wohl zwischen dem Steinpflaster blutige Pfützen, aus denen die Hühner dann begierig tranken. In der Nähe war hier das Gebäude, in welchem der Pferde- und Kuhstall war. Im Pferdestall stampften unruhig vier Füchse und zwei Braune hin und her. Die Pferde kannten mich wohl und behandelten mich ohne den geringsten Respekt ebenso wie mein Lieblingsknecht, welcher alle Tiere mit Namen nannte. Ich war nicht wenig verwundert, als mein Lieblingsknecht mit meinem Vater einen bösartigen Streit hatte, und als sein gutmütiges Gesicht sich in ein böses widersetzliches Mienenspiel verwandelte. Er sollte betrunken gewesen sein und in diesem Zustande verstand eigentlich meine Mutter den Männern am besten den Kopf zurechtzusetzen.

Meine erste positive Erinnerung fand mich am frühen Morgen auf dem Rücken eines nervösen und beweglichen Pferdes. Mit beiden Kinderhänden hatte ich mich ohne Furcht in der gelben Mähne festgeklammert, auch hielt mich wohl einer meiner Halbbrüder desto sicherer oben fest. Dieses Tier war mit mir gleichaltrig und war ein dreijähriger Hengst. Mein Vater hatte ihn eben neu auf dem Insterburger Pferdemarkt gekauft, und jetzt sollte er sich erst in seiner neuen Umgebung eingewöhnen. Von da ab hielt mich der Stall in seinem Bann. Sechs Füchse standen da und mit ihnen wurde ich bald intim

252

bekannt. Alle Augenblicke bat ich, daß man mich aufsetzte. Den Weg vom Wagen nach dem Stall legte ich reitend zurück. Einstmals als das Tier unter mir gescheucht wurde, setzte es mich unsanft auf die Erde. Den nächsten Morgen sah ich mich, wie mein Vater meinen Kopf sorgsam an seine Brust gelegt in wiegendem Schritt auf und ab ging. Der Gefahren waren viele, die mich bedrohten. Eine nächste Erinnerung taucht in mir auf, wie ich zwischen den Lohgruben mit einem Stöckchen spazieren ging. Ich maß nun eifrig die Tiefe der Gruben und neigte mich solange herab, bis ich – plumps – in eine hineinfiel. Ich zappelte aus Leibeskräften in dem braunen Wasser herum und schrie: »Au Otte, Au Otte!!« Ein Spielkamerad hockte an der Hintertür und sah meinem Treiben gespannt zu. Endlich lief er doch mit der Nachricht zur Küche. Nun stürzten die Mägde und alles, was kochte und kochen half, schnell herbei und zogen mich, vielleicht noch im letzten Augenblick, heraus. Ich lag im Bett und wurde durch einen heißen Tropfen aufgeweckt, der auf meinen nackten Körper fiel. Meine Mutter erzählte dem Vater, welcher wohl vom Felde gekommen war, von dem Unglück; ich sah meinen ausgestreckten Körper entlang, einige Stücke Borke waren noch kleben geblieben. Die Eltern liebkosten mich, und meine Mutter deckte mich stolz ganz auf und sagte: »Seh moal de lange Beene« und deckte mich vorsichtig darauf wieder zu, damit ich, weiter schlafend, mich von meinem Schreck erholen konnte.

Als ich dann mit der Zeit meine Nase höher hob und ich infolgedessen einen weiteren Horizont bekam, wußte ich nun auch, daß der Fluß, welcher bei uns vorbeiströmte, und von Dampfern und Kähnen belebt war, die »Deime« hieß. Auf dem Ufer drüben nach links hin waren unsere Wiesen, wohin ich meinem Vater bei der Heuernte das

Vesperbrot nachbringen durfte. Geradeüber an dem grüneren Ufer stand ein langes weiß getünchtes Gebäude im Empirestil mit spitzem roten Dach.

Schwarze, weiße und braune Gestalten gingen hier aus und ein, wie in einem Bienenkorb. »Ostpreußische Besserungsanstalt« stand über dem Hoftor in goldenen Buchstaben. Aus einem ehemaligen Ordensschloß war dieses Institut, im Volksmunde »Stidut«, zurechtgebaut worden. Im Zusammenfluß von Deime und Pregel auf mooriger Erde ehemals errichtet und die kurze Strecke zwischen beiden Flüssen noch künstlich durch einen Graben verbunden. So stand das Gebäude ganz von Wasser umgeben. Dieser künstliche Graben spielte für mich eine sehr ernste Rolle, denn ich sollte hier unsere Enten hüten und sollte sie abhalten, daß sie nicht von dem Graben aus in die Gemüsegärten des Instituts hineinstrolchten und die ganzen Anlagen zerstören. Hier sah ich auch den ersten Landschaftsmaler, welcher an einer Ecke der Anstalt, wo große Pappeln wuchsen, eine Studie malte. Es war der Maler Knorr, der Sohn des alten Kassenrendanten von dem Institut. Er ist bis heute nicht vollständig unbekannt geblieben. Dieses Institut hatte mit unserem Hause eine fortwährende Beziehung. Dadurch, daß es uns gerade gegenüber lag, wohnte in einer kleinen Dachwohnung in unserem Hause eine alte Aufseherin der Anstalt, denn weibliche Personen sollten dort auch gebessert werden. Die Aufseherin hatte eine Tochter Emilie, welche nur ein Auge hatte. Sie war die Freundin meiner Halbschwester Rike. Ich war ihr ebenfalls sehr zugetan und manche Zeit verbrachte ich oben in dem Dachstübchen, das mit uralten Möbeln und Nippsachen aus Porzellan angefüllt war. Die Kommoden hatten Löwenfüße und goldene verzierte Ringe zum Ausziehen der Schubläden. Sie zeigte mir auch ein wunderschönes Bild, welches immer vorsichtig aufgerollt war. Es stellte den König Friedrich Wilhelm III. dar, wie er auf einem herrlichen Pferde ritt. Ich konnte mich nicht genug daran sattsehen. Namentlich das Pferd mit den vortretenden Adern an den sehnigen Beinen. Sie erzählte mir dann auch von dem Reiterdenkmal desselben Königs in Königsberg und machte mich ganz sehnsüchtig darnach. Von ihr wurde mir die Kunstliebe in mein Kinderherz eingeimpft. Dann erzählte sie Sagen von dem alten Institut, das stets in meinem Gedächtnis ein unheimliches Gespenst blieb und durch die vielen Gefangenen auch stets eine geheimnisvolle Verbindung mit unserem Hause unterhielt.

Nicht allein brachten die braungekleideten Waisenkinder das Brennholz für die Aufseherin, sondern manches Mal verirrte sich ein armer entfliehender Gefangener auf unseren Hof und hielt von hier aus Umschau, ob die da drüben seine Flucht gemerkt hätten. Ganz unbemerkt blieb er von uns freilich nicht, denn es waren stets Arbeiter auf dem Hofe; doch kniff man wohl gern die Augen zu und ließ ihn laufen.

Anders wurde es freilich, wenn ein fremder Strolch sich an Hab und Gut eines Bürgers vergriff, dann lief wohl der Ruf durch die Gassen: »En Deew! – En Deew!« und der Nagelschmied Schöntaub packte ihn und soll ihn zu guter Letzt mit seiner Kneifzange ordentlich gezwickt haben! Kehren wir nun zu meinem Hof zurück. Wir sind noch lange nicht mit seiner Beschreibung zu Ende, denn wir haben zuerst den einen Hauptbestandteil erwähnt: den Pferdestall, aber nicht den zweiten Hauptteil, das ist der Speicher.

Dieser war ein rotes Gebäude und schloß den Hof quer ab. Rotes Fachwerk fiel in die Augen, und durch die ebenfalls roten Luken konnte man die Felle stückweise sehen, wie sie an Stangen zum Trocknen gehängt waren. An den Ecken hatte man die Felle durch dünne Hölzer gespreizt, damit sie desto gleichmäßiger auftrocknen konnten.

Der Speicher hatte auch ein großes Tor. Von hier ging ein Schauer hinein, wo die Schwalben ihre Nester angebaut hatten. Ging man durch dieses Schauer durch, so kam man in den Garten.

In diesem Garten waren aber weder Ziersträucher noch Zierbäume darin, sondern meine Mutter hatte aus ihm einen Gemüsegarten gemacht. So rationell wirtschaftete sie in allem, daß nichts umkommen durfte; sie hielt sich nicht einmal einen Hofhund, bemerkend, daß man dafür lieber ein Schwein fett füttern könnte. Da wuchsen, an dünnen langen Stangen gerankt, rotblühende Schabbel-bohnen, ferner Kopfsalat, Zwiebeln, Petersilie etc. In einem verlassenen Winkel wuchsen bescheiden, auf eigene Veranlassung, gelbe und violette Schwertlilien. In einer Ecke war eine alte Kalkgrube, auf dem schmutzigen Wasser schwamm eine tote Kröte. Aber den größten Raum in diesem Garten nahm ein großer, fast haushoher Loh-haufen ein, von gebrauchter Lohe allmählich zusammen-gekarrt. Dieser Lohhaufen verleiht jeder Gerberei ihren eigentümlichen, säuerlichen, charakteristischen Geruch. Zum Herbst wurde dieser Haufen zu Lohkuchen (eine Art Torf) verwertet. Es war eine heitere Art, dieses Heiz-material zu verfertigen.

Die jüngeren Mägde standen hochgeschürzt mit nackten Waden und Füßen auf einem erhöhten, mit Brettern be-legten Gerüst. Unten zu ihren Füßen lag ein viereckiger Rahmen. In diese Form schüttete ein Knecht die nasse Lohe mit dem Spaten und die Mägde traten dann mit ihren Füßen hüpfend den Kuchen zurecht. Es war nicht anders, als die Kelter zu Vater Noah's Zeiten. Mancher derbe Witz wurde auf Rechnung der Waden gemacht, die durch das Springen zum Vorschein kamen. Dann gab es noch eine Art, aus den Überbleibseln des Leders Gewinn zu ziehen, nämlich das Leimkochen. Aus den Füßen, welche an den rohen Kalbs- und Schaffellen geblieben waren, auch aus Schwänzen und Ohren wurde ein Brei zerkocht, der dann zu gallertartigen Massen erkaltete. Diese in einem Gefäße erkaltete Masse wurde in großen Würfeln herausgehoben; durch ein Pferdehaar zerschnitt man den Würfel in dünne Scheiben, legte sie auf Rahmen mit Netzen und trocknete dann die flachen Leimstücke an der gleichmäßigen Wärme des Sonnenschattens. So gab es fast nichts, das nicht von einem tüchtigen Geschäftsmann, was auch mein Vater war, zu irgendeinem Wert ausgenutzt werden konnte.

Kehren wir aber nun wieder aus dem Garten in den Speicher zurück. Eine Treppe hoch waren die Arbeitsräume der Gesellen. Hier, über große Tische die Leder gespreizt, krischpelten sie alle Sorten Leder weich und geschmeidig. Mit einem mondartigen Falzeisen wurden von dem Leder die ungleichen Stellen abgeschabt. Kein Laut wurde vernehmbar, nie hörte man Lachen oder Pfeifen. Aber von unten aus dem Erdgeschoß tönte ein stampfartiges knatterndes Geräusch herauf. Das war die Lohmühle. Diese nahm den ganzen unteren Raum auf der linken Seite des Schauers ein. Man mußte sich zuerst an die tiefe Dunkelheit des Raumes gewöhnen, denn die paar Fensterlöcher waren mit geborstenen Läden vernagelt, so daß durch die Spalten dieser Läden blaue Sonnenstrahlen auf die Striche der auf- und niederschwebenden Staubkörperchen heraufschienen.

Mitten in diesem Helldunkel stand ein großes, mächtiges horizontal gelegenes Zahnrad, in der oberen Peripherie mit dicken Holzstacheln versehen, welche in die Löcher eines anderen Vertikalrades einpaßten, die dann mittels einfachster Konstruktion vier schwere eichene Balken, an den unteren Enden mit schweren eisernen Messern versehen, in Bewegung setzten. Während nun der Gaul im Kreise das große horizontal gelegene Triebrad drehte, griffen die einzelnen Teile ineinander, hoben abwechselnd die vier Stampfbalken und ließen sie dann von oben auf die zusammengeschichtete, in einem Trog gesammelte Rinde hineinschmettern, bis allmählich die Rinde zu ganz kleinen Stücken, beinahe pulverisiert, zerstampft wurde. Alsdann durfte der Gaul eine Pause machen, was er nickend und die krummen Beine ruhend, gerne tat. Die Lohe wurde aus dem Troge herausgeschaufelt und wieder neue Borke zerschlagen aufeinander gehäuft. Dann ging es von neuem los im alten Takt, im Kreise herum. Der Gaul für das Drehen dieser Mühle war immer der älteste und phlegmatischste. Schon seit langem hatte dieses Privilegium »Der Jud«. Ein Knecht hatte ihn so benannt, weil er vor undenklichen Zeiten von einem polnischen Juden an meinen Vater verschachert wurde. Die Augen durch eine lederne Maske verbunden, trottete er das ewige Einerlei des Im-Kreise-herum-Gehens. Wenn er einschlief, bekam er eine Rinde an den Kopf geworfen und durch ein lautes »Hü Jud« wurde er wieder zu schnellerer Gangart angefeuert. So wechselte der Takt des Stampfens, je nachdem der Gaul sein Tempo beschleunigte oder nachließ.

Man konnte das Geräusch mit dem Klopfen des Herzens vergleichen, welches anzeigte, in welchem Grade der Arbeitskörper im Gange gehalten wurde.

Zur Zeit des Mittagessens wurde im Speicher und Hof die Arbeit niedergelegt und Stille herrschte ringsumher. Manchmal sollte ich die Gesellen zum Mittag zusammenrufen. Als ich aber einen Vers instinktmäßig hersang, wie ihn wohl aus Schadenfreude die Knechte mich gelehrt hatten, nach dem Rhythmus des Klapperns der Mittagsglocken auf den Gutshöfen:

»Koamt eete – koamt eete, ju fule Beeskreete!«
da bekam ich wieder eins von meiner Mutter mit dem Sielenstrang derb über den Buckel übergerissen als handgreifliche Lehre, daß mein Tun nicht für richtig gehalten wurde. Durch Prügel wurde ich deutlich und klar belehrt, was ich zu tun und was ich zu unterlassen hatte.

Diese Unterrichtsart, das Prügeln, wurde nur von der Mutter, als der höchsten Instanz im Innern des Hauses, an mir ausgeübt. Deshalb kam es vielleicht, daß ich meinen Vater, welcher sich um solche häuslichen Angelegenheiten nicht kümmerte, nach Kinderart viel lieber hatte als die Mutter. Heute kann ich verstehen, daß dieses furchtsame Gefühl vor Schlägen meine Mutter sehr geschmerzt haben wird. Uns allen war eine große Sehnsucht nach Liebe im Innersten der Seele eingeprägt. Diese Liebe aber durfte nie geäußert werden. Eher wurde sie versteckt, aus Scheu, zu viel Weichheit gerade gegen die zu üben, welche man lieb hat. Meine Mutter konnte ihren Charakter nicht verleugnen, welcher für Arbeit und für Herrschaft im Hause war, deshalb verlangte sie unbedingten Gehorsam von jedermann.

Eine Erinnerung taucht in mir auf: Wie ich eines Tages meiner Mutter in die Speisekammer nachschlich in der Hoffnung, etwas Gutes zum Essen zu ergattern, hing zufällig am Türpfosten ein steifer, verschimmelter Sielenstrang. Meine Mutter nahm ihn vom Nagel und hielt ihn in der Hand: »Da hauk ek die Lue, wenn Do onartig best.« Nur zu bald sollte ich seine Bekanntschaft machen und erfahren, wie ernst es ihr damit war, dann verschwand er bis auf weiteres auf dem Himmelbett.

Aber wenn es auch bei uns streng zuging, so fand doch eine gut angebrachte Tat ein wohlgeneigtes Gehör bei der

Mutter, da sie auch nicht ohne Humor war. Den verhaß-
ten Sielenstrang nahm ich einstmals listig vom Himmelbett hinweg und schlich mich vom Hofe zur Deime und
warf ihn dort weit weg in den Fluß, so daß er lustig
stromabwärts schwamm. Mit keiner Silbe erwähnte sie
mir gegenüber dieses Raubes, vielmehr werden sich alle
eins gelacht haben und stolz gewesen sein über meinen
Streich, den ich so schlau ausgeführt hatte. Meine Mutter
hatte das absolute Kommando in der inneren Wirtschaft
des Hauses. Mein Vater hatte genug zu tun, über die
Landwirtschaft zu wachen und die Dispositionen über
die Gerberei zu treffen. Es war eine Musterwirtschaft und
dazu gehörte es, daß beide, Mann und Frau, ihr Teil
Arbeit in festen Händen hatten. So wurde denn oft meine
Mutter herausgerufen zum Schlichten eines Streites, der
sich zwischen einer Tagelöhnersfrau und ihrem betrun-
kenen Ehemann entsponnen hatte. Ihrem Ausspruch
wagte da niemand entgegenzutreten.
Zum einfachen Almosengeben wurde ich von ihr stets
angehalten ohne jegliche Sentimentalität. Den ganzen
Vormittag kamen alte Männlein und Weiblein angehum-
pelt, hustend und bettelnd. Meine Mutter spann fort-
während an ihrem Wocken. Jedem mußte ich dann einen
Pfennig und ein Stück Brot aus dem Mauerschrank geben. Jeder trollte sich dann weiter mit dem Dankeswort:
»Help de leewe Gotke.«
Wenn meine Mutter spann, stand ich am Fenster und
schnitt aus Papier Pferde und Menschen aus. Vorgezogen
wurde von mir steifes Papier – ich nannte es »fett«. Zufrieden war ich schon, wenn mein Vater von seinen Reisen nichts als »fettes« Papier mitbrachte. Dann wurde sofort probiert, ein Pferd auszuschneiden und bald hatte ich
einen Marstall zusammen. Die Fleischer und Bauern,
welche bei uns ihre Geschäfte machten, bewunderten

meine Kunst sehr und stets war auf ihre Frage, was ich wohl werden sollte, die Antwort meiner Mutter: »Tepper! dann kann he Bloome op de Schiewe moale.«
Meine Kunst bekam aber eines schönen Tages einen merkwürdigen, namentlich für das weibliche Geschlecht fast verletzenden Anstrich. Ich hatte nämlich in dem Pferdestall meinen Freund, den neu gekauften Hengst allzugenau angesehen und studiert. Das Pferd spielte noch eine andere Rolle und wurde zu diesem Zwecke manchesmal im Stall zurückbehalten. Mein Ohm kam aus Moterau auf einer Stute, denn diese Unterschiede kannte ich ganz genau, angeritten. Alsdann wurden die Tore des Hofes fest zugesperrt. Das Übrige wurde mir aber auf das Strengste vorenthalten. Meine Halbschwester, die Rike, schleppte mich manchesmal fast mit roher Gewalt in das Haus und verhinderte mich hier auf das energischste wieder hinauszuflüchten. Ich hörte dann den Hengst wiehernde Laute heraustrompeten, und es war mir so rätselhaft, daß ich das Schauspiel auf alle Fälle sehen mußte. Deshalb war ich so schlau, in einem ähnlichen Fall, als wieder mein Ohm angeritten kam, daß ich mich auf dem Hofe hinter dem Holzhaufen versteckte und mich sachte heranschlich, als der Hengst aus dem Stalle geführt wurde. Was ich nun zu sehen bekam, konnte ich mir erst recht nicht deuten. Nun eilte ich, nachdem die Szene beendet war und das Pferd wieder in den Stall zurückgeführt wurde und die Stute an einen Wagen gebunden, in das Haus und konnte nicht schnell genug dasselbe Schauspiel mit allem, was ich gesehen hatte, mit meinen papierenen Pferden vor sich gehen lassen. Den Hengst mußte ich doch nun verändern und einzelne Gegenstände hinzufügen, welche ich vorher noch nicht genügend beobachtet hatte. Die Männer grifflachten und machten zotige Bemerkungen, welche der jungen Weib-

lichkeit, meiner Schwester und ihrer Freundin, der ein-
äugigen Emilie das Blut in die Wangen trieb und sie am
liebsten Reißaus genommen hätten. Vergebens wollten
sie mich später überreden, die Kennzeichen des Hengstes
wegzuschneiden, aber da kamen sie an den Unrechten.
Was ich mit meinen Augen gesehen hatte, war nicht
abzustreiten: der Hengst und der Bull, welch letzteren ich
immer noch nicht zu meiner Zufriedenheit herausbe-
kam, hatten eine »Wurzel«, wie mir die Knechte und
mein Freund, der Zimmermann Bekmann, diese Unter-
scheidung vor den anderen Tieren genannt hatten und
diese wollte ich absolut nicht missen.

Mein Freund, der Zimmermann Bekmann, welcher mir
immer so schöne Zeichnungen machte, die ich so sehr
bewunderte, wurde doch sehr energisch von mir anbe-
fohlen, diese Merkzeichen der Männlichkeit nicht zu vergessen. Das passierte ihm namentlich dann, wenn meine
Mutter unseren Zeichenübungen persönlich beiwohnte.

So war mein Leben in den schönen Tag hinein. Bald aber
sollte der »Ernst des Lebens« herantreten, als ich in die
Schule mußte . . .

Der bedeutende deutsche Maler und Graphiker Lovis Corinth
kam aus Tapiau in Ostpreußen. Dort wurde er 1858 geboren.
Er starb 1925; seine Selbstbiographie wurde im folgenden Jahr
herausgegeben.

Aus meiner frühesten Jugend

Geboren bin ich in dem freundlichen preußisch-litaui-
schen Städtchen Insterburg am 11. März 1831. Das Haus,
in welchem meine Wiege stand, ist kürzlich abgebrannt.
Lange wußte ich nicht, ob es überhaupt bekannt sei. Als
ich aber meinen sechzigsten Geburtstag feierte, wurde
ich durch das Schreiben einer alten Dame überrascht, die
mir mitteilte, daß ihre Eltern damals in demselben Hause
gewohnt hätten, von dem sie auch eine Photographie
beilegte. Nun wußte ich, wie es aussah. Irgend welche
Erinnerungen an meine Geburtsstätte konnten dadurch

18   *In Ernst Wicherts Geburtsort Insterburg vor dem Ersten
Weltkrieg: die Goldaper Straße*

nicht aufgefrischt werden, da mein Vater, Assessor beim Oberlandesgericht, bereits in meinem dritten Lebensjahre als Stadtgerichtsrat nach Königsberg versetzt wurde. Ich war das erste Kind meiner Eltern, das einzige von sechs, welches meine Mutter, trotz eines schweren Krankenlagers nach meiner Geburt, selbst genährt hat. Vielleicht hat sie mich deshalb bis an ihr Ende so sehr lieb gehabt, weil sie von mir so viel hat leiden müssen.

Meine Eltern hatten einander, nach langem Brautstande, aus innigster Neigung geheiratet, und das Verhältnis blieb auch das allerglücklichste trotz vieler schweren Haussorgen, an denen es ihnen nie fehlte, da beide ganz ohne Vermögen waren und das kärgliche Gehalt oft für die bescheidensten Bedürfnisse nicht ausreichte. Mein Vater, dessen Rufnamen ich erhalten hatte, durch und durch Sanguiniker, meist aus rein innerem Wohlsein zu allerhand Humoren aufgelegt, mitunter aber auch infolge von augenblicklichen Bedrängnissen ganz entmutigt und tief verstimmt, trug sich gern mit utopistischen Plänen, seine Lage dauernd zu verbessern. Meine Mutter (sie war in dem kummervollen Jahr 1807 geboren und wohl nach der unglücklichen Königin Luise getauft) unendlich gutmütig, mit einem heiteren Temperament begabt, schwer niederzubeugen und rascht erfreut, dabei für ihre Person ganz anspruchslos, nahm ihn immer freundlich, wie er war, ließ seine ausgelassene Laune und seine Versunkenheit gelten, wußte mit den mildesten Mitteln zu dämmen oder aufzurichten und half ihm allezeit getreulich zu den phantastischen Aussichten hinaufzuklettern, auch wenn sie sehr gut wußte, daß sie sich in Nebel würden auflösen müssen – eine durchaus sonnige Natur und auch später bei den schwersten körperlichen Leiden, die ihrem Leben schon mit 47 Jahren ein zu frühes Ende bereiteten, nie ganz niederzudrücken.

Beide haben sich auch in ihrer Liebe Maienblüte dichterisch versucht. In die Briefe, welche sie wechselten, waren vielfach Verse eingefügt oder eingelegt. Der Vater hatte sie sorgsam nach Jahrgängen gesammelt und aufbewahrt; kurz vor ihrem Tode wünschte die Mutter aber dringend, daß ihr diese Mappen in den Sarg mitgegeben würden. Das hätte für niemand weiter Wert, sagte sie. Und so geschah's nach ihrem Willen. Es ist wahrscheinlich, daß der Vater damals auch ein Heft seiner eignen lyrischen Dichtungen, Übersetzungen und dramatischen Fragmente, woraus er auf meine von der Mutter unterstützte Bitte mitunter vorlas, versargt hat. Ich hatte den Eindruck, daß diese Poeme zu künstlich geformt und nicht ursprünglich genug empfunden seien, daß die ernsten meist an zu starkem rhetorischem Pathos, die heiteren aber an übertriebener Komik litten. In meinem Besitz ist noch das ziemlich umfangreiche Fragment eines im Jahre 1828 begonnenen, mehrmals unterbrochenen und nie beendeten Epos »Der Referendar«, dessen etwas dürftige Fabel von allerhand humoristischem und satirischem Rankenwerk überwuchert ist. Er schildert darin, unzweifelhaft nach eignen Erlebnissen, eine »dichterische Ratsversammlung« von sechs Freunden, die alle vierzehn Tage »ein kritisches Gelage begehen«, bei dem sie »mörderlich schlagen und beißen – sich die Lungen zerfetzen – und, gleich aus dem Felde geschlagen, noch trotzen«. Da zeichnet er denn auch offenbar sich selbst:

»Zur Linken also sitzt Herr Ernst;
Ein langer grüner Rock, ein zott'ger Backenbart,
Drei-Zapfenduft umher, die eingefallne Wange,
Bekundet g'nugsam seine Pilgerfahrt.
Er ist Jurist – und dichtet auch nicht übel,
Allein sein Wissen ist ein weiter Kübel,

Worin sich Rat und Unrat durcheinander wirren,
Worinnen Sinn und Unsinn brüderlich gepaart,
Irrlichtern gleich, durch Moor und Sümpfe schwirren.
Er ist ein sonderbarer Kauz; du lernst
Ihn nimmer aus. Heut predigt er Moral,
Wir sind bewegt, dann lockt er Lyratöne
Aus seiner Harf', ihn schützet die Camöne,
Wir sind erweicht, wir müssen ihn fast lieben;
Nun karikiert er, spießt mit feur'gem Pfahl
Die arme Menschheit, läßt kein gutes Haar
An allem, was der Mutter Erd' entsproß,
Wir müssen, wird uns gleich ein wenig bange,
Wir müssen lachen … etc.«

Der siebente und letzte Gesang beginnt mit der schwer-
mütigen Klage, daß »der ernste, starre Riegel, der ban-
nend zwischen Kopf und Herz sich schob«, sich nicht
mehr rücken lassen wolle, daß das Leben mit der Poesie
aufräume und die Kraft nicht ausreiche, des Lebens
ernste Pflichten alle zu bewältigen, und schließt mit einem warm empfundenen und auch in der Form untadeli-
gen Gedicht an den Mond:

>>Wächter der Nacht!
Silberne Sichel am blauen Zelt,
Wenn die ermattete müde Welt
Selig dem Schlaf in die Arme fällt;
Wächter der Nacht,
Hab auf die liebenden Menschen acht!«

Später ist wohl nur noch hin und wieder ein launiges Ge-
legenheitsgedicht zustande gekommen; das Amt nahm
ihn völlig in Beschlag.
Aber nicht an Vater und Mutter, sondern an die Tante Ju-

lie, eine ältere Schwester der Mutter, heften sich meine ältesten Erinnerungen. Geistig gut beanlagt, sehr lebhaft und in außergewöhnlicher Weise befähigt, sich in ein Kindergemüt zu versenken, Verstand und Phantasie zu wecken, schloß sie mich, der ich nach ihrem Zeugnis »ein sehr drolliger Junge« gewesen, tief in ihr warmes und treues Herz. Sie hatte die seltene Gabe, aus Wenigem viel machen zu können, und so ging ihr der Stoff zu immer neuen Geschichten und Märchen nicht leicht aus, obgleich ich, unermüdlich im Anhören, täglich nicht wenig davon verbrauchte. So konnte sie eindringlich erzählen, so zur Heiterkeit reizen und wieder so tief rühren, daß immer der ganze kleine Mensch bei der Sache war. Ein Bilderbuch wurde mir erst dadurch wert, daß sie die Darstellungen durch ihre Erklärungen und Schilderungen belebte. Selbst die illustrierten »Berliner Witze« – mein Vater kaufte die Heftchen sämtlich und konnte sich daran sehr vergnügen – wußte sie dem Kinde verständlich zu machen. Als ich sie einmal im Winter in eine Apfelkammer begleitete, die sie der Kälte wegen etwas zaghaft betrat, hatte ich ihr zugerufen: »Gehn Sie nur drieste, Mamsellken – ik habe Stiebeln an.«
Das waren höchst wahrscheinlich dieselben Stiefel mit Schäften und hohen Absätzen, die mein Großvater von Vaters Seite (der mütterliche lebte längst nicht mehr) mir geschenkt hatte, als ich vier Jahre alt war. Ich meine mich zu entsinnen, daß ich, um mich zu bedanken, zu dem kranken Manne, der im Bett lag, von der Großmutter geführt und bedeutet wurde, ganz leise aufzutreten, was mir sehr sonderbar vorkam, da das Trappen mit den Absätzen doch gerade das Hauptvergnügen war. Vielleicht deshalb ist mir der unbedeutende Vorfall im Gedächtnis geblieben. Er war Kaufmann und dann, als er durch mancherlei Unglücksfälle sein Vermögen verloren

hatte, Küster bei der altstädtischen Kirche gewesen. Er muß es recht knapp gehabt haben, denn mein Vater erzählte, es hätte abends ein einziges Talglicht auf dem Tische gebrannt, an welchem er und die Geschwister Schularbeiten machten, sein Vater bei seinen Büchern, seine Mutter bei ihrer Näherei saß und auch noch ein Dienstmädchen spann. Man hatte damals bessere Augen als heut.

Die Großmutter, eine geborene Gemmel, eine stattliche und peinlich adrette Frau, scheute ich ein wenig ihrer Strenge wegen. Ich glaube, sie war mit meiner Erziehung gar nicht zufrieden und gab dies auch wiederholt meiner allzu nachsichtigen Mutter zu verstehen. Ich verdarb es an einem Geburtstage mit ihr. Ich hatte mir ausbedungen, daß keine »Großen« zum Besuch sein sollten. Als sie nun, ein Päckchen auf dem Arm, zur Gratulation kam, lief ich ihr schon auf die Treppe hinaus entgegen und rief ihr recht ungezogen zu, sie möchte nur dableiben, es seien heute nur Kinder geladen; sie brauche mir auch gar nichts zu schenken. Das nahm sie sehr übel, und ich empfinde noch ihren strafenden Blick.

Die andere Großmutter, Witwe des frühverstorbenen Oberbürgermeisters Marenski in Elbing, der in der Franzosenzeit der Stadt beste Dienste geleistet haben soll, lebte von einer kleinen Pension und war eine sehr gutherzige, liebe Frau, deren Wert ich recht schätzen lernte, als sie später in unser Haus zog. Während eines Sommers, den meine kränkliche Mutter still auf dem Lande zubrachte, war ich bei ihr und mußte mir das Stricken beibringen lassen, wahrscheinlich, weil ich sonst nicht ausreichend zu beschäftigen war. Das kostete viel Tränen, denn ich schämte mich, »wie ein Mädchen« behandelt zu werden. Weiter hinauf weiß ich von meiner Familie sehr wenig. Von einem Urgroßvater väterlicherseits, der ehrsamer

Handwerker und Glöckner gewesen sein sollte, wurden Anekdoten erzählt. So ging eine oft scherzhaft gebrauchte Redensart: »Bliew vor dine Deer« (bleib vor deiner Türe) auf ihn zurück, und er soll sie gebraucht haben, wenn die gemeinsame Schüssel mit Klößen auf dem Tische stand und einer der Mitspeisenden mit der Gabel seitwärts abirrte, um einen vermeintlich besseren Fang zu machen. Er sprach auch sonst Platt. Als sich einmal ein eben angezogenes Dienstmädchen vorstellte, fragte er sie: »Wie heetst, min Dochter?« Sie antwortete schüchtern: »Achatke« (Agatchen), worauf er sie anfuhr: »Wat? Achatke? Trien sulst heete.« Das bezeichnete mir seine Art. Der Name Marenski deutete auf polnischen Ursprung; wahrscheinlich stammte die Familie aus Thorn, wie auch die der Großmutter (Damus). Der Name kann aber auch polonisiert sein, wie das in dem polnischen Preußen häufig geschah. Die Wichert (auch Weichardt, Weigert, Wichart, Wiechert = Weichherz) stammen aus dem preußischen Städtchen Mühlhausen, welches im XIV. Jahrhundert, wenn ich nicht irre, von Thüringen begründet ist. Der Name soll in dem dortigen Mühlhausen noch vertreten sein. Ein gelehrter Vetter, dem diese Dinge interessanter sind, als mir, hat sich viel Mühe gegeben, aus Kirchenbüchern und anderen Urkunden eine Namenreihe aufzustellen, die ziemlich weit zurückreicht, aber meines Wissens keine Persönlichkeit von irgendwie individueller Bedeutung enthält.

Mir, dem Juristen, könnte es vielleicht Bedeutung haben, daß der nachweisbare Stammvater Hans Weichardt gegen Ende des XVI. Jahrhunderts Schultz (also Richter) von Niklauken, einem Dorf bei Mühlhausen, und dessen Sohn Kaspar, Mälzenbräuer in Mühlhausen (gest. 1682), zuletzt judex emeritus daselbst gewesen ist. Sein Sohn Martin, ebenfalls Mälzenbräuer, hatte mehrere Söhne.

Der eine davon, Johann, getauft 1693, ging als Bäcker-
meister nach Königsberg und ist dort in die Hauptrolle
eingetragen worden. Von ihm leite ich meine Abstammung her. Ein anderer Sohn, namens Michael, Stadt-
schreiber, Postverwalter und Königlicher Accissenein-
nehmer in Mühlhausen, ist der Stammvater der 1804
geadelten Linie. Mein Vater wollte übrigens viel höher
hinaus. Er scherzte mitunter, unser Urahn sei kein gerin-
gerer, als der erste, der auf den Mauern von Jerusalem
gestanden habe. Der Ritter, von welchem diese Helden-
tat aus dem ersten Kreuzzuge berichtet wird, hieß
nämlich Wichart.

Ich war erst fünf Jahre alt, als ich in die Schule gebracht
wurde – eine Mädchenschule, in deren unterster Klasse
auch Knaben unterrichtet wurden. Des ersten Tages
entsinne ich mich noch sehr gut. Es war für mich eine lederne Büchertasche bestellt, und Tante Julie hatte meine
Bedenken hauptsächlich durch die eindringliche Vorstellung, daß ein Junge mit der Büchertasche auf dem Rük-
ken unmöglich mit einem Mädchen verwechselt werden
könne, zum Schweigen gebracht. Unglücklicherweise
war aber die Büchertasche zum bestimmten Tage nicht
fertig geworden, und ich sollte nun Tafel und Fibel in einem sogenannten Pompadour tragen. Das war ganz gegen die Abrede. Heulend wurde ich nach der Schule mehr
geschleppt als geführt, und dort machte ich so viel stö-
renden Lärm, daß zuletzt nur übrigblieb, mich mit einem
anderen Knaben (er hieß Diestel und ist Schuldirektor in
Dresden geworden) in eine zu besonderem Zwecke ein-
gerichtete Kammer zu schicken, in der ich mich denn
auch beruhigte. Aus dieser Schule ist mir sonst nur noch
in Erinnerung, daß eine sehr korpulente Lehrerin, der
immer der Schweiß auf der Stirn perlte, strickend auf einer Art von Katheder saß und über die Platte hin mit der

Nadel die Reihe im Abc-Buch anzeigte, die buchstabiert werden sollte (man lautierte damals noch nicht) und auch wohl hin und wieder durch einen leichten Schlag auf die Hand eine Aufmunterung erteilte.

Darauf besuchte ich eine Elementarschule. Von da her entsinne ich mich nur noch eines Vorfalls, bei dem ich sehr bald ziemlich unverdient zu Schlägen gekommen wäre. An einem Sommernachmittage trat der Lehrer, den Hut in der Hand, in die Schulstube und begann sogleich: »Jungen, es ist heut so schönes Wetter, daß es mir hier in der engen Stube gar nicht gefällt; wir wollen einmal zusammen eine Wanderung vors Tor machen und uns da umsehen.« Das war nun durchaus nach meinem Geschmack. Ich sprang also vergnügt auf und packte mit lebhafter Geschäftigkeit die Bücher in den Riemen, ohne darauf zu achten, daß die Kameraden, die wahrscheinlich diese witzige Vorrede zu einer auf die Sehenswürdigkeiten vor einer Stadt bezüglichen Lektion schon kannten, vielleicht auch klüger waren als ich, sich ganz ruhig verhielten. Erst als sie in ein Höllengelächter ausbrachen, merkte ich, daß über meinem Haupt der schwarz-weiß gewürfelte Kantschu schwebte. Ich duckte mich rasch unter den Tisch, auf den nun der Hieb fiel. »Ich werde dich lehren, Schlingel, Spaß zu verstehen«, rief der Gestrenge, malitiös lachend. Das ist ihm denn auch gelungen, und ich hab's mein Leben lang nicht wieder vergessen.

Als der Rektor starb und die Schule mit einer anderen, meinem Vater nicht zusagenden vereinigt wurde, ließ er mir mit zwei Söhnen eines Predigers Laudien zusammen von einem Lehrer Jahr Privatunterricht erteilen. Er war sehr gutmütig und freisinnig, beteiligte sich übrigens später in den vierziger Jahren bei den politischen Bürgerversammlungen, die der Regierung sehr unbequem wurden, verlor sein Amt und wurde Papierhändler. Der gemeinsame Unterricht führte auch sonst zu freundschaftlichem Verkehr. Wahrscheinlich hatten wir auf dem Jahrmarktsplatz eine Menagerie gesehen; jedenfalls wurde beschlossen, eine solche auf dem engen Hofe des dicht an die alte Schloßmauer gebauten Pfarrhauses einzurichten. Einige Kisten mit vorgenagelten Latten oder vorgespannten Drähten stellten die Käfige vor. Leider konnten wir sie mit wilden Tieren nicht besetzen. Zum Ankauf eines Kaninchens und einiger Vögel ließ sich aber meine gute Mutter so manchen Groschen abbetteln. Der ältere Bruder (später Musikdirektor) besaß ein Puppentheater und wußte darauf ganz artig zu spielen. Besonders liebte er Ritterstücke mit allerhand Spuk, wobei recht viel Kolophonium zu den Blitzen verbrannt werden konnte. Wir jüngeren mußten uns mit der Rolle der Zuschauer begnügen; mit meinem Beifall konnte er aber zufrieden sein.

Übrigens muß ich damals wunderlich genug ausgesehen haben. Mein Vater hatte mir aus Berlin, wohin er den Bräutigam seiner Schwester zur Unterstützung bei einem juristischen Examen begleitete, einen mit Schnüren sehr kunstvoll besetzten Rock mitgebracht, der mir leider viel zu groß war und des Besatzes wegen auch nicht passend gemacht werden konnte. Da ich die üble Gewohnheit hatte, mich nicht gerade zu halten, mußte ich auf ärztliche Anordnung eine steife Halsbinde tragen. Dieser beiden Kleidungsstücke wegen hatte ich viel Neckereien auszustehen.

Gegen Ende des Jahres 1839 wurde mein Vater als Kommerzien- und Admiralitätsrat nach Pillau versetzt, und dort ging mir nun in der kleinen Seestadt ein ganz neues Leben auf.

An einem kalten Wintertage wurde in einer geschlosse-

272

nen Kutsche die Reise angetreten. Wir brauchten für die sieben Meilen einen vollen Tag, was mir und meiner drei Jahre jüngeren Schwester eine Ewigkeit schien. Eines kleinen Brüderchens wegen war überdies der Wagen mit Betten und anderen Sachen vollgepackt, so daß man sich darin wenig rühren konnte. Schritt nach Schritt ging es weiter, erst über den verschneiten Landweg, dann hinter Fischhausen an der Burgruine Lochstädt vorüber durch den fliegenden Sand. Früh vor Abend wurde es dunkel. Zuletzt standen wir plötzlich auf freiem Felde still. Aus der Ferne ließ sich ein unheimliches Summen und Brausen vernehmen: das sei die See, hieß es, ein mir noch unfaßliches Ding. Der Kutscher kletterte vom Bock und lief eine Strecke weit fort. Der habe gewiß »den Weg verloren«, äußerte die Mutter ängstlich, und das klang mir nun wieder sehr sonderbar. Wie kann jemand den Weg – verlieren? Nach einer Weile wurden Stimmen laut: »Zum Teufel! wo geht denn hier der Weg?« fragte der Kutscher. »Ja – da liegt der Hund begraben«, lautete die Antwort in plattdeutscher Sprache. Ich nahm diese Redensart ganz wörtlich und wollte nun durchaus wissen, was das für ein Hund sei und warum er da begraben liege und weshalb wir seinetwegen nicht weiterfahren könnten. Es war mir wenigstens eine Erleichterung, daß unser prächtiger Pudel Ajax, der schon meine Wiege bewacht hatte, munter bellte, also nicht der gemeinte tote Hund sein könne. Endlich ging's weiter durch den weglosen Sand auf ein Licht zu, das in einem der Häuser des Dorfes Alt-Pillau brannte. Spät, aber wohlbehalten langten wir in der Stadt an.

Mein Vater hatte eine Amtswohnung in dem einstöckigen weißen Häuschen dicht am Tief, der Wasserrinne zwischen Haff und See, von der Steinböschung nur durch die nicht breite Straße getrennt; bei schwerem Wetter spritzte die Gischt der brandenden Wellen bis an die Tür. Links erweiterte sich der Raum zu einem mit großen Pfählen zum Umlegen der Schiffstaue besetzten Bollwerk. Weiter gelangte man bald zu dem schlanken weißen Leuchtturm mit Glaskuppel, dahinter dem Binnenhafen. Rechts aber kam man etwas weiter zu einem freien Platz, auf welchem die hölzernen Baken mit Tonne, Kreuz und anderen Abzeichen zum Hereinwinken der Schiffe bei zu hohem, für den Lotsenkutter gefährlichem Seegange standen. Auch drehte dort eine Mühle ihre Flügel. Weiter hatte man vor sich die Festung mit ihren Gräben, ummauerten Wällen, engen Toren, Zugbrücken, Kanonen, Kugelhaufen, Baugefangenen in zweierlei Tuch, zum Teil die Kette zwischen den Füßen. Über das Tief, in welchem meist Schiffe ankerten, sah man nach den niedrigen Dünen der Frischen Nehrung und dem Sandkruge. Auch in dem reinlichen Städtchen selbst war viel Fremdartiges anzutreffen. In den stattlicheren Häusern mit Wappen über den Türen wohnten die Vizekonsuln aller Nationen; auf den Straßen und Bollwerken sah man fremde Kapitäne, englische, norwegische, holländische, schwedische, auch wohl portugiesische Matrosen, Schiffsköche aus Mohrenland, Lotsen in ihrer Ölkleidung, Reeder, die früher selbst zur See gegangen waren, alle mit ganz verwetterten Gesichtern. Immer fesselte irgend etwas die Aufmerksamkeit: da standen Leute mit Fernrohren auf dem Bollwerk und spähten nach der See hinaus, die Flagge eines Schiffes zu erkennen, das sich am Horizont blicken ließ; dann kreuzte das Lotsenboot, endlich lief das Schiff ein, reffte die Segel, warf den Anker aus und schleifte ihn noch eine Strecke am Grunde fort, bis er festlag, ein Boot wurde ausgesetzt, den Kapitän an Land zu bringen, der dann gleich von den Gehilfen der Spediteure mit großem Lärm

274

in die Mitte genommen und nach einem Kontor geschleppt wurde. Überall roch es so eigen nach Teer und Steinkohlendampf.

Unser Häuschen hatte nur zwei Fenster auf jeder Seite der Tür. Rechts vorn befand sich die Amtsstube. Sie stand selten leer, denn mein Vater hatte da nicht nur als Stadt-richter Termine abzuhalten, sondern auch die Rechtsge-schäfte der Schiffsleute zu ordnen; manchmal, wenn eine ganze Mannschaft abgefertigt werden mußte, standen sie bis in den Flur. Der Vater, der sich immer gern gründlich einarbeitete, lernte Englisch und studierte eifrig aus Bü-chern und Karten, was sich auf Seeschiffahrt, Bau der Schiffe, Benennung aller einzelnen Teile, Flaggenkunde etc. bezog. Und wie er denn stets die Mutter bei allem be-teiligte, was er trieb (mußte sie sich doch manchmal gar amtliche Berichte und Relationen vorlesen lassen!), so lernte sie auch jetzt mit und von ihm. Ich war meist dabei und verlor kein Wort. So wußte ich bald jede Stenge und jedes Tau am Schiffe zu benennen. Daß ich Seemann wer-den müßte und nur Seemann, verstand sich nun schon von selbst.

Aber es blieb auch nicht beim Lernen in der Stube. War ich bis dahin immer ängstlich behütet und ein rechtes Muttersöhnchen gewesen, so durfte ich's jetzt treiben wie die anderen Jungen auch. Ich tummelte mich nach Gefallen auf der Straße, ging in leichtesten Kleidern mit weit offenem Hemde, machte mir auf den Schiffen etwas zu schaffen, kletterte wohl auch in den Mastkorb hinauf und spähte, als ich mit Eifer turnen lernte, auch oft genug bis zum Flaggenknopf, ohne daß meine Mutter sich des-halb sonderlich besorgt zeigte. Das hat meine vorher sehr schwächliche Gesundheit dienstlichst gekräftigt.

Zuerst mag ich wohl bei der Pillauer Jugend in sehr gerin-gem Ansehen gestanden haben. Kam ich doch aus Königsberg, und die Königsberger galten meinen Kameraden in der Rektorschule überhaupt als Weichlinge. An Körperkraft waren sie mir alle überlegen, vielleicht bis auf den einen, den Sohn eines Segelmachers, mit dem ich es wenigstens wagen durfte, mich zu messen. Es wurde beschlossen, daß wir uns zur Probe zwischen der Windmühle und der Bake zu prüfen hätten – »einmal hin und einmal zurück«. So geschah es denn auch. Der Kampf blieb unentschieden, und wir wurden dann gute Freunde. Daß ich wenigstens nicht unterlegen war, besserte meine Stellung doch einigermaßen und hob mich auch in meinen eigenen Augen.

Mein Lehrmeister im Schwimmen wurde der alte Gerichtsdiener, Invalide von 1813/15, eine grundehrliche Haut. Im Sommer gegen Abend, wenn es in der Amtsstube nicht mehr viel zu tun gab, schickte ihn der Vater mit mir und andere Knaben, die sich anschlossen, an die See zum Baden. Anfangs wird er wohl mit mir seine Not gehabt haben, mich ins kalte Wasser zu bringen, bald aber kannte ich kein größeres Vergnügen, als ein kräftiges Wellenbad. Er ließ mich über seinem Arm Schwimmversuche machen, und nach einiger Zeit war ich schon soweit, daß ich mich mit anderen Jungen vom Flößplatz aus in den Festungsgraben wagen konnte, der für uns keinen Grund hatte. Wenn wir am Strande saßen, uns abzukühlen, mußte der Alte, der mit in Frankreich gewesen war, Kriegsgeschichten erzählen und seine Kugelnarben zeigen. Recht unangenehm dagegen war mir der Herr Registrator, eine richtige Schreiberseele, steif, pedantisch, immer, wie es mir schien, spöttisch beobachtend und jederzeit zu scharfen Rügen gerüstet, wenn wir im Flur vor der Amtsstube oder in unserem Schlafzimmer hinter derselben zu arg lärmten.

Wir waren drei Jahre in Pillau. Ich besuchte die städtische

Bürgerschule, in welcher lateinischer Unterricht nicht erteilt wurde. Zuletzt war ich in der dritten Klasse. Der Rektor, ein studierter Mann mit stark weingerötetem Gesicht und krallen Augen, wurde sehr gefürchtet, weil er viel schlug. Die älteren Schüler – er gab nur auf den oberen Klassen Stunden – unterhielten sich oft darüber, wie man sich eine dicke Haut auf der Handfläche schaffen und den Rücken mit Löschpapier auspolstern könne, um die Wucht der Hiebe weniger zu fühlen. Wir jüngeren hörten mit ehrfürchtigem Staunen zu. Der Subrektor, ein sehr hagerer Junggeselle, pedantisch und stets langweilig ernst, war wenig beliebt. Einmal aber wurde doch zu einem Geburtstagsgeschenk für ihn gesammelt. Es gingen zwei Taler ein. Drei Jungen, unter denen auch ich war, wurden beauftragt, einen passenden Gegenstand auszusuchen und ihm mit der Gratulation der Klasse zu überbringen. Wir wählten ein paar Leuchter von Metall mit kleiner Perlstickerei in der Mitte. Er zeigte sich sehr überrascht und ließ uns von seiner Schwester ein Stück Fladen geben, der mir so trocken vorkam, wie sie selbst. Die ganze Aufnahme befriedigte uns wenig. Ein sehr dicker Schreiblehrer gab in den unteren Klassen zugleich Geschichtsunterricht, der freilich im wesentlichen darin bestand, daß er den »kleinen Heinel« (preußische Geschichte) auswendig lernen ließ: »Vor sechshundert Jahren sah es im Lande Preußen ganz anders aus« etc.

Den Namen des Lehrers, dem ich am meisten verdankte, habe ich vergessen. Er gab den Zeichenunterricht und hatte eine vortreffliche Art, uns vor allem sehen zu lehren. Auf die Platte des Katheders stellte er Holzkörper verschiedenster Form, allein oder in verschiedenen Lagen zueinander, und gab uns auf, sie nachzuzeichnen, wie sie sich unserem Auge darstellten. Dabei brachte er uns die Grundbegriffe und Regeln der Perspektive bei, indem er die gemachten Fehler besprach. Da zeigte sich nun bei mir eine entschiedene Anlage, ich war nicht nur stets der erste fertig, sondern ich zeichnete auch am richtigsten. Und weil mir das gefiel, setzte ich mir auch zu Hause erst Klötze aus dem Baukasten, dann auch andere Gegenstände auf und bemühte mich, sie zeichnerisch wiederzugeben. Daraus hat sich dann bei mir eine sehr starke Neigung entwickelt, nach der Natur zu zeichnen. Bei allen Ferienausflügen, bis in die letzte Zeit, habe ich mein Skizzenbuch in der Tasche mitgetragen und mit leidenschaftlichem Eifer alles zu Papier gebracht, was mir des Behaltens wert und zu solcher Aufnahme geeignet schien. Durch diese langjährige Übung hat sich auch mein Formengedächtnis scharf entwickelt, so daß ich imstande gewesen bin, mir ein Landschaftsbild im ganzen und in seinen Einzelheiten vorzustellen und es nach dieser Vorstellung zu zeichnen. Von dieser Fertigkeit habe ich in unzähligen Gerichtssitzungen Gebrauch gemacht und mir dadurch die Stunden gekürzt, ohne an Aufmerksamkeit für die Verhandlungen irgendwie etwas einzubüßen. Viele Hunderte solcher mehr oder minder ausgeführten Federzeichnungen haben die Herren Kollegen an sich genommen und teilweise in Mappen gesammelt. Es wird ihnen Stimmung und Vielgestaltigkeit der Objekte nachgerühmt; auf künstlerische Ausbildung erheben sie selbstverständlich keinen Anspruch. Die Anfänge dieser Liebhaberei gehen also auf die Pillauer Bürgerschule zurück.

In meinem elften Lebensjahre machte ich den ersten Ausflug in die Welt. Das geschah folgendermaßen. Auf dem Haff verkehrten schon seit längerer Zeit die kleinen Dampfschiffe »Falke« und »Schwalbe« regelmäßig zwischen Königsberg, Pillau und Elbing. Der erste Dampfer, der sich meines Wissens weiter über See bis Danzig wagte, war die »Gazelle«. Wenn sie, von Königsberg kommend, in Pillau anhielt, war immer ein munteres Getreibe am Bollwerk in der Nähe des Leuchtturms. An einem Sommertage zu Anfang der Schulferien sah mein Vater dort den jungen Lehrer Born (er ist später ebenso wie Jahr wegen liberaler Gesinnung gemaßregelt worden!) mit einer Anzahl größerer Knaben in Turnkleidern, das Ränzel auf dem Rücken, zur Abfahrt bereit stehen. Er wollte nach Danzig, von dort zu Fuß nach Marienburg und Elbing, endlich wieder mit dem Dampfboot nach Pillau zurück. Die Frage, ob er mich mitnehmen wolle, bejahte er freundlichst. So wurde ich denn aufgesucht, in einer Viertelstunde ausgerüstet und ihm anvertraut.

Es war mir alles wie ein Traum, in den sich doch auch ängstliche Empfindungen mischten, als nun die Ladebrücke eingezogen wurde, die Dampfpfeife schrill ertönte, die Räder sich in Bewegung setzten und das Schiff an unserem Hause vorübersauste, in dessen Türe meine Mutter stand und gewiß mit schwerem Herzen ihren ältesten Jungen auf die tückische See hinausfahren sah. Es wehte ein frischer Wind, und hinter der Mole bespritzten die Wellen mit ihrem Schaum das Verdeck. Doch hielt ich mich längere Zeit ganz tapfer gegen die Seekrankheit. Gegen Abend aber blies uns ein so kräftiger Sturm entgegen, daß das kleine Schiff arg zu schwanken anfing und meine leichten Kleider bald völlig durchnäßt waren. In der Kajüte wurde mir unwohl; ich mußte wieder auf Deck und lag da unter einer Bank, durch den niedrigen Bord nur wenig geschützt gegen Wind und Wetter, in traurigstem Zustande. Mit einer Verspätung von vier Stunden langten wir endlich schon zur Nachtzeit in Neufahrwasser an. Am anderen Morgen war freilich alle Not vergessen, als wir nach Danzig wanderten und die Wunder der alten Hansestadt anstaunten: die Festungstore,

die Straßen mit den hohen Giebelhäusern und Beischlä-
gen, das Rathaus mit seinem mächtig aufstrebenden
Turm, der Artushof mit seinen alten Bilder und Schiffs-
modellen, die gewaltige Marienkirche mit ihrem wun-
dersamen Gewölbe. Auch im Kloster Oliva schauten wir
uns um, und vom Bischofsberge aus genossen wir die
schöne Aussicht. Dann ging's weiter nach Marienburg,
wo das alte Ordensschloß an der Nogat mit seinen stolzen Erinnerungen die jugendliche Phantasie völlig gefangen nahm. Ich hatte mir Blasen an den Füßen gelaufen
und war froh, daß mich auf dem weiteren Weg ein Plan-
wagen, wenn auch nur schrittweise, beförderte. In Elbing
war schließlich von dem sehr mäßigen Reisegelde für
jeden nur noch ein kleiner Betrag übrig geblieben. An die
Rückfahrt zu Dampfboot war nicht mehr zu denken. Da
am anderen Morgen ein Frachtkahn abgehen sollte, ver-
schafften wir uns hier gegen Vergütung von fünf Silbergroschen pro Person Unterkunft. Der Rest des Geldes
wurde leichtsinnig in Kuchen angelegt. Wir meinten,
nachmittags schon in Pillau zu sein, täuschten uns aber
sehr. Der Kahn mußte den Elbingfluß hinab bis zum Haff
mühsam getreidelt werden, lag dann eine gute Weile still,
um auf Wind zu warten, und lavierte darauf Tag und
Nacht und bis zum Nachmittag des nächsten Tages. Ich
schlief in einem Stapel Taue und befleckte mir dabei den
ganzen Anzug mit Teer. Dazu der Hunger. Zum Glück
hatte der Schiffer Kartoffeln an Bord; sie schmeckten mit
Salz vortrefflich. So kam ich trotz mancherlei Strapazen
vergnügt im Vaterhause an. Die in Danzig und Marienburg gewonnenen Eindrücke, allerdings wiederholt aufgefrischt, wirkten noch stark nach, als ich vierzig Jahre
später meinen Roman »Heinrich von Plauen« schrieb.
Außer mit dem kleinen Segelmacher hatte ich auch mit
anderen Knaben engeren Umgang, so mit den beiden

Söhnen eines angesehenen Spediteurs, in dessen Hause ich kaufmännische Wohlhabenheit kennenlernte, und mit einem Nachbar auf der Schulbank, dessen Vater Garnisonbäcker in der Festung war, und mit dem ich gern mein Weißbrot gegen dünne Kommißbrotfladen austauschte, die er noch warm unter der Weste vorzog. Bei dem Spediteur waren gewöhnlich sonntags fremde Kapitäne zu Gaste. Es stand dann auch eine Kiste sehr kräftiger Zigarren auf dem Seitentisch. Der ältere von den Söhnen wußte mitunter im Vorbeigehen einige davon zu entführen – »bowen« war der Kunstausdruck dafür – und wir zogen dann in die Plantage zu unseren ersten Rauchversuchen, die uns nicht immer gut bekamen. In dem Sohn eines Konsuls (der einen schiefen Mund hatte, weil die Amme, als sie ihn gerade nährte, eine Ohrfeige bekam, wie sehr verwunderlich erzählt wurde) fand ich einen Spielkameraden, mit dem ich auf seinem Hof ein mit Tauwerk und Segeln wohlausgerüstets Schiff baute, dessen wertvollster Teil noch eine in die Erde gegrabene Kajüte war, in die wir wirklich hinabsteigen konnten, um dort Schiffszwieback zu verzehren. Freundschaftliche Neigung faßte ich zu einem sehr armen, aber gut befähigten und namentlich in dem mir immer schreckhaften Rechnen äußerst gewandten Knaben, der mir aber an Lebenserfahrung weit voraus war, sich zu mir nicht ebenso hingezogen fühlte und meine schwärmerische Hingebung mit Untreue lohnte, was mir viel kindische Tränen ausgepreßt hat.

Wenn ich nun auch bereit war, mit den anderen Jungen mich auf den Straßen herumzutummeln, Räuber und Soldat zu spielen, auf die Schiffsmasten zu klettern, dem Reif nachzulaufen, Knopf zu werfen, mit dem Flitzbogen zu schießen und kleine Schiffe schwimmen zu lassen, so hatte ich doch nebenher stets noch meine besonderen Beschäftigungen, die mir eine stille Freude bereiteten und meiner Mutter besser zusagten. Ich las gern und viel, nicht nur Kindergeschichten und Märchen, sondern auch Bücher aus des Vaters Bibliothek, die über mein Verständnis gingen. Auch mit einem Puppentheater gab ich mich gern ab.

Ehe die Eltern von Königsberg verzogen, hatten sie mich einmal ins Schauspielhaus mitgenommen, und es mochte mir von dem, was da vorging, wenigstens ein allgemeiner Eindruck geblieben sein. Übrigens gehörte dieser Tag sonst nicht zu meinen angenehmsten Erinnerungen. Unglücklicherweise war nämlich ein dritter Platz nur noch hinter den ihrigen zu haben. Darüber hörte ich schon an der Kasse verhandeln und klammerte mich beim Hineingehen nur um so fester an meine Mutter an. Im Parkett, wo ich nun in eine andere Sitzreihe einlenken sollte, hatte der Vater sogleich Ärger mit mir. Nichts in der Welt hätte mich vermögen können, zwischen den wildfremden Leuten in einem so unheimlichen Raum zu sitzen. Es blieb den Eltern endlich nichts übrig, als mich zwischen sich zu nehmen, was bei den engen Plätzen auf die Dauer unbequem genug gewesen sein mag. Gegeben wurden kleine Lustspiele, von denen ich natürlich nicht das mindeste verstand. So ist mir denn nur im Gedächtnis geblieben, daß in einem derselben ein sehr niedliches Mädchen mit langen blonden Zöpfen, wahrscheinlich eine Art Aschenbrödel, eine Zeitlang auf einem niedrigen Schemelchen saß und irgendeine häusliche Arbeit verrichtete. Ich habe mich sicher arg gelangweilt und bin zuletzt so schläfrig geworden, daß es Mühe gekostet hat, mich nach Hause zu schaffen.

In Pillau wurde mitunter in der Ressource Theater gespielt. Ich mag wohl auch zugelassen sein und nun aufmerksamer zugeschaut haben. Viel näher kamen mir diese Dinge aber dadurch, daß meine Mutter aus ihrer lebhaften Einbildungskraft nicht nur lange Geschichten erzählen konnte, die mich noch mehr spannten, als die aus den Büchern, sondern auch zu den aus den Bilderbogen ausgeschnittenen Theaterfiguren Stücke zu erfinden oder die ihr bekannten, zu welchen sie gehörten, namentlich auch Operntexte, in Puppentheaterdramen umzumodeln verstand. Mehr noch, sie wußte zu den allerinteressantesten Schauspielen, die auf irgendeiner Robinsoninsel in der Südsee vor sich gingen, die passenden, in gar keinem Buchbinderladen käuflichen Kulissen herzustellen, indem sie in der primitivsten Weise schuppige Stämme mit einem üppigen Behang von Palmblättern zeichnete, die Stämme mit Lakritzen braun, die Kronen mit einer Mischung von Berliner Blau und Gelberde saftig grün färbte. Und das ging alles so hübsch rasch! Ich lernte diese edle Kunst von ihr und wurde nicht müde, Palmwälder auf Papier zu zaubern. Mit den Aufführungen gelang es mir schlechter, da die Puppen gar zu steif und störrisch waren. Wir versuchten nun selbst Komödie zu spielen. Ich hatte Schillers »Räuber« und Goethes »Götz« gelesen. Ritter und Räuber spukten unaufhörlich in meinem Kopfe herum. Es wurden von Pappe Schilde, von Holz Schwerter fabriziert und mit Silberpapier beklebt, Armbrüste gezimmert, aus Bohnenstangen Lanzen hergestellt und auf unserem kleinen Hofe Ritterkämpfe aufgeführt, ein andermal Räuberkostüme aus roten Bettdecken, aufgekrempten Hosen, alten Hüten mit Krähenfedern hervorgebracht. Das »Verkleiden« blieb immer die Hauptsache, denn das Extemporieren nachher hatte seine Schwierigkeit. Meine Schwester und ihre Freundin, die Pflegetochter des Registrators, ließen sich meist willig als Prinzessinnen ausputzen; auch entdeckte ich in den Töchtern eines Gendarmen schauspielerische Talente und zog sie, nicht ohne den mir unerklärlichen Einspruch meiner Mutter, zur Verstärkung des Personals heran. Als Theater diente unsere kleine Schlafstube, die eine Balkendecke hatte, an welcher sich Tücher und Laken leicht als Kulissen befestigen ließen. Dann erwachte aber auch der Wunsch, wirkliche Kulissen zu haben. Zu diesem Zweck wurden Schulhefte auseinandergerissen, die Blätter mit Mehlkleister zusammengeklebt und die Flächen mit Wasserfarben bemalt. Die Stücke, zu denen sie angefertigt wurden, blieben aber gemeinhin ungespielt.

Zwei besondere Ereignisse aus dem Pillauer Aufenthalt stehen noch sehr fest in meinem Gedächtnis. In einem Spätherbst starb mein kleiner Bruder, erst vier Jahre alt, nach langem Krankenlager, fast bis zum Knochengerippe abgezehrt. Ich wurde spät abends mit der Todesnachricht zu einem befreundeten Offizier in die Festung geschickt und weiß, daß mir bei meiner aufgeregten Phantasie dieser einsame Gang bei Sturm und Regen sehr unheimlich vorkam. Der Vater war untröstlich. Zum ersten Mal sollte Weihnachten nicht gefeiert werden. Es brannte auch wirklich kein Baum. Für meine Schwester und mich wurden zwar kleine Geschenke auf den Tisch gelegt, eine riesige Bescherung fand aber nicht statt; der Vater ging finster schweigend im Zimmer auf und ab, die Mutter saß weinend in einer Ecke. Wir Kinder wußten gar nicht, was wir tun sollten, und wagten nicht, an den Tisch heranzutreten. Endlich faßte ich mir ein Herz und sagte, wir wollten gar nichts geschenkt haben, wenn es die Eltern so traurig machte. Das hatte bei meinem Vater eine lösende Wirkung: er nahm mich beim Kopf und küßte mich, meine Schwester und die Mutter, ohne freilich ein Wort zu sprechen, und der Abend verlief dann nicht ganz so traurig, als er angefangen hatte.

In einem Winter stellte sich überraschend so starker Frost ein, daß das Tief bis weit in die See hinaus gefror, was seit Menschengedenken nicht geschehen war und sich auch meines Wissens seitdem nicht wiederholt hat. Drei Tage lang war das Eis so haltbar, daß man nach der Nehrung hinübergehen und auf der spiegelblanken Fläche Schlittschuh laufen konnte. Ganz Pillau war auf dem Eise. Ich erhielt damals meine ersten Schlittschuhe (sie wurden mit einem durch lederne Schlaufen gezogenen Strick am Fuße festgebunden und zu besserer Haltbarkeit über dem Blatt geknebelt) und lernte das Laufen in dieser kurzen, allerdings gründlich ausgenutzten Zeit.

Ernst Wichert (nicht zu verwechseln mit dem ein halbes Jahrhundert jüngeren Ernst Wiechert) war Insterburger des Jahrgangs 1831. Er stammte aus einer alten Juristenfamilie und wurde ebenfalls Jurist, aber auch ein bekannter Erzähler. Seine Autobiographie »Richter und Dichter« erschien 1899. Er starb 1902.

LOUIS PASSARGE

Kindheit in Wolittnick

Wolittnick war ursprünglich ein Vorwerk der großen
Weßlienenschen Güter, bestehend aus fünfzehn Hufen
Land, drei Wirtschaftsgebäuden und einem Wohnhause
mit Strohdach, welches mein Vater etwa Mitte der
dreißiger Jahre durch ein Dachpfannendach ersetzte. Als
er Wolittnick – eigentlich Wolittnicken, aber die letzte
Silbe verlor sich allmählich – 1820 pachtete, gehörten die
Weßlienenschen Güter noch einem Grafen von der Gröben, sie waren jedoch wegen der großen Schulden des Ei-
gentümers von der Ostpreußischen Landschaft, welche
ein bedeutendes Pfandbriefkapital darauf stehen hatte,
sequestriert. Anfangs der dreißiger Jahre wurden dann
die einzelnen Güter, darunter Wolittnick, im Wege der
Subhastation verkauft, und mein Vater erstand letzteres
für 11000 Taler. Als er das Gut im Jahre 1860 freihändig
verkaufte, erhielt er 60000 Taler dafür. So sehr hatten
sich die Zeiten zum Besten der Landwirtschaft geändert.
Darum gab es damals auch noch keine »Agrarier«.
Das Gut liegt etwa zwanzig Minuten von einer Bucht des
Frischen Haffs entfernt, im Norden von diesem durch
den Haffberg getrennt, von welchem man eine schöne
Aussicht bis nach Pillau an der Ostsee hat. Nach Norden
fast offen, wird der Gutshof westlich durch eine kolossale
Scheune gedeckt, welche den oft fürchterlichen West-
sturm abhält. Es gibt Tage, wo man dann das dumpfe
Brausen der zwei Meilen entfernten See vernimmt. Dafür
klingt aber auch von Süden, bei gutem Wetter und gün-
stigem Winde, die Glocke der Kirche zu Bladiau herüber.
Im Osten führt eine Birkenallee zu einem sandigen »heid-

nischen« Begräbnisplatz, wo wir Kinder Bernstein- und Glasperlen auflasen, im Süden fließt mit starkem Gefälle ein Bach, der von dem Weßlienen-Bladiauer Hochlande kommt und eine tiefe Schlucht gewühlt hat. Dieser »Erlengrund« ist der Naturpark von Wolittnick. Unzählige Quellen sprudeln aus den beiden Steilufern, ebenso im Sommer wie im Winter, und da sie die Wärme der Jahrestemperatur haben, so erwacht im tiefen Grunde das Pflanzenleben sehr früh. Es gibt hier schon im Februar, fast noch unter dem Eise, reichlich Kresse. Alle Waldblumen, namentlich die Kuhblumen (Caltha palustris), blühen in diesem geschützten Grunde vierzehn Tage früher als anderswo. Im Sommer bedeckt sich dafür der Boden, so weit er nicht sumpfig ist, mit Nesseln von mehreren Fuß Höhe. Außer den Erlen, die in zwanzig Jahren hohe Bäume bilden, gedeihen hier, sich oft auf hohen Wurzeln aus dem Sumpfe erhebend, Faul- und Quitschen-(Ebereschen)Bäume. Zahllose Drosseln nähren sich im Herbst von den roten Beeren der letzteren, werden aber dann auch in Pferdehaarschlingen gefangen.

Am Ausgange des Grundes staut eine Schleuse das »Fließ« – so wird der Bach hier genannt – etwas an, um das Wasser einer tiefer gelegenen Mühle zuzuführen. Da es fast ausschließlich Quellwasser ist, behält das Fließ in seinem ganzen Laufe, von Weßlienen ab, Sommer und Winter, so ziemlich dieselbe Temperatur. Im Winter gefriert es nur leicht an der Oberfläche, im Sommer erscheint es eiskalt, so daß eine große Überwindung dazu gehört, sich darin zu baden. Wir zogen denn auch meist das lauwarme Wasser des Haffs vor, doch nicht dann, wenn es sich zeitweise mit Millionen von Pflanzenfasern erfüllte, die einen fauligen, Fieber erzeugenden Geruch verbreiteten. Man sagte dann: das Haff blüht. Eine sehr lästige Blüte.

Der Erlengrund war unser schönster Aufenthalt, von frühester Jugend an. Dort sammelten wir die erste Kresse für den Sonntagstisch, pflückten wir die ersten Blumen, schlugen wir Bänke auf und legten rasenbedeckte Ruhesitze an, darauf zu sitzen freilich meist recht feucht war. Selbst ein kleines Boot schaukelte sich auf dem etwas durch die Erlen eingeschränkten Bach; darin liegend habe ich einst zum ersten Male mit unbegrenztem Entzücken den Faust gelesen.

Der Wolittnicker Erlengrund ist mir einst das gewesen, was dem Horaz seine bandusische Quelle, und ich sage mit ihm: fies nobilium tu quoque fontium; »auch du wirst unter den gefeierten Quellen nicht fehlen«; ich habe ihn denn auch in meinen Gedichten genügend gepriesen.

Der »Grund« setzt sich noch etwa zwei Kilometer südlich bis Weßlienen fort, immer leicht aufsteigend, um schließlich den dortigen herrlichen Bach zu durchschneiden, welcher meist aus Birken besteht, doch auch auf seinem Boden den sonst wild nur selten vorkommenden Efeu hegt. Im Süden dieses Parkes lag damals – vielleicht auch noch jetzt – ein ungeheurer Gneisblock, mit glatter Oberfläche und rings wie behauen. In jener erblickte man, eingemeißelt, ein paar Spielkarten und einen Kelch nebst einer Oblatenschale. Wie es hieß, hätten hier einst böse Buben während des Gottesdienstes, und namentlich während des Abendmahls, Karten gespielt. Aus welcher Landschaft Skandinaviens mag wohl einst dieser vom Gletschereis getragene Block gekommen sein? Wir Kinder verstanden damals jene Bilder nicht und kletterten vergnügt, selbst tanzend, auf dem großen Steintisch umher. In neuerer Zeit zersprengte man überall diese Denkmäler einer einstigen Vorzeit, oft ohne Grund, oft um eines geringen Gewinnes willen.

Verfolgt man die nahe, von Bolbitten nach Bladiau

führende Straße, so trifft man an einer Grenzscheide einen andern, mehr spitzen Stein. Fahren die Leute mit einer Leiche vorüber, so muß noch immer auf den Stein etwas Stroh vom Leichenwagen geworfen werden, damit der Tote sich darauf ausruhen könne, wenn er am Abend wieder zurückkehre, um am Trauermahl der Familie teilzunehmen. Findet man dann in dem aufgetragenen Brei Eindrücke wie von einem Finger, so hat der Tote davon gegessen. Man darf also auch auf sein Wohlwollen rechnen.

Es gab damals noch allerlei Totensagen. So hatte man früher auf die Gräber der Angehörigen am Allerseelentage wohl einen Mehlbrei gestellt, als Speise für die Toten. Zu unserer Zeit lebte diese Erinnerung nur noch fort in dem »Seelenkleister«, wie man verächtlich einen Brei nannte, wenn er besonders zähe war und überhaupt nicht schmeckte; denn die Toten hatten sich auch mit einem schlechten Brei begnügen müssen, wie einst die griechischen Götter mit den Knochen und dem Fett des geopferten Tieres, während die Opfernden das Fleisch für sich nahmen.

Der schönste Weg und zugleich Spaziergang von Wolittnick ist der ostwärts durch eine Birkenallee über Wangnieskeim nach Weßlienen führende. Er mündet nach etwa einem Kilometer in eine herrliche Lindenallee, welche sich gleich einer ungeheuren Schlange zu dem hochgelegenen Weßlienen hinaufzieht. In Wangnieskeim, das nur aus ein paar Häusern besteht, befand sich die Schule, zu welcher die Kinder aus weitem Umkreise kamen, um vom Lehrer Wuttstrack in die Geheimnisse des Abc und des Einmaleins eingeweiht zu werden. Dieser Lehrer, ein feingebildeter Mann, der fertig französisch sprach, mochte einst eine seiner Bildung mehr entsprechende Vergangenheit gehabt, aber etwas erfahren haben, was ihn in diese Stellung gebracht hatte. Er lebte in seinem bescheidenen Schulhäuschen recht und schlecht, nicht wie ein Bauer, sondern wie ein niedriger Arbeiter oder Zunftmann; er bearbeitete seinen Kartoffelgarten selber und zerhieb das für Küche und Ofen erforderliche Holz höchst eigenhändig. Dabei war er die Bescheidenheit selber, besaß großen gesellschaftlichen Takt und befriedigte seine Sehnsucht – vorausgesetzt, daß er welche empfand –, indem er auf einem alten tafelförmigen Klavier, einem sogenannten Klimperkasten, spielte. Gab es bei uns Besuch und sollte getanzt werden, so wurde wohl gelegentlich dieses Klavier geholt und Wuttstrack spielte zum Tanze auf. Vorher war zum Tanze immer nur gesungen worden.

Ein wirkliches »Hammerklavier« war damals selbst in wohlhabenden Familien etwas sehr Seltenes. Vom Gutsbesitzer Austigal in Mükienen ging eine Sage, daß er für seinen Martyschen Flügel ganze tausend Gulden bezahlt habe. Ich betrachtete dieses seltene Instrument stets mit frommer Scheu, zumal wenn eine Dame, seine Enkelin, einen rauschenden Husarengalopp darauf spielte, der mir noch jetzt in den Ohren klingt, prächtiger als die Eroica Beethovens. Auch Schwester Rosalie versuchte sich darauf, mit einem Finger die Melodie zu dem Liedchen spielend:

> Schickt mich mein Vater in'n Wald hinein,
> Schickt mich mein' Mutter in'n Klee,
> Kamen zwei Jäger, ein Hirschelein,
> Schossen das Hirschlein – o weh!

Später lernte sie allerdings nach Noten spielen und brachte es bis zu dem beliebten »Walzer eines Wahnsinnigen«. Die Wangnieskeimer Schule besuchten auch Rosalie und Otto, während ich, zu meinem großen Schmerze, zu

Hause bleiben mußte. Aber an einem schönen Vormittage war ich – ohne Mütze – ihnen doch nachgelaufen, wurde aber auf halbem Wege von Liese eingeholt und weinend zurückgebracht. Indessen hatte dieses doch die Folge, daß mir der Schulbesuch wirklich gestattet wurde, worauf ich denn mit Rosalie und Otto stolz an dem kleinen grünen Tische der »Herrschaftskinder« saß und mit Andacht das Abc auf einer Schiefertafel schrieb.

Dieser Liese möchte ich doch auch einen Nachruf widmen. Sie war anfangs im Hause eine bloße Magd, verstand sich aber auf allerlei nützliche Arbeiten, namentlich in der Küche. Sie litt zwar an Kleptomanie, aber diese Krankheit war damals überhaupt epidemisch, wurde also nicht besonders übel genommen und meist mit ein paar Ohrfeigen gutgemacht. Später heiratete sie den Instmann Seeger, stahl aber auch als »Seegersche« wie ein Rabe. Brannte es ihr zu sehr auf den Nägeln, so ließ sie sich gewissenhaft von einer Kartenlegerin sagen, wo sich die gestohlene Sache befände, und zeigte dann heroisch diesen Ort an. Sie liebte uns alle sehr und war im übrigen eine treue Seele. Ihr Mann Seeger litt an Schlafsucht. Er schlief stets, selbst beim Donner der Kanonen, selbst wenn er als Kutscher durch die Löbenichtsche Langgasse in Königsberg fuhr, wo das Steinpflaster von der Art war, daß es hätte Tote erwecken können. Zuletzt legte er sich auf das Trinken und schlief sanft und selig für immer ein. Auch der übrigen Instleute in Wolittnick kann ich nicht ohne Rührung gedenken. Es waren alles ruhige, freundliche, arbeitsame Menschen, von keinem Ehrgeiz, keiner Sehnsucht geplagt, mit den schönen Namen Klang, Kohn, Bäwernick, Groß, Engel u. a.; glücklich, wenn sie nach vollbrachtem Tagewerk sich auf der Ofenbank ausruhen, oder in dem großen Himmelbett mit den bunten Leinwandgardinen in den Sonntag hinein schlafen konnten. In der Kirche husteten sie im Winter entsetzlich (einen ähnlichen Winterhusten habe ich nur noch in Spanien kennengelernt), aber ihre Andacht ließ nichts zu wünschen übrig und sie sangen aus Leibeskräften. Nach Beendigung der Ernte gab es stets ein »Austbier« auf einer Tenne, mit schönen Tänzen, darunter der nicht sehr bezente »Zweitritt«, bei einer großartigen, aus einer Laterne bestehenden Beleuchtung.

Im Winter droschen sie den ganzen lieben Tag in der Scheune, und wir waren an diesen Dreischlag so gewöhnt, wie der Müller an das Klappern seiner Mühle.

Auch auf einer ihrer Hochzeiten bin ich als Kind gewesen. An der langen Tafel in der niedrigen Stube saßen die Gäste höchst anständig, obenan aber das Brautpaar unter einer großen Krone von Tannenzweigen, geschmückt mit Goldschaum und behängt mit vielen Äpfeln. Daß diese letzteren ein Liebessymbol seien, wußte wohl keiner der Anwesenden.

In dem nahen Sandkruge dicht am Haff verkehrte alles, was mit der Schiffahrt und dem Fischfange in Verbindung stand, also die Holzhändler, die Seeleute und die Fischer aus der Wolitta. Es herrschte hier eine merkwürdig schlechte Luft, eine Mischung von Branntwein-, Bier-, Tabaks- und Heringsduft, aber das war gerade die Atmosphäre, in welcher die Leute sich wohl fühlten. Von den Wolittaer Fischern, die mitten in den Haffsümpfen lebten und amphibienartig ebenso auf dem Wasser zu Hause waren, wie auf ihrem kleinen Landstrich, den sie mit Kartoffeln und Kohl (»Kumst«) bepflanzten, hieß es, daß sie nicht sprächen, sondern bellten. In der Tat war ihre Ansprache eine vorherrschend gutturale.

Nahe dem Sandkruge steht jetzt der Bahnhof Wolittnick. Auch dieser, eigentlich nur sein Name, hat eine Geschichte. Er sollte nämlich, als 1852 die Eisenbahn gebaut wurde, Sandkrug heißen. Das empörte das Gefühl meines Vaters, welcher nun schon 32 Jahre in Wolittnick wohnte, in höchstem Grade. In einer an den Minister von der Heydt gerichteten Eingabe, deren Verfasser zu sein ich die Ehre hatte, wurde das Sachverhältnis genügend erörtert und die Bitte ausgesprochen, dem auf Wolittnikker Boden gelegenen Bahnhofe auch diesen, nicht den häßlichen, fast zweideutigen Namen Sandkrug zu geben; wobei mein Vater einfließen ließ, daß er, als alter Besitzer, diesen Namen als eine persönliche, sehr unverdiente Kränkung ansehen müsse. In der Tat bewilligte der Minister die Namensänderung. Die Folge war freilich, daß mein Vater sich den tödlichen Haß des leitenden Eisenbahn-Baumeisters Hegewald zuzog. Doch wurde auch diesem eine Vergeltung zuteil. Denn als er sich einmal bei

19 *Nur wenige Bahnstationen vom ländlichen Wolittnick entfernt und ebenso in Haff-Nähe: die traditionelle Stadt Braunsberg. Blick auf Langgasse und Rathaus*

der Sandkrügerin über die mangelhafte Verpflegung beklagte und auf die fetten Enten draußen hinwies, erhielt
er die klassische Antwort:
De fräte wi sölv. (Die fressen wir selbst).
Weßlienen war in unserem Augen damals das, was jetzt
in einer kleinen Residenz ein Fürstenschloß sein möchte.
In der Tat gehört das Gut nach Lage, Bauart und sonsti-
ger Bedeutung zu den schönsten in Ostpreußen. Solange
die Weßlienenschen Güter – zusammen mit Pohren,
Bolbitten, Wolittnick, Lokehnen, Rödersdorf einen
großen Besitz bildend – von der Ostpreußischen Landschaft sequestriert wurden, hauste in dem großen
Herrenhause nur ein Verwalter. Auch wohnte hier ein
junger Inspektor Bollmeister, der plötzlich starb und in
dem Park begraben wurde. Wir waren alle zu dem
Begräbnis gewandert und ich gedenke noch des Augen-
blicks, da man den Sarg in die Tiefe senkte und ein darüber geneigter blühender, wilder Birnbaum einen
Schauer von Blüten fallen ließ. Es war das erstemal in
meinem Jugendleben, daß mir – unbewußt – der Begriff
der Poesie aufging.
Auch bei einem anderen Totenfest waren wir Kinder mit,
nämlich in dem nahen Bolbitten, wo der Pächter Richau
starb. Die Kinder wurden nämlich damals überall mitgenommen, selbst zu Tanzgesellschaften, Bällen und Be-
gräbnissen. In Bolbitten gab es eine kleine Spielkameradin, Marie, die uns einst veranlaßte, einen Kirschbaum zu
plündern, von der Mutter dabei ertappt wurde, als sie
gerade einen Ast abgebrochen hatte, und nun mit diesem
kräftig auf das »Röcklin« bekam. Sie aber lachte nur und
rief in einem fort: »Es tut nicht weh, es tut nicht weh!«
Bolbitten kam bei Verkauf der Weßlienenschen Güter in
den Besitz des sogenannten »Alten Liedtke« aus Haselau,
der sich durch seine Neigung für Frauenzimmer aus-

zeichnete – weshalb er auch von seiner Frau getrennt lebte – und auch durch einen merkwürdigen Geiz. Dafür hinterließ er aber auch bei seinem Tode (etwa 1858) ein Vermögen von einer Million. Wenn er mit den Leuten in den ein paar Stunden entfernten Wald nach Holz fuhr, steckte er in seine Hosentasche ein paar Handvoll gekochter grauer Erbsen, die ihm als Mittagsmahl dienten. Im Winter saß er abends, um zu sparen, im Finstern und zog sogar seine Pelzhosen herunter, um sie beim Sitzen auf dem hölzernen Stuhle nicht abzunutzen. Fragt man aber, wo sein großes Vermögen später geblieben, so kann man mit Heine sagen:
Es pfeift der Wind, es wandern und schäumen die Wellen.
Weßlienen wurde in der Subhastation, anfangs der dreißiger Jahre, von Herrn von Auerswald erstanden, einem durchaus vornehmen Manne, dem nur die Fähigkeit fehlte, mit Geld umzugehen. Er war Gutsbesitzer, später eine Zeitlang Oberbürgermeister in Königsberg, 1848 Ministerpräsident in Berlin. Oft in Geldverlegenheit, verkaufte er die vielhundertjährigen Eichen im Rödersdorfer Walde, welche über den Sandkrug und das Haff in die weite Welt gingen, und baute dafür in Rödersdorf ein großes Schloß, welches dann wieder von seinen Besitznachfolgern abgebrochen wurde, zumal es nur halbfertig war. Von ihm stammen die Türen und Fenster im neuerbauten Pfarrhause in Bladiau her.
Frau von Auerswald, eine geborene Reichsgräfin Dohna, liebte sehr die junge Gesellschaft und starb einsam, auf einem Schlosse bei Schlobitten. Ihre einzige Tochter Anna, später verheiratete Gräfin Dohna, war die beste Freundin meiner Schwester Rosalie. Sie hatte das lebhafteste Temperament, ritt vortrefflich und vergaß doch in keinem Zuge die vornehme Dame. Die größte Not mit ihr hatte

ihre Gouvernante, Fräulein Schneider, zumal wenn sie ihr vormachte, wie die »dörfschen« Kinder weinten und heulten. Es ging durch die ganze Auerswalder Familie ein freier, fröhlicher Zug.

Wir waren, dieser vornehmen Familie gegenüber, natürlich die reinen Bauernkinder, die davonliefen oder sich versteckten, wenn sich einer von ihnen auch nur sehen ließ.

Das ganze Leben bei uns in Wolittnick war das denkbar einfachste. Die niedrigen Zimmer in dem strohgedeckten Wohnhause hatten kahle Wände und ungeheure, kaum behauene Balken, die man fast mit den Händen erreichen konnte. Die Fenster mit ihren kleinen, in Blei gefaßten Scheiben schlossen schlecht; im Winter befroren sie oft fingerdick, tauten sie dann auf, so floß das Wasser auf den rohen Fußboden hinab. Große Kachelöfen dienten zur Erwärmung und die Röhren darin zum Braten unserer »eisernen« Äpfel. In der gemeinschaftlichen Schlafstube war es ein rohgeschrögter Ofen, hinter dem wir Kinder spielen konnten, doch hing er im Winter meist voll von den nassen Windeln des jüngsten Kindes. Wir wurden gewarnt, den Kopf in die andere enge Öffnung zwischen Ofen und Wand zu stecken, denn in Rippen beim Hauptmann von der Gröben hätte dessen Tochter Valeska dabei fast den Tod haben können, wäre man ihr nicht durch das Einschlagen des Ofens mit einer Axt zu Hilfe gekommen. Natürlich probierten wir immer gern, ob wir für unseren Kopf wohl freien Spielraum hätten.

Die eisernen Äpfel, von denen ich sprach, kamen aber aus dem Vorwerk Pammern, wo ein Insthaus meines Vaters stand. Sie waren in der Tat hart wie Eisen und wurden erst zu Weihnachten, und auch dann am besten gebraten, genießbar. Vielleicht hat dieses Heine gewußt, wenn er sagt, daß es in Ostpreußen keine anderen reifen Äpfel gäbe, als gebratene. Übrigens hat man hier vortreffliches Obst, auch Äpfel, die ich den berühmten Tiroler »Maschansker« und »Calviller« weit vorziehe. Ihr Geschmack ist kräftiger, auch aromatischer. Aber welch seltsame Vorstellungen hat man nicht in der Ferne von unserer Provinz! Fragte mich doch einmal ein Schweizer, ob bei uns noch Getreide wachse! Ein Italiener in Rom sagte zu mir: So, aus Königsberg? Vicino da Pietroburgo. (Nahe bei Petersburg).

Mit dem Essen wurden wir nicht verwöhnt. Die ersten zehn Jahre meiner Jugend (1825–1835) fielen in eine ungewöhnliche wirtschaftliche Depression. Die ländlichen Produkte waren so gut wie wertlos; der Scheffel (fast ein Zentner) Roggen galt zeitweise sechzig Pfennig. Selbst später, in guter Zeit, wurde ein Pfund Butter in Pillau nur mit dreißig bis vierzig Pfennig bezahlt.

In jener schweren Zeit drehte sich für den Gutsbesitzer alles darum, wie er die »Landschaftszinsen« aufzubringen vermöchte. Mein Vater hatte anfangs für die Pachtgelder, sodann als Eigentümer für diese Zinsen zu sorgen, nämlich à 3½% von 6000 Talern. Fällig waren diese 210 Taler je zur Hälfte zu Johanni und Weihnachten. Um sie aufzubringen, wurden im Frühjahr die Schafe (etwa dreihundert) geschoren, im Herbst aber große Fuhren mit Getreide nach Königsberg gefahren. Der Ertrag an Wolle spielte damals, als man von überseeischer Zufuhr noch nichts wußte, eine große Rolle. Die Schafwäsche bildete denn auch eine Art Wasserfest, welches gewöhnlich mit einem Kampfe der Knechte und Mägde endigte; denn das Naßwerden und Untertauchen war ja der Hauptspaß dabei. Der Preis des Zentners Wolle richtete sich nach deren Feinheit und Wäsche und betrug zwischen sechzig und achtzig Talern. Dieses gilt jedoch nur von den spanischen Schafen (merinos). Die Wolle von den einheimischen groben Schafen kam gar nicht zum Verkauf, wurde vielmehr nur im Hause verarbeitet.

Einen hohen Preis für die spanische Schafwolle zu erhalten, war gleichsam Ehrensache bei den Gutsbesitzern, und so renommierten sie auch wohl bei ihren Zusammenkünften mit etwas erhöhten Beträgen.

Den nach Königsberg fahrenden Getreidewagen, die mein Vater stets begleitete, kamen die Agenten meist schon vor dem Tore der Stadt entgegen und der Vertrag wurde sofort oder im Kontor des Kaufmanns abgeschlossen. Die Ablieferung erfolgte nach dem damals allein gültigen holländischen Maß und Gewicht auf dem Speicher, wobei vereidigte Messer maßgebend waren (ein reichliches Trinkgeld durfte nicht fehlen, sonst strichen sie sehr fest bis zum blanken Eisen quer über dem Scheffelmaß); die Bezahlung fand nur in Silber statt, in sogenannten Guldenstücken (1 Mark) oder Halbengulden, und in »Achtehalbern« (25 Pfennige). Der Gulden war nämlich in 10 Silbergroschen geteilt, dieser in 12 Pfennige, oder 3 Groschen à 4 Pfennig; es bildeten aber 7½ Groschen einen »Achtehalber«; eine sehr populäre Münze im Kleinverkehr.

Zu Hause wurden die großen Geldbeutel wieder nachgezählt, wobei wir Kinder halfen und uns sehr die Hände beschmutzten. So lernten wir wenigstens äußerlich frühzeitig mit Geld umgehen.

Einmal hatte mein Vater bei der Rückkehr aus Königsberg die große lederne Geldtasche in einen Winkel des Gasthauses in Brandenburg gestellt und dann vergessen. Erst zu Hause wurde der Verlust bemerkt. Otto, der damals schon ein großer Junge war, mußte sofort ein Pferd satteln und trotz der dunklen Nacht nach dem zwei Meilen entfernten Brandenburg reiten. Er kam auch richtig mit der noch unberührten Geldtasche heim; aber das übermüdete Pferd stürzte dicht vor Wolittnick und brach sich den Hals.

Kein Wort des Vorwurfs kam aus dem Munde des Vaters.

Das jetzt so beliebte Papiergeld – Ein-, Fünf-, Fünfundzwanzig- und Fünfzig-Taler-Scheine – wurde damals von den Landleuten nur ungern genommen; Goldgeld, Dukaten und Friedrichsdore waren willkommen, aber leider sehr selten.

Die Landleute, wenn Bauern, verwahrten ihr Geld meist in großen Strümpfen, wenn Gutsbesitzer, in kleinen Beuteln. Ausgeliehen, gar auf Zinsen, wurde es nicht. Brauchte ein Nachbar Geld, so erhielt er die gewünschte Summe ohne Widerrede und zahlte sie seinerzeit prompt zurück. An einen Schuldschein oder sonstige Kautelen dachte niemand. Die Ehrlichkeit verstand sich ebenso von selbst, wie die reine Luft, die man atmete. Wer eine sehr große Summe besaß, verwahrte sie in Talerstücken in einem eisernen Kasten. So hieß es vom Gutsbesitzer Austigal, er habe sechstausend Taler unter seinem Bett stehen. Hätte er das Geld auf Zinsen ausleihen wollen, er würde kaum einen Borger gefunden haben, denn es gab niemand, der ein größeres Kapital brauchte. Mit andern Hypotheken als den Pfandbriefen der Landschaft war kaum ein Gut belastet. Auch fiel es niemand ein, über seine Mittel hinauszugehen. Bedeutende Verbesserungen des Gutes nahm man nicht vor, von Spekulationen ganz zu schweigen.

Als man später kultivierter wurde, verwahrte man nicht mehr das Geld unter dem Bett, sondern kaufte die Pfandbriefe der Ostpreußischen Landschaft, welche von dieser auf unverwüstlichem Pergament (echtem, nicht nachgeahmten) ausgestellt waren, meist von dem Bankier Nathan Jakob. Er hieß allgemein der ehrliche Jude und wohnte zu Königsberg in der Magistergasse, dem späteren Hotel de Prusse gegenüber. Ich habe den alten, wirklich ehrlichen Mann noch gekannt. Heutzutage nagt an jeder Ehrlichkeit die Konkurrenz, wie der Rost am Eisen. Was aber die ehrlichen Gutsbesitzer betrifft, so täten sie besser, statt zu spekulieren, wieder zu den Geldstrümpfen zurückzukehren.

Herrschte damals in Wolittnick große ökonomische Beschränktheit, so wurde sie von uns Kindern doch niemals empfunden: wir kannten ja nichts Besseres. Zu essen gab es stets genug, aber fast nur Erzeugnisse der Landwirtschaft, die also kein Geld kosteten: Roggenbrot, Butter, Honig, eingesalzenes und geräuchertes Fleisch, Kartoffeln und Erbsen, auch getrocknete Honigbirnen, Äpfel und Pflaumen aus dem alten Obstgarten in Pammern. Im Herbste begann das ersehnte »Gänsequartal«, das zu Weihnachten endigte; dafür wurden nun Schweine geschlachtet, auch meist ein Rind. Zu diesem Zweck kam ein Fleischer aus Bladiau nach Wolittnick, ein höchst jovialer Mann, der alles durch seine oft derben Witze erheiterte. Wir halfen beim Zerlegen und Einmachen des Fleisches und dem Stopfen der Würste, bliesen auch die Schweinsblasen auf, taten Erbsen hinein und banden sie wohl gar einer Katze an den Schwanz. Denn der Schabernack liegt tief im Blute der Kinder.

Luxuswaren gab es kaum, Kaffee und Bier nur an den Feiertagen; doch fehlten dann auch nicht weizene Strützel, Napfkuchen und ein sogenannter Anhaltsfladen. Kam Besuch an Sonntagen, so wurden »Flinsen« (Pfannkuchen) gebacken, oder Waffeln oder »Purzeln« (Krapfen). Nichts kam den Flinsen gleich, welche beim Onkel Klötzing in der malerischen Mühle Hoppenbruch gebakken wurden, und wohin wir einmal im Jahre fuhren. Kinder beurteilten solche Besuche natürlich nur nach dem, was sie dort zu essen bekommen.

Semmel brachte jeden Werktag die alte »Hellwigsche« aus Bladiau, sehr zähe, aber von bedeutender Größe. Die gute Frau wanderte stets hinab über Weßlienen und Wolittnick bis zum Sandkruge, zurück aber über Bolbitten. Sie war zugleich der Postbote und vermittelte alle Bestellungen. Auch stand sie in dem Rufe, Geister zu sehen. Als ich sie in späteren Jahren einmal fragte, ob sie diese Gabe noch immer besitze, sagte sie ganz traurig, das habe sie nun verlernt; auch der Tod habe sie vergessen. Wie viele tausend Meilen mag sie wohl auf ihrer Wanderung von Bladiau nach dem Sandkruge zurückgelegt haben? Und sie war ihr ganzes Leben nur diesen einen Weg gewandert.

Ob es heutzutage noch solche Wanderer gibt?

Reichliche Fische kamen aus Wolitta, jenem merkwürdigen, fast im Haff gelegenen Fischerdorfe: Hechte, Schleien, Brassen, Aale, besonders Kaulbarsche, welche die Litauer am Kurischen Haff Puikei nennen. Es wurden für ein großes Gericht Fische selten mehr als zwanzig oder dreißig Pfennig gezahlt. Es fehlte eben damals an allem Absatz, von einer Konkurrenz gar nicht zu reden. In Wolitta wohnen vielleicht die ältesten Bewohner Ostpreußens, wahrscheinlich Slawen, denn der Name des Ortes ist slawisch (Wola = Sumpf, litauisch: Bala), wie auch der anderer Orte am Frischen Haff: Pammern, d.h. Pomore = am Meer, Bregden, Karben, Lentzen, Leysuhnen (das polnische Lesie), Pohren und andere. Das Flüßchen Omatza bei Heiligenbeil ist das russische Omet. Es gibt hier sogar neben dem »preußischen« Bahnau ein »polnisch« Bahnau, ein Beweis, daß noch in neuerer Zeit hier Polen gewohnt haben.

Daß wir Kinder auch gelegentlich krank wurden, versteht sich von selbst. Ich erinnere mich, daß ich im frühesten Alter die Lungenentzündung hatte und im Bett eine herrliche Glasperle, meinen einzigen Schatz, zerbrach. Später, wenn wir krank wurden, erhielten wir zur Unterhaltung stets das in grünem Leder gebundene Stammbuch meiner Mutter, darin Freunde und Freundinnen sich mit den rührendsten, doch meist sehr konventionellen, Versen eingetragen hatten. Auf manchen Blättern gab es gemalte Rosen und Vergißmeinnicht, auch Freundschaftsaltäre und flammende Herzen. Auf einem hatte eine Freundin gar ihr schönstes blondes Haar zu einer künstlichen Kette verarbeitet, und auf einem andern ein spaßiger Freund quer über ein Blatt geschrieben:

Und soll ich in dies Buch hinein,
So mag es auch die Quere sein.

Wo sind sie nun geblieben, diese rührenden Denkmäler einer ephemeren Freundschaft? Wo?

Die Kindheit des 1825 geborenen Louis (Ludwig) Passarge fiel noch in die erste Hälfte des letzten Jahrhunderts. Wolittnick liegt bei Heiligenbeil am Frischen Haff. Passarge wurde Justizrat, trat aber auch als Erzähler und Übersetzer (u.a. Ibsens) hervor. Seine Erinnerungen »Ein ostpreußisches Jugendleben« veröffentlichte er 1903. Er starb 1912.

ARNO HOLZ

Kindheitsparadies

Das alte Nest! Die alten Dächer!
Die Bröckelmauer! Das Brückenflüßchen!
Auf hohem Hügel
dort
der Turm!

Wie
klangen, Sonntags, seine Glocken,
draußen, fern
wo der Kuckuck rief!

Da wars so still.

Wir pflückten Blumen,
sangen
und horchten ... wie es im Bach ... kluckerte.

Heimelig!
Seltsam! ... Sonderbar!

Große, blanke
grünblau glasflügelige Libellen,
wippend,
runde, flirrend über die alten, dicken, moosgoldenen
Stämme
wie verzaubert hinhuschende Sonnenlichter,
Rehkälbchen,

Erdbeeren und kleine, drollige, rotpumpelige
Pilzmännchen,
lockten uns,
wie in einem Märchen,
Schritt für Schritt, Busch um Busch, Farreninselchen
um Farreninselchen,
immer tiefer und tiefer.

Mit brennenden Backen,
atemlos,
stürmten wir über die Räuberwiese.

Wir tollten, haschten uns,
lärmten, lachten,
»Dreh dich nicht um, der Plumpsack geht rum«,
»Böckchen, Böckchen, schiele nicht«,
»Verwechselt, verwechselt das Bäumelein!«

Süßeste, sorgloseste,
herrlich, köstlich, unbekümmert
übermütigste
Lust!

Noch auf dem Heimweg,
hungerig, müde, der Mittag brütete,
in ungebändigt, ausgelassen, munter plapperndster
Heiterkeit,
stolpernd vor Glück,
jauchzten wir
über jedes putzig von hinter einem Baum hervor
neugierig, zutraulich, listig auf uns herablugende
Eichhörnchen,
freuten wir uns
über jedes winzigste, flinkernde, buntblitzende
Käferchen,

entzückten wir uns
über jeden
Schmetterling!

Dreißig Jahre
drüberhin!

Der Wald so grün, der Himmel tiefblau,
noch alles, wie damals!

Nur du nicht!

Nur du!

Noch einmal jung sein!

Mit neuen Augen in die Welt sehn!

20   *Rastenburg, die Heimatstadt von Arno Holz*

Alles wieder,
wie zum ersten Mal,
unschuldig in sich trinken!

Mit frohem, reinem Kindersinn!

Seligsten Herzens!

Ach,
wer . . . das . . . könnte!

Arno Holz war Rastenburger des Jahrgangs 1863. Der erste
bedeutende Dichter des konsequenten Naturalismus in
Deutschland starb 1929.

Zu diesem Buch

Der Titel der Sammlung ist unmißverständlich; es bedarf also keiner weiteren Erklärung, wovon die Berichte und Erzählungen handeln.

Angemerkt sei nur dies: Jugend wird im weiten Sinn verstanden und schließt die Kindheit selbstverständlich mit ein.

Die Anthologie ist nach den Geburtsjahren der Autorinnen und Autoren geordnet. Den Anfang macht der Text des Jüngsten von ihnen; im Zurückgehen und -blicken werden von dort aus die weiter zurückliegenden Zeiten erschlossen.

Die Verfasser können dabei grob gesehen in vier Gruppen gegliedert werden. Den Anfang machen die in unserem Jahrhundert Geborenen. Ihnen schließen sich jene des endenden 19. Jahrhunderts an, die ihr Schriftsteller-Dasein auch erst im 20. begannen. Dem folgen Persönlichkeiten, die aus der 2. Hälfte des letzten Jahrhunderts herkamen und um die Jahrhundertwende schon bekannte Namen waren, doch gleichwohl auch bzw. erst recht als Berühmtheiten der ersten Hälfte des 20. Jahrhunderts gelten.

Den Schluß bilden die Berichte zweier Autoren, deren Leben zwar noch in unser Jahrhundert reicht, die man jedoch eindeutig als Menschen des vorigen bezeichnen muß: Wichert und Passarge. Sie nahm ich nicht ganz ohne Zögern mit auf. Liegen ihre frühesten Jahre uns nicht schon zu fern: nämlich in einem geradezu archaischen Ostpreußen noch vor der ersten Eisenbahn dort? Andererseits macht das gerade den Reiz dieser Texte aus. Mehr noch zögerte ich bei einem im vorigen Jahrhundert schon Verstorbenen: Otto von Corvin, so daß ich schließlich die Grenze vor ihm zog, obwohl auch die

Erinnerungen dieses Freiheitskämpfers von 1848 (und allerdings auch Verfassers des vielfach angefochtenen »Pfaffenspiegels«) kulturhistorisch recht belangvoll sind.

Herbert Reinoß

Quellenangaben

SIEGFRIED LENZ
Ich zum Beispiel – Kennzeichen eines Jahrgangs
Aus: Siegfried Lenz: Beziehungen, Hoffmann und
Campe Verlag Hamburg 1970

CHRISTEL EHLERT
Glückliche Jahre
Aus: Christel Ehlert, Wolle von den Zäunen, Eugen-Salzer-
Verlag, Heilbronn 1963

HANS GRAF VON LEHNDORFF
Trakehnen
Aus: Hans Graf von Lehndorff, Menschen, Pferde, weites
Land, Biederstein-Verlag, München 1980

MARION GRÄFIN DÖNHOFF
Die eigentlich großen Lehrmeister . . .
Aus: Marion Gräfin Dönhoff, Kindheit in Ostpreußen,
Siedler-Verlag, Berlin 1988

MAX FÜRST
Die Stadt
Aus: Max Fürst, Gefilte Fisch, Carl Hanser Verlag,
München 1973

ERNST WIECHERT
Feste und Spiele
Aus: Ernst Wiechert, Wälder und Menschen, Neuausgabe
Langen Müller Verlag, München 1989

PAUL FECHTER
Elbing, Große Lastadie Nr. 9
Aus: Paul Fechter, Zwischen Haff und Weichsel,
C. Bertelsmann Verlag, Gütersloh 1954
Rechte bei Frau Sabine Fechter, Berlin

AGNES MIEGEL
Die See
Aus: Agnes Miegel, Kinderland, Eugen Diederichs Verlag,
München

RUDOLF BORCHARDT
Ostpreußen
Aus: Rudolf Borchardt, Kindheit und Jugend, Hamburg 1966
Jetzt in: Rudolf Borchardt, Gesammelte Werke in Einzel-
bänden. Hrsg. von Marie L. Borchardt, Prosa VI. Autobio-
graphische Schriften, Klett-Cotta, Stuttgart

KÄTHE KOLLWITZ
Kindheit in Königsberg
Aus: Käthe Kollwitz, Ich sah die Welt mit liebevollen Blicken,
Fackelträger-Verlag, Hannover 1968
Rechte bei Prof. Dr. med. A. Arne Kollwitz, Berlin

WILHELM WIEN
Ein Rückblick
Aus: Wilhelm Wien, Aus dem Leben und Wirken eines
Physikers, Johann Ambrosius Barth Verlag, Leipzig 1930

FRITZ SKOWRONNEK
Landleben und Ferien eines ostpreußischen Jungen
Aus: Fritz Skowronnek, Lebensgeschichte eines Ostpreußen,
Leipzig 1925

310

HERMANN SUDERMANN
Weibliches, Allzuweibliches
Aus: Hermann Sudermann, Das Bilderbuch meiner Jugend,
Neuausgabe Langen Müller Verlag, München 1988

LOVIS CORINTH
Kindheit
Aus: Lovis Corinth, Meine frühen Jahre, Claassen Verlag,
Düsseldorf 1954

ERNST WICHERT
Aus meiner frühesten Jugend
Aus: Ernst Wichert, Richter und Dichter, Berlin und Leipzig
1899

LOUIS PASSARGE
Kindheit in Wolittnick
Aus: Louis Passarge, Ein ostpreußisches Jugendleben,
Erinnerungen und Kulturbilder, 2. Auflage, Leipzig 1906

ARNO HOLZ
Kindheitsparadies
Aus: Arno Holz, Kindheitsparadies, Dietz Verlag, Berlin 1924
Rechte bei J.H.W. Dietz Nachf., Bonn